로마 제국과
로마 성풍속사 ❶

Sexual Life in Ancient Rome
by Otto Kiefer

로마 제국과

• 쾌락과 권력의 만남 •

로마 성풍속사 ❶

오토 키퍼 지음 ― 정성호 옮김

Otto Kiefer

ROME

산수야

쾌락과 권력의 만남

로마 제국과
로마 성풍속사 ❶

초판 인쇄   2020년 7월 25일
초판 발행   2020년 7월 31일

지은이   오토 키퍼
옮긴이   정성호
발행인   권윤삼
발행처   산수야

등록번호   제1-1515호
주소   서울시 마포구 월드컵로 165-4
전화   02-332-9655
팩스   02-335-0674

ISBN 978-89-8097-515-0   03380

값은 뒤표지에 있습니다. 잘못된 책은 바꾸어 드립니다.

이 도서의 국립중앙도서관 출판시도서목록(CIP)은
서지정보유통지원시스템 홈페이지(http://seoji.nl.go.kr)와
국가자료공동목록시스템(http://www.nl.go.kr/kolisnet)에서 이용하실 수 있습니다.
(CIP제어번호: CIP2020022337)

일러두기

이 번역서는 가능한 이 책의 저자인 오토 키퍼의 의도를 명확하고 정확하게 전달하고자 노력한 것으로 고대 로마 문학에 관심이 있는 독자를 위하여 텍스트 번호를 명기하였다. 이 때 옥스포드 고전 텍스트(Oxford Classical Text)를 기준으로 하였으며 불가피한 경우에 한해 튜브너 판을 참고했음을 밝혀둔다.

《로마 제국과 로마 성풍속사》에 나오는 고대 저작물들은 모두 라틴어 또는 그리스어로 되어 있기 때문에, 영어로 번역된 것을 중역한 것이다. 문헌이 다양한 경우에는 일반적으로 헤르 키퍼(Herr Kiefer)에 의해 채택된 변형판을 사용하였다.

운문의 번역은 원문의 형식에서 벗어나지 않는 한도 내에서 의미와 그 시대의 정신을 보여주는 데 목표를 두었으며, 의역된 부분도 적지 않음을 밝혀둔다. 고대 라틴 시인들은 대개 3보격 내지 4보격 운율만을 사용하였다. 그러나 원문을 좀 더 긴 운율 형식으로 번역하여 본질적으로 신중한 그들의 기법에 대하여 잘못된 인상을 심어주지나 않을까 걱정이 된다.

그럼에도 불구하고 라틴 운문의 운율을 살리지 못한 이유는 오늘날에는 그 기능이 명징성이나 회고조로 한정되어 있기 때문이다. 비통함을 표현하는 길고 짧은 2행의 대구(對句)가 영웅적인 대구보다는 우리에게 더 잘 맞는 것 같다.

차례

서문 ✳ 로마인의 이상

로마인의 민족성 | 착취와 사디즘 | 로마 문화의 한계

제 1 장 ✳ 여인들의 생활

제 2 장 ✳ 로마인의 잔인성

제 3 장 ✳ 종교와 성생활

제 4 장 ✳ 철학과 성생활

제 5 장 ✳ 로마를 지배한 에로티시즘

로마인의 이상　　서문

로마인의 이상

로마인의 민족성

어떤 민족의 생활에 있어서 도덕성의 위치와 그 중요성에 대해 정확하게 판단하기 위해서는 먼저 그 민족이 생활 속에서 지향하고자 했던 이상(理想)에 대해서 알아야만 한다.

세계의 모든 민족과 인종들의 특징이 인간적 본능이라는 공통적인 기초에 근거하고 있다는 것은 자명한 진리다. 그러나 조금 더 실제적으로 생각해보면 어떤 민족의 성 도덕은 니체의 '최근세(불가능한 것은 아니다)의 철학'이나 중세 기독교의 교리 등에 영향을 받아 매우 다양한 형식을 취하고 있다.

역사학자들과 철학자들은 고대 로마의 특징을 다른 일반적인 유

로마인의 전형

형들, 예컨대 그리스나 게르만과 비교하여 설명하기 위해 부단히 노력했다. 오늘날에도 현대 사상의 흐름을 따라가다 보면, 로마인의 민족적 특성을 언급함으로써 그들의 가장 위대한 업적인 국가에 대하여 설명을 하게 된다. 그리고 우리가 정의한 여러 유형들에 근거하여 그러한 특징을 분류해냄으로써 설명을 보완한다. 로마의 작가들, 특히 아우구스투스 시대의 작가들은 로마인을 그런 식으로 분류할 수 있다고 자주 언급해왔다. 따라서 이러한 분류 방법에는 상당한 정당성이 있어 보인다.

베르길리우스(Vergil)의 서사시 《아이네이드(Aeneid)》(제6권, 851)에서 안키세스의 영혼은 미래를 투시하면서 장차 태어날 로마 사람들의 사명에 대해 다음과 같이 예언한다.

"로마인들이여, 이것이 그대들의 목표이니,
명심하라. 전세계의 제국을 통치하고,
평화의 관습을 심어주며,
패배한 자를 관대하게 대하고,
으시대는 자를 제압하라."

아우구스투스 시대의 위대한 역사가인 리비우스(Livy)는 그의 방대한 저술의 서문에서 다음과 같이 말하고 있다.

"어떤 민족에게나 그들의 기원을 신성화하고 그들의 시조를 하느님에게서 구할 수 있는 권리가 있다면, 로마인들은 전쟁의 신인 마르스(Mars)를 그들의 시조라고 칭함으로써 전쟁에서 대단한 명성을 떨칠 것이다. 세계는 로마 제국을 만족스럽게 받아들이는 것처럼 로마인들의 긍지도 인정하고 있다."

이처럼 긍지에 가득 찬 언급들 속에는 아우구스투스 시대의 로마인들에 대해 기술된 로마 민족의 특징과 성격이 담겨 있다. 그러나 그것들은 아직 실현되지 않은 이상에 대한 기술이라는 점을 우리는 기억해야 한다. 로마인들의 실제적인 특성에 대한 파악을 가로막는 이상적인 주장들로부터 결론을 이끌어내는 것은 니체의 강력하고도 위압적인 성품으로부터 자라투스트라의 특징을 추론해내는 것과 똑같은 오류를 범하는 것이라고 할 수 있다. 철학자와 시인들이란 가장 동떨어져 있는 특징을 이상적인 것으로 선포하는 경향이 있음을 우리는 끊임없이 발견한다. 그리하여 단순히 리비우스와 베르길리우스의 진술로부터 "로마인들의 특징은 폭력과 정복으로 가득 차 있다."라는 결론을 내릴 수는 없는 것이다.

시인 호라티우스(Flaccus Quintus Horatius)는 옛 로마 선조들의 혈통을 좀더 주의깊게 서술하고 있다. 그는 《오데스(Odes)》(iii, 6)에서 그들에 대해 다음과 같이 노래하고 있다.

"자유민 병사들로 이루어진 남성적인 종족인 그들은 사비네 곡괭이로 진흙땅을 갈아엎고 엄격한 어머니의 명령에 따라 잘라낸 나무 둥치를 운반하라고 배워왔다. 태양이 산그늘을 바꿔, 지친 황소가 짊어진 무거운 멍에를 등에 얹고 길을 떠나는 마차에는 안락한 저녁이 실려 있도다."

호라티우스는 비록 자신의 시대가 나약함으로 빠져드는 것을 비난했지만, 위와 같은 혈통에 대해서는 찬양했다. 그것은 피루스와 안티오쿠스, 그리고 강력한 카르타고를 전복시켰던 혈통이었으며, 세계 제국의 기초가 그 위에 놓여 있었다. 리비우스는 그러한 활기참에 대하여 호라티우스와 의견을 같이했다.

"탐욕과 사치에 그토록 최후까지 물들었던 민족은 없으며, 또한 청빈과 검약이 그토록 오랫동안 대대적으로 명예롭게 여겨졌던 나라도 없다."

초기 로마인들을 이처럼 소박하고 가정적인 농사꾼으로 묘사한 것을 확증해 주는 문헌들을 찾아내기란 쉬운 일이다. 우리가 희미하게나마 바라볼 수 있는 역사의 여명기를 살았던 최초의 로마인들에 대해 요약해 보면, 그들이 권력에 굶주린 민족이었다고 할 수는 없으며, 세계의 정복에 굶주린 민족은 더더욱 아니었다. 그들은 수수하고 열심히 일하며 실용적인 농업 민족이었다.

본성이 그처럼 건전하고 소박했던 민족이었더라도 인구가 크게 늘어나자 일정한 영토를 구했던 것은 당연한 일이었다. 이로 인해 불가피하게 이웃과의 갈등을 유발할 수밖에 없었다. 그 이웃들은 애초에는 로마보다 더 강성했었다. 그러나 그 농업 민족은 무역으로 손길을 뻗쳤으며, 당시에 서부 지중해의 영주였던 카르타고와 상업적인 협력 관계에 이르렀다. 그럼에도 불구하고 우리는 여전히 로마인들의 모습으로부터 우리가 들은 바와 같이, 타고난 정복자라거나 제국의 건설자라는 독재적 유형의 흔적은 전혀 찾아볼 수 없다. 그렇다고 로마인들이 심리적으로 정복욕에 불타는 인종이었다고 단언할 수도 없다.

따라서 우리는 최초의 역사적 시기에 로마인들은 무엇보다도 소박하고 건전한 심성을 지닌 실용적인 민족이었으며, 문명 민족의 가장 오래 되고 단순한 활동인 농업과 목축을 하는 장소로 세상을 바라보았을 것이라고 추론할 수 있다. 로마인들의 전반적인 사상은 그들의 생활처럼 소박했을 것이다.

예술, 과학, 철학 등의 모든 정신적인 활동은 그들의 능력을 벗어나는 것이었다. 로마인은 탈레스(Thales)와 헤라클리투스(Heraclitus)와 같은 사상가, 피디아스(Phidias)와 같은 예술가, 알카이우스(Alcaeus)와 사포(Sappho)와 같은 시인을 배출할 수 없었다.

그러나 그들은 매우 이른 시기부터 신들의 힘, 특히 자연의 인격화된 위력이나 자연의 활동과 작용의 종교적 특성에 대해 소박한 믿음을 가지고 있었을 것이다. 소박하고 실질적인 의무라는 협소한 테두리 내에서 전반적인 인생을 살아가는 그러한 민족이 추상적 사고를 하는 그 어떤 민족도 지닐 수 없는 강력한 생활 의지를 어떻게 습득하게 되었는지에 대해서는 이해하기 쉬울 것이다. 그러한 삶에 대한 의지가 외부의 힘에 의해 방해를 받는다면, 스스로를 성공적으로 방어해낼 수 있을 정도로 긴장감을 배가시켜 가면서 전력을 다해 저항할 것이 분명하다. 그러다가 마침내 저항은 방어에서 공격으로 바뀌게 되며, 그것을 실현하고 그 사명을 충족시키며, 보다 약하고 패배한 자들에게 자신을 강요할 수 있는 좀더 넓은 영역과 보다 진전된 가능성을 추구하고 찾아나서게 될 것이다. 살기 위한 권리를 위해 싸우던 민족이 정복자가 되고, 그러한 정복이 제국으로 이어지는 것, 이것이 바로 로마의 제국화 과정이었다.

그러나 수세기 동안 힘을 축적시켜 온 민족은 그 힘을 잘못 사용하는 방법을 습득하는 데 있어서도 어려움을 겪지 않는다. 로마도 그와 같은 경우였다. 그것은 차라리 인간성의 본질이라고 할 수 있겠다. 인간은 이 지상에 최초로 출현했을 때부터 언제나 천사이기보다는 먹이를 노리는 야수 쪽에 가까웠다.

우리는 여기서 슈펭글러(Spengler)의 마지막 저작인 《인간과 기술(Man and Technics)》 중에서 특별히 다음과 같은 한 문장을 인용해볼 수 있다.

"인간은 헤겔이 묘사하고 가브리엘 막스가 형상화했던 것처럼 선한 성품을 지닌 멍청이가 아니며, 기술에 대한 취미를 지닌 유인원도 아니다. 그것은 여전히 루소의 서민적인 그림자가 어둡게 드리워져 있는 인간에 대한 초상이다. 그와는 반대로 인간의 생활은 씩씩하고 활달하며, 잔인하고 교활한 먹이를 노리는 야수의 생활과 닮았다. 인간이 존재한 이래로, 그는 야수로서 세상의 주인공이었음에 틀림없다."

이 대담한 문장은 반쪽의 진실만을 담고 있다. 그러나 우리는 이 문제를 뒤에 또다시 논의하게 될 것이다. 로마 민족이 발전해 나가는 역사의 발자취를 더듬어 보는 데 있어서 슈펭글러의 이러한 지적보다 더 적합한 말은 찾아볼 수 없다는 것은 분명한 사실이다.

착취와 사디즘

로마는 국력이 점점 커져 그 발전의 찬란한 정점을 성취한 이후에는 그 민족의 가능성 속에서 가장 위대한 것, 즉 자랑스럽고 영원한 것처럼 보였던 제국을 건설했다. 그러나 우리는 그토록 거대한 업적이 어떻게 이루어졌는지에 대해서 잊어서는 안 된다. 로마의 국력과 제국으로의 확장은 잔혹한 폭정과 다른 인종과 민족에 대한 야만적인 살상, 그리고 광범위하게 끊임없이 펼쳐진 잔인하고 끔찍한 유혈 사태 속에서 이룩된 것이다.

앞에서 나는 권력의 잘못된 사용은 지배자와 권력자로서 권력을 정당하게 사용하는 것이 자연스럽게 확장된 것에 불과하다는 점을 말했다. 정복자의 정신구조가 자신의 권력을 그릇되게 사용하도록 부추기는 권력욕을 막아낼 수 없다면, 그러한 오용은 더욱 빠르게 필연적으로 나타날 것이 분명하다. 즉 자기 보존을 위한 실질적인 목표와 권력의 성취만을 지향하는 의지가 균형을 이룰 수 있는 정신 생활이나 보다 품위 있는 지적 요소를 정복자가 그 내부에 거의 또는 전혀 가지고 있지 않을 경우에 그렇다.

한니발(Hannibal)이 마지막으로 패배한 이후로 로마인들은 지중해 동부의 여러 왕국과 접촉하기 시작했다. 그러한 접촉이 좀더 빈번해지면서 로마인들은 그리스 문화를 접하게 되었다. 우리가 알다시피 그리스 문화는 로마인들에게 언제나 바람직한 방향은 아니었지만, 어쨌든 다방면에 걸쳐 영향을 미쳤다.

로마인들이 그들의 야망을 새로운 방식, 즉 탐욕과 허영의 형태로 표출할 수 있도록 한 것은 바로 헬레니즘과의 접촉과 온갖 보물을 풍부하게 가지고 있던 왕국을 그들 손으로 전복시키면서 시작되었다. 그 이후로 지중해 일대의 정복자는 무자비한 착취자가 되었다. 그때부터 로마인들은 우리가 나중에 목격하게 되듯이, 그 사회의 상부구조의 기반이 되는 수백만의 노예들을 다스리기 시작했다 (경제적 관점에서 볼 때, 상부구조는 그 내부에 치명적인 위험을 안고 있다. 즉, 그것은 자신의 기반이 되는 지속적인 노예의 공급이 중단되는 순간 붕괴될 것이기 때문이다).

리비우스는 자신의 책 서문에서 로마의 상업적 발전과 그 결과에 대해서 다음과 같이 잘 지적하고 있다.

"부는 로마인들에게 허영을 가져다 주었으며, 쾌락의 번성은 사치와 방탕에 의해 한 민족과 국가를 황폐화시킬 수도 있는 욕망을 가져다 주었다."

한편으로 권력에 대한 로마인들의 집착은 그들을 세계에 대한 전일적 착취로 이끌었으며, 좀더 음험한 면으로는 — 그리스인들에게는 알려져 있지 않았던 퇴폐 행위인 — 사디즘으로 이끌었다. 로마인들의 성생활에 있어서 그러한 독특한 성질은 제국 시대에 매우 광범위하게 나타났다.

우리는 로마인들의 생활이 사디즘과 탐욕 속에서만 충만감을 발견했다고 단언하고 싶지는 않다. 그리스와의 접촉은 세기가 흘러가면서 점점 더 세련된 로마 문학을 낳았다. 그리고 우리가 결코 경시해서는 안 되는 안락함과 문화 생활을 누렸던 소수의 부유한 계급이 있었다. 그러한 호감이 가는 생활에 대해서는 호라티우스의 시나 플리니우스(Pliny)의 젊은 시절의 편지글들을 통해 엿볼 수 있다.

로마 문화의 한계

그러나 일반 대중들은 오직 음식과 도락에만 주의를 기울였다. 그로 인해서 로마 문화에 나타나는 수많은 부유한 문화인들은 천박하고 야만적인 쾌락의 본능에 쉽게 무너지고 노출되는 허울만 좋은 사람들에 불과했던 것이다. 이에 대한 일반화는 이 책의 뒤에서 상세하게 다룰 것이다.

그렇다면 로마인들의 성생활은 그리스인들의 성생활보다 좀더 조잡한 형태였을 것이라고 가정하는 것이 당연하다. 여기에 대해 설명한 한 문장을 인용해 보겠다.

"로마인들은 원래 쟁기와 가래에 속박되어 있던 투박한 농부들이었다. 그 후 그들은 거친 군인들이 되었다. 그리고 마침내 그들 중에서 가장 뛰어나고 가장 재능이 있는 소수는 정치가가 되었다. 그러나 그와 같은 역사를 가지고 있는 민족, 또한 예술이나 철학, 역사 따위에는 실제적인 관심을 거의 기울이지 않았던 민족은 숭고하고 정신적인 성생활을 이끌어낼 수 없었으며, 플라톤적 전망을 갖는, 보다 진전된 가능성을 구상해낼 수도 없었다. 소박한 품성을 지니고 있었던 로마인들의 성적 본능은 단순한 출구를 지향하는 것만으로도 충분했다."

수세기 동안 로마인들에게 있어서 결혼은 엄격하면서도 순결한, 그러나 단조로운 결합을 의미하는 것이었다. 결혼은 성의 좀더 미묘한 가능성에 대해서는 거의 아무런 느낌을 가지고 있지 않은 남편들의 굳건한 권위 아래 놓여 있었다. 결혼 제도 이외에도 로마에는 초기부터 순전히 감각적인 욕구의 충족만을 다소 배타적으로 지향하는, 천박하고 불쾌하게 보이는 매춘 제도가 있었다. 지금까지 우리에게 전해 내려오는 호라티우스의 풍자시 중에는 로마의 매춘 제도와 관련된 중요한 구절이 있다.

호라티우스는 다음과 같이 말한다(i, 2, 116).

그대의 욕정이 뜨겁게 달아오를 때,
바로 범할 수 있는 하녀나 시동이 가까이에 있다면,
그대는 억지 웃음을 지으며 참는 쪽을 선택하겠는가?
나는 그러지 않으리라!
나는 값싸고 손쉬운 사랑이 좋다!

한스 리히트(Hans Licht)가 그의 저서 《그리스 성 풍속사(Sexual Life in Ancient Greece)》에서 "그리스인들의 생활에 있어서 육욕의 지배"에 대해 논한 것이 옳다면, 로마인들 사이에서도 그리스인들과 똑같이 육욕이 지배하는 생활이 존재했었다고 단언하는 것은 훨씬 더 정당할 것이다.

우리가 호라티우스의 시를 무시한다면 로마인들의 생활을 한 측면만 묘사하는 꼴이 될 것이다. 극작가인 플라우투스(Plautus)와 테렌케, 서정 시인인 카툴루스(Catullus), 티불루스(Tibullus), 오비디우스(Ovid), 프로페르티우스(Propertius), 호라티우스, 서사 시인 베르길리우스 등은 모두 로마의 위력을 그리스인들의 매력적이고 형식적인 완벽성과 결합시키기 위하여 노력하여 성공을 거두었다. 그리고 그들은 자신들이 속한 민족의 사랑 생활을 인상적으로 반영하는 기억할 만한 수많은 작품을 양산해냈다.

그러나 로마의 미술은 미묘하고 황홀한 에로티시즘의 숨결이 느껴지는 프락시텔레스나 그밖의 위대한 그리스 조각가들의 화려한 작품들이나 사랑을 분명하게 표현하는 그리스 도자기처럼 독립적인 걸작들을 만들어내지는 못했다. 로마 조각품에 있어서 유일하게 실제적인 이상을 나타낸 형상인 안티누스(Antinous)는 아마도 동성 연애에 대한 하드리아누스 황제의 애착에 의해 창조되었을 것이다. 로마 미술의 조악하고 노골적인 음란성은 폼페이를 비롯한 여러 곳의 수많은 벽화에서 표현되고 있다.

지금까지의 논의를 요약한 다음의 한 문장을 읽어보자.

"로마의 특성은 기본적으로 실제적이다. 그러한 실제적 정신은 로마인들로 하여금 농부, 군인, 정치가가 되게 했고, 가장 위대한 업적, 즉 제국을 창조하도록 했다. 후에 그리스 정신과의 접촉을 통해서 그들은 키케로(Cicero)와 세네카(Seneca) 등과 같은 철학적 사상가와 리비우스와 타키투스(Tacitus) 같은 천재적 역사가를 배출했다. 그러나 로마인들은 그리스 안에서 존재하고 활동했으므로, 로마적 특성으로부터 비롯된 사실상의 독창적 문명의 지성적, 정신적 기초는 없었다고 보아야 한다."

로마의 성생활은 그 사회의 발전과 평행선을 달린다. 처음에는 단순하고 엄격하고 단조로운 결혼 생활 속에서 충족되다가, 좀더 복잡한 관능적 형태로 발전했으며, 이어서 사디즘으로 타락해 갔지만, 항상 본능적이었고 또한 비정신적이었다. 그러나 그들이 이룩한 막강한 제국처럼, 로마의 성생활은 때때로 혐오감을 줄 수도 있지만 언제나 인상적인 위대함을 보여 주기도 한다.

여인들의 생활 **1**

결 혼

로마의 가족 제도

몸젠(Mommsen)은 로마의 형법에 관한 그의 책에서 다음과 같이 말하고 있다.

"인간 역사의 시초에 대해 고찰해 보면, 우리는 이탈리아인들처럼 전통에 대한 정보를 제공하지 않는 민족도 없다는 사실을 발견하게 될 것이다. 로마는 이탈리아 종족 가운데 유일하게 역사적인 발전에 성공한 종족으로, 이미 진정한 전통이 시작되는 시점에서부터 고도로 발전한 민족이었다. 그리스의 우월한 문화로부터 지대한 영향을 받았고, 도시 국가들의 거대한 민족적 동맹을 통할하고 있었다. 또한 로마의 초기 역사에 대한 비로마적 전통은 결코 찾아볼 수 없다. 로마인 자신들에게도 그러한 과거의 시대는 암흑 속에 묻혀 있는 것이었다. 비인격적이며 비신화적인 신들이나, 구전적 형식임에도 불구하고 민족적 특징을 지니며 연대기 속에서 찾아볼 수 있는 합법적 설화들 중에서 로마의 기원과 성립에 대한 기억을 구하는 것은 헛된 일이다. 로마는 남성적 국가이며, 자신들의 유년기에 대해서는 결코 뒤돌아보지 않는 민족이다."

몸젠의 진술은 로마 역사의 다른 어떤 측면보다도 성생활 — 그것이 성관계를 의미한다고 할 때 — 에 대해서 좀더 잘 적용될 수 있을 것 같다. 역사적으로 우리는 로마인들 사이에서 일부일처제와 함께 다양한 형태의 부차적 결혼 관계(그 범위는 가장 천박한 것부터 가장 세련됐다고 불러 마땅한 것에까지 걸쳐 있다)를 발견할 수 있다. 그러나 우리는 이러한 관계들이 어떻게 발전되었는지에 대해서는 실제로 아는 바가 없다.

로마 문명사에 대한 우리의 작업은 로마의 결혼 제도와 부차적 결혼 관계에 대해 현재까지 제출된 모든 견해들을 일일이 제시하거나 비판하는 작업을 수행할 수는 없을 것이다. 그러나 우리는 그 문제에 관한 보다 중요한 관점들, 즉 학문 세계에서 좀더 중요한 비중을 차지하고 있는 몇 가지 견해들에 대해서는 되새겨 보는 수고를 감내해야 할 것이다.

초기 공화정 시대부터 로마인의 사회 생활의 기초는 전적으로 남편에 의해 지배되는 일부일처제에 있었다. "파트리아 포테스타스(patria potestas, 가부장의 권위)"는 로마 가족의 전체 생활을 지배했다. 그러나 성관계까지도 부계의 지배에 근거한 결혼 제도에 국한되어 있었을 것이라고 가정하는 것은 잘못이다. 그와는 반대로 우리가 앞으로 살펴보게 될 것처럼 자유로운 성관계(그것이 '자유 연애'로 묘사되든 아니면 '매춘'으로 불려지든 간에)가 우리에게 알려져 있는 가장 이른 시기부터 결혼 제도와 공존해 왔다. 그러나 우리는 일부일처제와 공존하는 그러한 관계를 과연 어떻게 설명해낼 수 있을 것인가?

프레이어 F. 폰 라이첸슈타인 (Freiherr F. von Reitzenstein)은 《고대 유럽의 사랑과 결혼(Love and Marriage in Ancient Europe)》이라는 소책자 28페이지에서 다음과 같이 말하고 있다.

결혼축하 의식으로 추정되는 서판의 한면. (사제가 제단에 봉헌하고 있고 그 뒤로 주피터를 상징하는 나무가 있다.) 나머지 한 면에는 비슷한 구성으로 카벨레와 케레스가 있음.(파리 Cluny 박물관 소장)

"무엇보다도 사람들은 완벽한 부부 관계나 법적 결혼 관계를 맺지 않았던 것이 확실하다. 부차적으로 납치에 의한 결혼이 최초의 시기부터 관습화되어 있었다. 그러나 우리에게 남겨진 로마법과 역사의 증거물들은 결혼 제도의 보다 진전된 발전에 대해 특별한 가치를 지닌다. 법률에 대한 로마의 천재들은 그들의 발전의 모든 단계에 대해 우리가 매듭을 지어 구분하는 것이 가능하도록 해 주었지만, 동시에 그들은 최초의 기원에 대해서는 그 형상을 그려보는 것이 불가능할 정도로 흔적을 없애 버렸다. 우리는 고대 국가에 의해 끊임없이 고무되어 왔던 모계 제도의 존재를 의심할 수 없다. 굳건한 결합으로서의 결혼은 평민들 사이에서는 확실하게 알려져 있지 않았다. 따라서 자녀는 어머니에게 귀속되었던 것이다. 이러한 무성(無性), 혹은 관계가 결여된 결혼 제도는 로마 후기에도 여전히 존재했으며, 곧 다양한 종류의 매춘 형태로 변화한 자유 연애 체제로 발전하는 기초가 되기도 했다."

상당한 개연성이 있는 이러한 견해들은 사실 스위스 학자 바호펜(Bachofen)의 심도깊은 연구에서 그 연원을 찾을 수 있다. 몸젠의 주장은 크게 우위를 떨쳤던 반면에, 바호펜의 주장은 오랫동안 잊혀져 있었다. 그러나 이제 그는 다시 보편적인 존중을 받게 되었다. 그의 중요한 저술인 《타나퀼의 전설―로마와 이탈리아에 미친 동양의 영향에 대한 고찰(The Legend of Tanaquil-An Inquiry into Oriental Influence on Rome and Italy)》에서 그는 주로 서부 투스칸시 지방의 고대 국가인 에트루리아에서 나타났던 배타적인 모계 권력이 고대 이탈리아의 강력한 가부장적 권위에 의한 통치에 선행했다는 사실을 입증하려 했다. 그는 역사적 시기에 있어서 압도적인 비중을 차지하는, 합법적이며 전일적인 가부장제의 발전을 보편적 개혁이자 비할 데 없는 문명의 진보라고 생각했다.

바호펜은 《어머니의 권리(The Right of the Mother)》라는 그의 주요 저작의 22페이지에서 결혼을 세 가지 발전 단계로 구분하여 설명하고 있는데 첫번째는, 난잡하고 무차별한 성교의 단계다. 중간 단계는 아내에 의해 결혼 관계가 지배된다. 마지막이면서 동시에 가장 고도의 단계는 남편이 결혼을 지배한다. 바호펜은 다음과 같이 말한다.

"결혼의 원칙이자 결혼을 지속시켜 나간 가족의 권위에 대한 원칙이 민법 정신의 일부를 이룬다. 이것이 중간 단계. 마지막으로 이 단계를 뛰어넘어 나타나는 가장 고도의 단계는 아내가 남편에게 복종하고 어머니가 지니고 있던 모든 권한이 아버지에게 전이되는, 아버지의 순수한 정신적 권위가 확립되는 단계다. 이것은 법률의 가장 고도화된 유형이며, 로마에 의해서 가장 순수하게 발전된 것이다. 아내와 자식을 지배하는 힘이 그처럼 완벽하게 무르익은 이상으로 나타났던 곳은 어디에도 없었다. 그와 마찬가지로 통일된 정치적 최고 권력이라는 그에 상응하는 이상이 그처럼 의식적이면서도 또한 꾸준하게 추구된 곳도 없을 것이다."

또한 바호펜은 다음과 같이 덧붙여 말하고 있다.

"고대 시기의 자연법은 보다 후기의 자연법처럼 단순한 철학적 사색이 아니다. 그것은 순수한 정치적 성문법보다도 더 오래된 하나의 역사적 사건이자 문명의 사실적 단계. 즉, 인간성이 통과해 온 단계에 대한 기록이자 가장 초기의 종교적 이상을 표현하고 있는 것이다. 그러나 인류의 운명은 법률적 문제에 대한 점증적 정복, 동물 세계의 일부분과 연관되는 그 본성의 물질적 욕구의 초월, 좀더 높고 순수한 인간적 생활을 향한 진보에 달려 있다. 로마인들은 다른 민족에 비해 그들의 법률로부터 인간 관계에 대한 육체적이며 물질적 관점을 보다 완벽하게 몰아내버렸다. 로마는 처음부터 정치적 측면에 있어서 절대 권력에 기초하여 성립되었기 때문이다. 이러한 측면에 대한 의식적 집착을 통해 로마인은 자신의 운명을 추구하였던 것이다."

이러한 바호펜의 견해에 대해 나는 지지도 반대도 하지 않을 것이다. 그럼에도 불구하고 그는 인간의 원초적 상태에 대해 언급하고 있는 키케로의 《창작론(De Inventione)》(i, 2)의 다음 문장에 호소할 수 있을 것이다.

"아무도 법률적 결혼에 대해서 알지 못했으며, 그 자신의 합법적 자식을 알지 못했다."

더욱이 한스 뮐레슈타인 같은 현대의 학자도 그의 유명한 저술인 《서구 세계의 탄생과 에트루리아의 기원(The Birth of the Western World and On the Origin of the Etruscans)》에서 로마 선사 시대의 발전에 미친 에트루리아의 강력한 영향을 추적함으로써 바호펜의 뒤를 따르고 있다. 그리고 그들은 최근의 발굴 결과에 따라 이러한 관점을 실체적으로 보다 강력하게 뒷받침하는 근거들을 찾아내고 있다.

우리는 '파트리아 포테스타스(가부장의 권위)'에 근거한 로마 국가와 로마의 가족 제도가 실제로 발전하기 이전에 모계 권력이 우위를 점하고 있었다는 결론을 내림으로써 그들의 의견에 동의할 수 있을 것이다. 그리고 이러한 모계 권력의 흔적은 국가에 의해서 공인된 일부일처제의 보완물로서 다양하고 자유로운 성적 접촉의 형태로 살아 남았다. 물론 현재 우리가 가지고 있는 역사 지식에 근거한다면, 이러한 생각은 다소 불안정한 가설이다. 나중에, 우리가 만약에 특히 에트루리아의 언어를 이해하게 된다면, 위와 같은 생각은 확실한 역사적 사실로 굳어지게 될지도 모른다.

귀족 계급의 횡포

이제부터는 로마의 역사적 시기에 존재했던 모습대로의 결혼 제도에 대해 서술해 보기로 하자.

B. C. 445년까지는 전통적인 형태의 결혼은 지배 계급인 귀족들 사이에서만 이루어졌으며 귀족과 평민 사이에는 교류가 없었다. 즉 시민 법정에 의해서 군건한 결합으로 인정받을 수 있는 교혼(交婚)은 이루어지지 않았다. 후대의 역사가들은 '데켐비리(Decemviri)' 즉 10인 위원회의 사악한 위원들에 의해 처음으로 귀족과 평민 사이의 결혼에 대한 금지 규정이 마련된 것처럼 서술하고 있다(Cic., De rep., ii, 37). 그러나 사실 그러한 금혼 규정은 단지 관습으로 준수되어 온 옛 법률들 중의 하나였을 뿐이며, 445년에 들어서서 소위 12동판이라고 알려진 법전에 기록되었다. 결국 그 금혼 규정은 험난하고 고통스러운 투쟁 끝에 호민관인 카눌레이우스에 의해 철폐되었다.

이런 맥락 속에서 비르기니아의 이야기를 인용해 보는 것도 흥미있을 것이다. 그것은 역사적인 진실성은 없는 우화지만, 그것이 문학에 미친 영향을 고려해 볼 때는 중요하다[레싱(Lessing)의 《에밀리아 갈로티(Emilia Galotti)》를 보기로 들 수 있다]. 우리는 다른 것들에 비해서는 덜 알려진 판본인 할리카르나수스의 디오니시우스(Dionysius)가 말한 바에 따라, 그 이야기를 인용해 보기로 한다 (Dion. Hal., xi, 28).

"루키우스 비르기니우스라는 이름의 평민 남자가 있었다. 그는 로마에서 가장 뛰어난 군인 가운데 한 사람이었으며, 아이퀴에 대적하여 작전을 펼치고 있는 다섯 군단 중의 하나인 100명의 보병부대를 지위하고 있었다. 그에게는 비르기니아라는 딸이 있었는데, 그녀는 로마에서 가장 아름다운 소녀였으며, 루키우스라는 전직 호민관과 약혼한 사이였다(루키우스는 호민청을 만들고 처음으로 그것을 관장한 이킬리우스의 아들이다).
그런데 10인 위원회의 우두머리인 아피우스 클라우디우스가 학교에서—당시에 아이들의 학교는 시장터를 순회하면서 열렸다—글을 읽고 있는 그 소녀를 보게 되었다. 어느새 결혼할 나이에 접어든 비르기니아의 아름다움은 단번에 그를 사로잡았다. 이미 열정의 노예가 된 그는 학교 옆을 수도 없이 지나다녔고 그럴수록 더욱 깊은 사랑에 빠져들었다. 그러나 그 소녀는 이미 다른 남자와 약혼한 사이였고, 아피우스 클라우디우스 역시 아내가 있었기 때문에, 그 소녀와 결혼할 수는 없었다. 그는 소녀의 지위를 멸시했으며, 평민 출신의 여인을 아내로 맞아들이는 행위를 경멸하고 있었다. 더욱이 그러한 결혼은 그 자신의 손으로 직접 제정한 12동판법에 의해 불법으로 간주되고 있었다. 그래서 그는 우선 그 소녀를 돈으로 유혹해 보려고 했다. 소녀에게는 어머니가 없었으므로, 아피우스는 소녀를 양육하고 있는 여인들에게 심부름꾼을 보냈다. 그는 여인들에게 많은 돈을 건네주면서, 앞으로 훨씬 더 많은 돈을 주겠다고 약속했다. 그는 심부름꾼에게 그 소녀와 사랑에 빠진 사람이 누구인지에 대해서는 여인들에게 말하지 말고, 다만 그 사람은 마음만 먹으면 누구에게나 도움을 줄 수도, 해를 끼칠 수도 있는 인물 가운데 하나라는 말만 전하라고 지시했다.

그러나 그는 그 여인들을 설득할 수 없었다. 오히려 여인들은 전보다 더욱 세심하게 소녀를 보호했다. 이제 사랑의 불길에 완전히 사로잡힌 아피우스는 좀더 대담한 방법을 사용해야 겠다고 결심했다. 그는 그의 친척인 마르쿠스 클라우디우스를 불렀다. 마르쿠스는 어떤 일에 대해서도 도움을 줄 준비가 되어 있는 대담한 인물이었다. 아피우스는 마르쿠스에게 자신의 열정에 대해서 이야기했다. 그리고 나서 자신이 하고자 하는 일을 말해 준 후, 마르쿠스에게 불량배 몇 사람을 딸려서 학교로 보냈다.

학교로 간 마르쿠스는 소녀를 붙잡은 뒤에 시민들이 보는 시장터에서 벗어나려고 했다. 그러나 순식간에 수많은 사람들이 우르르 몰려드는 바람에 그는 약속된 장소로 소녀를 데려갈 수 없었다. 그러자 그는 집 정관에게 갔다. 그때 아피우스는 법관석에 혼자 앉아서 도움을 청하는 사람들에게 조언을 하며 판결을 내리고 있었다. 마르쿠스가 변명을 하려고 하자 구경하던 군중들 사이에서 거부의 함성이 일어났다. 군중들은 모두 소녀의 친척이 올 때까지 마르쿠스를 기다리게 하라고 요구했다. 잠시 후에 소녀의 삼촌인 푸블리우스 누미토리우스가 도착했다. 그는 평민들에게서 대단한 존경을 받고 있는 인물이었다. 그는 많은 친구들과 친척들을 함께 데리고 왔다. 잠시 후에 젊은 평민들로 이루어진 무장 병사들을 이끌고 약혼자 루키우스가 왔다. 그는 법정에 도착하자마자, 숨을 헐떡거리면서 도대체 어떤 자가 무슨 목적으로 감히 자유 시민의 딸을 납치하려고 했는지 말해달라고 요구했다.

잠시 침묵이 흘렀다. 그러고 나서 소녀에 대한 소유권을 가지고 있었던 마르쿠스 클라우디우스가 다음과 같은 연설을 하기 시작했다.

'아피우스 클라우디우스여, 나는 이 소녀에게 어떤 위해나 폭행도 가하지 않았습니다. 나는 그녀의 합법적인 주인이며, 법에 따라 소녀를 데려가려고 했습니다. 이 소녀가 어떻게 나의 소유가 되었는지에 대해서 말씀드리겠습니다. 나는 아버지로부터 한 여인을 상속받았는데, 그 여자는 지금까지 여러 해 동안 노예로 지내오고 있습니다. 그런데 그 노예가 임신을 하자 친구로서 그 여자 노예를 자주 방문하곤 했던 비르기니우스의 아내는 아이가 살아서 태어난다면 그 아이를 자기에게 달라고 노예를 설득했습니다. 그 여자 노예는 약속을 지켰습니다. 여기 있는 비르기니아는 그 여자 노예가 우리에게는 아이가 죽은 채 태어났다고 말한 뒤에 누미토리아에게 준 바로 그 아이입니다. 아들도 딸도 없었던 누미토리아는 그 아이를 양녀로 삼아 친딸처럼 키웠죠. 이 일은 한동안 나의 기억에서 잊혀져 있었습니다. 그러나 이제 와서 그에 대한 소문을 듣게 된 것입니다. 나에게는 믿을 만한 증인들이 많이 있으며, 그 여자 노예 본인에게도 직접 물어보았습니다. 아이는 양부모가 아니라 진짜 부모에 귀속되어야 하며, 자유민의 자제는 자유롭지만, 노예의 자식은 그 부모의 소유주의 노예가 되어야 한다는 일반법에 호소하고자 합니다. 그 법에 따라 나는 나의 노예의 딸을 데려갈 권리가 제게 있다고 주장하는 바입니다. 그 소녀가 법정을 오갈 수 있도록 누군가가 적절한 안전을 보장해 준다면, 나는 이 사건을 정식 재판에 붙일 준비가 되어 있습니다. 그러나 빠른 판결을 원하는 사람이 있다면, 저는 소녀에 대한 안전 문제나 또한 시간이 지체되지 않도록 지금 당장 당신에게 이 사건을 맡길 준비도 되어 있습니다. 저의 반대자들로 하여금 이 두 가지 중에서 양자택일하도록 해 주십시오.'

마르쿠스가 사건에 대해 진술을 마친 뒤에, 소녀의 삼촌이 그에 대해 반박했다. 그는 소녀가 결혼할 수 있는 나이에 이르러, 그 미모가 빼어나자 그녀를 탐하는 사람이 나타나게 되었다고 말했다. 내세울 수 없을 정도로 뻔뻔스러운 욕심을 가지고 있는 사람이 자신이 직접 나서서 그 목적을 달성할 수 없으니까, 어떤 방법을 동원하든 그의 욕구를 만족시키기 위해 다른 사람을 내세웠다는 것이다. 그는 그 사람의 목적과 주장에 대해서는 소녀의 아버지가 병역을 마치고 돌아와서 응답해 줄 것이라고 말했다. 소녀의 삼촌인 자신은 그녀의 소유권에 공식적으로 반대 주장을 할 것이며, 그에 따라 합법적 의무를 수행할 것이라고 했다.

그의 연설은 청중들의 동정심을 불러일으켰다. 그러나 아피우스 클라우디우스는 교활한 답변을 했다.

'나는 노예라고 주장되는 사람들의 신원 확보를 위한 법률에 정통합니다. 그 법률에 따르면 심문이 끝날 때까지는 그러한 주장을 펼치는 당사자들이 보호자가 되는 것을 금하고 있습니다. 나는 나 자신이 제정한 법률을 어길 수는 없습니다. 그렇지만 내 결정은 이렇습니다. 지금 제기된 주장에 대해 반대 주장을 펼치는 두 사람, 즉 아버지와 삼촌이 있습니다. 그 두 사람이 모두 있다면, 사건이 종결될 때까지 아버지가 딸을 보호하는 것이 옳습니다. 그러나 지금 아버지가 없으므로, 소녀의 소유자인 마르쿠스가 그녀를 데려가고 나중에 그녀의 아버지가 돌아오면 그때 법정에 데리고 나오겠다는 서약을 하라고 판결하겠습니다. 심문할 때까지는 소녀의 안전을 보장하고, 온당하고 적절한 대우를 해 주어야 하며, 나는 이 모든 문제에 대해서는 세심한 주의를 기울일 것입니다. 그럼, 소녀를 데려가시오.'

지켜보던 여인들과 군중들 사이에서는 커다란 불평의 소리와 탄식이 흘러나왔다. 소녀의 약혼자인 루키우스는 그가 살아 있는 한 그 누구도 소녀를 데려가게 할 수는 없다고 생각했다.

'아피우스여, 나의 목을 자르고 난 다음에 어디든 당신이 원하는 곳으로 소녀를 데려가시오. 그리고 다른 여인과 소녀들도 모두 데려가시오. 그리하여, 로마 사람들이 더 이상 자유민이 아니라 노예라는 사실을 알 수 있도록 하란 말이오. 그러나 이 점만은 분명히 하시오. 나의 죽음은 로마의 커다란 불행, 아니 위대한 행복의 시작이 될 것이오!'

비르기니아는 가짜 소유권자에게 넘겨졌다. 그러나 군중들 중에서 행동적인 사람들의 협박이 대단했으므로, 아피우스는 그들에게 시간을 주지 않을 수 없었다. 그러던 중 진지에 있던 소녀의 아버지가 불려왔다. 그가 도착하자마자 심문이 시작되었다. 그는 소녀의 합법적 신분에 대해 뚜렷한 증거를 제출했다. 그러나 아피우스는 이미 오래 전부터 그 소녀의 신분이 날조되었다는 것을 알고 있었지만, 일이 바쁘다 보니 그 문제에 대해 적절한 조치를 취할 수 없었노라고 이야기했다. 그리고는 군중들을 향해 반항할 경우 무력을 사용하겠다고 협박하면서, 마르쿠스에게 도끼로 무장한 집정관 12명의 호위 하에 소녀를 데려가라고 명령했다.

아피우스가 그렇게 말하자 군중들은 이마를 두드리고 울분을 삼키면서 해산하지 않을 수 없었다. 마르쿠스는 소녀를 끌고 가기 시작했지만, 소녀는 아버지에게 매달려서 입을 맞추고 포옹을 하며 아버지의 이름을 애절하게 불렀다. 비르기니우스는 고뇌 끝에 아버지로서는 고통스럽지만, 자유롭게 태어난 용감한 시민으로서는 정당하고 적절한 행동을 취하기로 마음 먹었다.

그는 딸이 시장터로부터 끌려가기 전에 마지막으로 그녀와 포옹을 하고 단둘이 얘기를 나눌 수 있도록 허락해달라고 부탁했다. 집정관이 그렇게 하라고 허락하자, 그의 적들은 어느 정도 거리를 두고 뒤로 물러났다. 그는 딸을 품에 안았다. 그의 온몸에서 힘이 빠져 나가면서 현기증이 느껴졌다. 그는 딸의 이름을 끊임없이 부르고 입을 맞추며 줄줄 흘러내리는 딸의 눈물을 닦아주었다. 그러는 동안 그는 점점 더 다른 사람들로부터 멀어지기 시작했다. 푸줏간 근처에 이르렀을 때, 그는 선반 위에 놓여있던 칼을 집어들고 다음과 같이 말하면서 딸의 심장을 찔렀다.

'내 자식아, 나는 너를 자유롭고 순결하게 죽음의 세계에 있는 조상님들에게 떠나보낸다. 내가 살아 있는 동안에는 폭군이 너에게 자유도 순결도 허락하지 않을 것이기 때문이다!'"

이야기는 포악한 데켐비리 위원이 면직되는 것으로 끝을 맺는다. 우리가 이 사건을 좀더 추적해볼 필요는 없다. 그것이 사실에 근거하고 있는 것이든, 포악한 관리의 사퇴를 보여주기 위해 꾸며낸 이야기든 간에, 분기하는 평민들의 긍지와 폭정이라고 느끼는 귀족 신분 제도에 대한 그들의 증오심을 보여준 것만으로도 충분하다.

이 경우는 특히 결혼 제도와 관련이 있다. 아피우스는 합법적 결혼 상태에 있는 하위 계급의 소녀를 취하는 것은 자기 손에 달려 있다고 생각했다. 그러나 평민으로서 자신이 속한 계급을 자랑스럽게 의식하고 있던 비르기니우스는 참을 수 없는 능욕을 거부했다. 다른 계급의 남자와 불명예스러운 결합을 하도록 내버려두느니, 차라리 소녀를 죽여버리는 길을 택했다. 그는 귀족 계급의 특권을 더 이상 인정할 수 없었던 것이다.

결혼의 지배성과 예속성

우리가 로마의 정규 결혼 제도의 특성을 이해하고자 한다면, 먼저 여성이 남편의 "손아귀 안으로" 들어오는 결혼과 그렇지 않은 결혼을 구분해야만 한다. 이 구절의 의미는 무엇인가?

여성은 소녀 때까지는 다른 모든 어린이들과 마찬가지로 가부장의 지배를 받는다. 아버지는 딸에 대해 '파트리아 포테스타스'를 행사할 수 있다. 여자가 한 남자의 "손아귀 안으로" 들어가는 결혼을 한다면, 그것은 그녀가 아버지의 권위를 벗어나서 새로운 사람, 즉 남편의 지배권 안으로 들어가게 됨을 뜻한다. 그녀가 남편의 권위로 들어가지 않는 결혼을 한다면, 그녀는 계속해서 아버지나 또는 합법적 대표자의 권위 하에 놓여 있게 되는 것이다. 그리고 그 여자의 남편에게는 여자의 재산에 관여할 수 있는 아무런 권리도 주어지지 않았다. 후대에는, 로마 여인들의 자존 의식이 증대됨에 따라, 재산권에 대해서는 남편으로부터 독립하는 것이 여인들에게 이익을 가져다 주게 되었다. 그에 따라 여인들은 남편의 "손아귀 안으로" 들어가게 되는 결혼은 기피하게 되었다.

모계의 권위는 시민 법정에 의해 인정된 세 가지 결혼 형태, 즉 콘파레아티오(Confarreatio), 코엠프티오(Coemptio), 그리고 우수스(Usus) 속에서만 받아들여졌다. 우리는 이제 우리의 주제와 관련이 있는 범위 안에서 이러한 형식들을 상세하게 다루어 보기로 하겠다. 좀더 복잡한 세부사항—그 중 일부는 많은 논란이 되고 있는 주제이지만—은 로마법의 역사에 귀속시키는 것이 적절할 것이다.

남편과 아내

교회의 결혼 예식에 일치하는, 가장 오래되고 가장 정중하게 치루어지는 결혼의 형식이 콘파레아티오다. 그 명칭은 예식에 사용되는 케이크인 '파레움 리붐(farreum libum)'에서 유래했다.

디오니시우스는 콘파레아티오에 대해 다음과 같이 말하고 있다 (ii, 25).

"고대 로마에서는 예식에 의해서 확인되는 결혼을 신성하면서도 이단적인 것이라고 불렀다. 그 특징을 한 마디로 요약한 콘파레아티오라는 말은 '파르(far)' 또는 '스펠트(spelt)'라는 일상어에서 유래했는데, 우리는 그것을 '제아(zea)'라고 부르고 있다. 그리스에서 가장 오래된 곡물인 '울라이(oulai)'라는 명칭의 제사를 시작할 때 울라이를 사용했던 것처럼, 로마인들은 스펠트가 모든 곡식 중에서 가장 오래되고 가치 있는 것이라고 믿었기 때문에 모든 제사를 시작할 때 스펠트를 사용했다. 그 관습은 아직까지 남아 있다.
부인들이 가장 거룩한 최초의 음식인 '파르(스펠트)'를 남편과 함께 나누며, 인생의 운도 함께 나누기로 동의하는 것으로부터 그 의식의 이름도 붙여졌다. 그 의식은 부부에게 분리할 수 없는 굳건한 결합을 가져다 주었으며, 그렇게 결합된 결혼을 깨뜨릴 수 있는 것은 아무것도 없었다. 이 법은 아내들에게 남편 이외에는 아무 데도 호소할 데가 없으므로, 오직 남편만을 기쁘게 하기 위해 인생을 살아가라고 지시했으며, 남편들은 그들에게 있어서 없어서는 안 되고 누구에게라도 양도할 수 없는 물건을 다루듯 아내를 다스리라고 가르쳤다."

의식에 대해서 더 상세하게 묘사할 필요는 없을 것이다. 의식 중에서 가장 중요한 것은 열 명의 증인이 지켜보는 가운데 대사제와 주피터의 사제가 제물을 바치는 과정이다. 의식 중의 일부는 지금은 거의 판독할 수 없는 상태다. 결혼 의식의 전 과정에 대한 바호펜의 해석은 그의 책 《타나퀼의 전설》에서 찾아볼 수 있다. 후대에 접어들어 이러한 결혼 형식은 사제의 신분을 가진 일부 부모들에게는 한층 더 의무적인 것이 되었지만, 대개는 부담스러운 것으로 여겨졌다(Tac., Ann., iv, 16). 확실히 이 형식은 가장 오래되고 가장 귀족적이다. 그것은 원래 귀족들을 위한 관습적 형태였으며, 좀더 단순하고 덜 의례적인 방식으로 오랫동안 유지되었다. 오래된 콘파레아티오와 그 밖의 다른 결혼 형식들과의 관계는 학자들 사이에서 아직까지 논란을 불러일으키고 있다.

두 번째 형식인 코엠프티오는 애초에 평민들 스스로 도입했다는 것이 일반적인 가정으로 받아들여지고 있다. 평민들은 귀족적 형식인 콘파레아티오를 치를 수 없었기 때문이다. 법 분야에서 저명한 권위를 가지는 칼로와(Karlowa)는 로마법의 역사에 대한 그의 책에서 코엠프티오는 세르비안 시대까지 그 연원이 거슬러 올라가며, 평민들을 위한 합법적 결혼 형식으로 창안된 것이라고 단언하고 있다. 초기의 코엠프티오에 의한 결혼은 아내(그녀가 만일 평민이라면)가 남편의 가족에게 귀속되는 원인이 되지는 않았다. 그것은 평민들에게 적개심을 불러일으켰으며, 그 결과 코엠프티오가 콘파레아티오와 유사한 효력을 갖도록 만든 호민관 카눌레이우스 법안으로 귀결되었다.

세 번째 결혼 형식은 관습, 즉 우수스에 의한 것이다. 이것은 중단 없이 1년 동안 지속된 동거 생활은 정식 결혼으로 간주해야 한다고 규정한 12동판법에 의해 합법성이 보장되었다. 이 결혼 형식의 독특한 점은 규칙보다는 예외에 있다. 사흘 밤이 넘도록 동거를 중단하면 그 결과 남편의 권위는 더 이상 존재할 수 없게 된다. 즉, 이 형식도 정식 결혼이기는 하지만, 아내가 아버지의 지배권을 벗어나서 완전히 남편의 권위 아래로 들어가지는 않는다는 것이다. 이것은 12동판법의 제정에 의해 확립되었다(Caius, Inst., i, 111).

칼로와의 견해에 따르면, 관습에 의한 이 결혼 형식은 영구적 관계를 맺고자 하는 로마인과 외국인 사이의 결합을 정당화하기 위해 만들어진 것이라고 한다. 이 형식이 남편에 대한 복종으로부터 여성들을 해방시킨 것은 그 직후의 일이다. 칼로와의 말처럼 1년간의 주기에 의해서 아내가 남편의 권위로부터 벗어나 자유롭게 남아 있을 수 있는 이러한 결혼 형식이 광범위하게 대중화된 것은 "이탈리아 정복 이후로 로마인들이 다른 나라에 대한 정복으로 눈길을 돌리면서, 그들의 종교적 형식을 포기하고 예전의 도덕적 덕목을 붕괴시킨 이후로" 그 연원이 거슬러 올라간다.

우리는 이 책의 후반부에서 로마 여성들의 해방을 위한 투쟁을 다루면서 좀더 상세하게 이 문제를 언급하게 될 것이다. 그러므로 여기에서는 칼로와의 견해를 더 이상 논의하지 않겠다. "남편의 권위"가 없는 이러한 결혼 형식이 법률 제정에 의해 처음 도입된 것인지, 아니면 시간이 흐르면서 자연스럽게 정착된 것인지에 대해서는 아무도 알지 못한다. 시인 엔니우스가 제1차 포에니 전쟁 시기에 이 형식을 알게 되었다는 것만은 확실하다.

우리가 논의한 세 가지 형식은 다음과 같은 점에서 다르다. 콘파레아티오에는 대사제가 참석하고 결혼과 함께 남편의 지배권이 이루어진다. 코엠프티오에서는 결혼을 축하하기 위해서는 필요하지 않은 법률적 의식을 통해 남편이 지배권을 획득한다. 우수스에서는 1년간의 동거가 결혼에 적절한 것이지만, 만약 그 기간 동안 '트리노크티움(trinoctium)'이라고 불리는 별거에 의해 결혼이 깨진다면, 남편의 지배권은 없어진다.

코엠프티오의 법률적 의식은 형식적인 모의(模擬) 구매다. 남편은 그의 아내를 명색뿐인 하찮은 비용으로 사들인다. '코(co)'라는 접두사는 남편이 그 자신과 동등한 친척 여자로서의 아내에 대한 지배권을 얻게 되었다는 사실을 의미하며(Karlowa), 그것을 통해서 아내는 자신을 남편의 힘에 맡기는 것이다. 아내는 의식 과정에서 수동적 위치를 차지하는 것이 아니라, 능동적 역할을 담당한다.

　코엠프티오에 의한 결혼은 후기로 접어들면 가장 보편적인 형식이 된다. 우리는 콘파레아티오는 구식이며, 시행하는 데 따르는 어려움으로 인해 이용되지 않게 되었다는 사실을 알고 있다. 법관인 카이우스는 자신의 시대에는 우수스도 일부는 법률에 의해, 그리고 일부는 관습에 의해 낡은 결혼식으로 전락했다고 말하고 있다 (Inst., i, 111).

　이 세 가지 형식의 관계에 대해 보다 더 상세하게 논의하는 것은 우리의 연구에는 포함되어 있지 않다. 그러나 이 세 가지 형식 속에서 관찰되는 의식들은 모두 동일했다는 것만큼은 분명하다. 어떤 것을 사용할 것인지 결정하는 것은 결혼 계약을 하는 당사자들의 사리분별에 달려 있다. 현대의 학자들은[예컨대(Reitzenstein, loc. cit.) 그밖의 문헌들] 코엠프티오와 우수스의 예식들은 콘파레아티오에 의한 결혼에서 사용된 예식들에서 유래한 것이며, 그것을 변형시킨 것에 불과하다고 믿고 있다. 우리는 그것들이 증거에 의해 뒷받침되는 한에 있어서는 가장 일상적으로 행해진 의식들을 간단하게 요약하기 위한 시도를 해야 할 것이다.

결혼에 얽힌 미신과 풍속

　콘파레아티오에 의한 결혼식에는 대사제와 주피터의 사제가 참석한다. 이로부터 우리는 주민 회합 장소인 쿠리아(curia)나 원로원 등과 같이 신성한 장소에서 거룩한 의식이 치루어졌을 것이라고 추론해 볼 수 있다. 그러나 다른 유형들을 위해서는 특별한 장소가 필요치 않았으며, 신부의 집과 같은 장소에서 의식을 치뤘다.

일반적으로 약혼이 결혼에 선행했지만, 그것이 무효가 된다고 해도(적어도 후기에는) 약속 불이행에 대한 소송이 일어날 가능성은 거의 없었다(Juv., vi, 200 ; Cod. Just., v, 1, 1). 약혼식에서 신랑은 장래의 신부에게 새로 살 집을 주거나, 철로 만든 반지를 신부의 왼손 네번째 손가락에 끼워준다. 나중에는 일반적으로 약혼식 석상에서 결혼 서약이 맺어지곤 했다. 약혼식의 전 과정은 대개 하객이 참석한 가운데 이루어졌으며, 잔치로 끝을 맺었다.

특정한 날에는 결혼식을 치룰 수 없었다. 5월 한 달간, 3월과 6월의 처음 15일간, 매달 초하루, 초닷새, 열사흘 날, 그리고 로마의 축제가 벌어지는 기간에는 종교적 배경에 따라 결혼식을 피했다. 의식은 실제로는 결혼식 하루 전날에 시작되었다. 신부가 소녀 시절에 입던 옷을 벗고, 그 옷과 함께 어린 시절에 가지고 놀던 장난감들을 신에게 바치는 행사가 그날 치루어지기 때문이다. 그리고 나서 신부는 결혼 예복을 입는다. 특별히 직조한 소매가 짧고 무릎까지 내려오는 헐렁한 상의인 '투니카(tunica, 남녀 겸용의 소매 달린 겉옷)'와 울로 만든 거들을 입고, 무엇보다도 '플람메움(flammeum)'이라는 머리를 덮는 커다란 붉은색 면사포를 썼다. 머리 장식에는 특히 더 주의를 기울였다.

끝이 둥글게 구부러진 쇠창살을 가지고 신부의 머리카락을 여섯 갈래로 나누어 편발로 땋아내리는 것이 관습이었다. 한 작가의 진술에 따르면 후기에는 검투사의 시신에서 빼낸 창 끝으로 이와 같은 일을 했다고 한다. 아마도 그런 무기에는 무언가 신비한 힘이 서려 있을 것이라는 믿음 때문이었을 것이다[베커 《고대 로마 야사(Roman Private Antiquities)》(v, 1, 44)]. 붉은 면사포 밑에는 신부가 직접 모아온 꽃으로 만든 화관을 썼다. 예식에 참석하는 다른 사람들도 화관을 썼다.

키케로에 따르면(de div., i, 16, 28), 아침 일찍 길흉을 점치는 것으로부터 결혼식이 시작되었다고 한다. 그 다음에는 제물의 안쪽을 검사하는 일이 이어진다. 그 동안 하객들이 모여들고, 점을 쳐본 결과가 발표된다. 그리고 열 명의 증인 앞에서 결혼 서약이 이루어진다. 그렇다고 해서 그것이 결혼에 꼭 필요한 본질적인 예비 행사는 아니다(Cic., ap. Quint., v, 11, 32).

다음으로 신랑과 신부의 결혼에 동의한다는 엄숙한 선서가 이어진다. 콘파레아티오 또는 코엠프티오에 의한 결혼식에서는 신부가 다음과 같이 말한다. "콴도 투 카이우스, 에고 카이아(Quando tu Caius, ego Caia)." 라이첸슈타인에 따르면, 그 형식에 대해서는 많은 논란이 있지만, 대개 그 의미는 "그대가 가족의 아버지로 있는 곳에 나는 어머니로 있겠습니다."라고 한다. 즉, 이 말은 분명히 아내로서 기꺼이 남편의 지배하에 들어가고, 따라서 그의 가족에 귀속될 준비가 되어 있음을 의미하는 것이다.

이러한 선언을 하고 난 뒤에, 신랑과 신부는 서로에게 가까이 인도된 다음 '프로누바(pronuba, 들러리)'에 의해서 함께 손을 잡는

다[프로누바는 대개 결혼한 여인이며, 유노의 여신을 나타내는 것이다. 클라우디아누스(ix, 284)에 따르면 비너스 자신도 프로누바 노릇을 하면서 신랑과 신부의 손을 쥐어주었다고 한다]. 이제 예식은 절정에 도달한다. 이제 막 결혼한 신랑 신부는 제단 앞으로 나아가 그들이 직접 제물을 바친다. 제물은 상하지 않도록 그날 아침 일찍 장만하는데 처음에는 과일이나, 위에서 언급한 케이크들이었다가 후에는 일반적으로 돼지나 거세한 소 같은 짐승들이 사용되었다. 의식이 진행되는 동안에 신랑과 신부는 양가죽으로 묶인 두 개의 의자에 나란히 앉아 있다. 콤파레아티오에서는 참석한 사제가 기도문을 읽으면 신랑 신부가 걸어서 제단 주변을 돌며 그것을 되뇐다. 그리고 축복과 기원이 오고간 뒤에 잔치가 이어진다(Juv., ii, 119, e. g.).

그러다 보면 어느덧 밤이 다가온다. 이제 신부가 남편의 집으로 호위되어가는 과정인 '데두크티오(deductio, 인도 또는 안내)'라는 마지막 단계의 예식이 시작된다. 고대의 관습은 남편이 신부를 그녀의 어머니로부터 억지로 떼어놓도록 하라고 가르치고 있다. 그 전에 신부는 보호를 간청하며 어머니에게 도망쳐 있도록 한다(페스투스는 이 점을 명쾌하게 설명하고 있다. "그들은 신부가 어머니의 보호로부터 억지로 떨어지는 것처럼 꾸미고 있는 것이다. 어머니가 참석하지 못했다면, 그 다음으로 가까운 친척의 보호로부터 남편에게 끌려가는 척한다."). 이러한 관습은 원시 시대의 납치에 의한 결혼 풍습을 나타내고 있는 것이 분명하다. 이제 신부는 왁자지껄한 행렬의 호위를 받으며 신랑의 집으로 향한다. 피리를 부는 사람들과 횃불을 든 소년들이 행렬의 앞장을 서고(수많은 도자기의 그림에 따르면), 신랑과 신부가 탄 가마가 뒤를 이으며, 하객과 우연히 주변에 있던 수많은 사람들이 가마를 에워싸거나 그 뒤를 따라간다. 대열의 사람들은 원래 남근 숭배의 노래인 '페스켄니네(fescennine)'의 노래를 부른다. '페스켄니누스(fescenninus)'라는 말은 남성 생식기를 뜻하는 '파스키눔(fascinum)'이라는 말에서 유래했기 때문이다. 아주 고대에는 남근 숭배를 상징하는 춤을 추었을 수도 있다. 원시인 사이에서는 이와 같은 풍습이 나타나고 있다(Reitzenstein, loc., cit.). 그 노래는 매우 음란한 농담으로 구성되었을 것이 분명하다[그런 노래들 중의 하나가 아리스토파네스의 〈아카르니안스(Acharnians)〉다(cf.Reitzenstein, p.46)].

카툴루스의 유명한 결혼의 노래에는 그런 행렬에 대한 흥미있는 묘사가 등장한다. 그 노래에는 신랑과 함께 식사를 한 청년들이 부르는 합창과 신부의 친구들이 부르는 합창이 등장한다. 청년들의 노래는 다음과 같이 시작된다.

> 일어나라, 저녁이 되었도다.
> 드디어, 드디어, 하늘에 불을 밝힐지어다.
> 일어나 성대한 잔치를 벌여보자.
> 처녀들이 모이고 노랫소리 들려온다.
> 히멘(Hymen, 결혼의 신)이여,
> 우리에게 오소서, 거룩한 히멘이여!

처녀들이 화답하는 합창은 다음과 같다.

그들을 보아라, 처녀들이여,
그들을 향해 고개를 들어라!
이제 별빛이 광채를 발하니
모든 것이 뚜렷하지만, 그러나 그들의 갈망을 보라.
그들은 씩씩하게 일어나 우리를 향하여 노래를 부른다.
히멘이여, 우리에게 오소서, 거룩한 히멘이여!

행렬이 남편의 집에 도착하면, 아내는 관습에 따라 동물의 지방이나 다른 기름으로 문설주를 문지르고, 울로 만든 실을 그 기둥에 묶어야 한다. 그리고 나면 남편은 아내를 문지방 위로 들어올린다. 아내의 몸이 문지방에 닿는 것은 불길한 징조이기 때문이다. 안에서, 아내는 남편에 의해 불과 물에 대한 소유권을 받아들이게 된다. 남편과 함께 그녀는 새롭게 난로에 불을 지핀다. 그리고 나서 그녀에게 물이 뿌려진다. 그렇게 함으로써 남편과 함께 가사(家事)와 종교 생활을 나누게 될 것이라는 인정을 받는 것이다.

이제 이어지는 결혼식의 종결은 신성한 관습의 지배를 받는다. 프로누바는 이미 신혼 침대를 준비해 두었고, 신부에게 필요한 모든 것을 가르쳐 주었다. 신부는 끌러진 거들을 봉헌받는 여신들인 유노 비르기넨시스와 킨키아에게 기도를 드린다. 남편은 아내의 거들을 끄르고, 아내는(아마도 벌거벗은 채로) 무투누스 투투누스(Mutunus Tutunus)라는 이름의 다산을 상징하는 신의 남근 위에 앉는다. 아주 오랜 고대 시기에는 최초의 성교는 증인들이 지켜보는 가운데서 이루어졌던 것 같다. 그보다 이전에는 남편의 친구들이 먼저 신부와 성교를 한 듯하다. 바호펜에 따르면 이것은 원시 시대에 결혼에 선행했던 자유로운 매춘의 잔존 형태라고 한다.

> "자연과 육체의 법칙은 결혼이라는 속박과는 동떨어져 있거나 심지어 상반되는 것이다. 그에 따라 결혼을 하는 여인은 자연의 어머니에게 그녀를 범하도록 함으로써 죄값을 치러야 하며, 일정 기간 동안 자유로운 매춘을 해야 한다. 그 기간 동안 그녀는 예비적 음행을 저지름으로써 결혼을 위한 순결을 사들이는 것이다."

후기에는 남편의 친구들이 신부의 자궁 속에 땅콩을 던져넣었다. 마지막으로 새로 결혼한 신랑과 신부의 결혼은 일련의 신들의 감독을 받았다는 사실을 언급해두어야 하겠다. 그 신들의 이름은 성행위의 다양한 순간들을 표현해준다.

결혼식을 올린 다음 날, 신부는 친척들을 맞아들이고 새로 시집간 집안의 신에게 첫번째 제물을 바친다(위의 설명에 포함된 정보들의 가장 중요한 출처 중 하나가 베커의 《고대 로마 야사》라는 것을 말해두겠다).

남편의 권위와 아내의 의무

이제 보다 진전된 질문을 던질 차례다. 이러한 결혼은 실제로 어떤 모습이었을까? 로마의 다양한 역사적 단계에서 나타나는 그들의 가정 생활과 결혼 생활에 대해 우리는 무엇을 알고 있는 것일까? 로마의 도덕성에 대한 신구 저작들 속에서 우리는 로마의 결혼 제도는 그 역사의 초기 단계, 늦어도 제국 시대가 시작될 즈음에는 깨져 나가기 시작했다는 사실을 종종 접하게 된다. 이러한 퇴폐화에 대해서는 그 대부분의 책임을 영원에 기초하여 성립된 것처럼 보였던 제국의 결과적인 몰락에 돌려야 한다고 단언할 수 있다.

예컨대, 로마의 결혼 생활에 대한 위대한 저술인 A. 로스바흐(A. Rossbach)의 다음과 같은 글을 인용해 볼 수 있다. 이것은 《로마의 결혼 기념품(Roman Wedding-monuments and Marriage-monuments (1871)》이라는 책에 나오는 내용이다.

> "우리가 이러한 기념품들을 그것들이 만들어진 시점과 연관지어 생각해본다면, 잘 교육된 가족 생활, 가정의 제례 의식과 엄격한 부모의 권위가 잘 확립되어 있고, 공동체에 대한 도덕성과 자기 희생이 존중되며, 그러한 요소들이 국가의 발전에 강력하게 기여했던 영광스러운 과거를 추억하기 위해 결혼 기념품들이 만들어진 것처럼 보인다."

로마의 결혼 생활에 대한 몇가지 신뢰할 만한 서술들이 있으며, 우리는 그 내용으로부터 결혼에 대한 정확한 그림을 구성해볼 수 있을 것이다. 그러한 서술들에 대해서는 할리카르나수스의 디오니시우스에게 자문을 구해야 할 것이다.

그는 다음과 같이 말하고 있다(ii, 25).

"로물루스(Romullus)는 간통이나 도망 등의 이유로 남편이 아내를 고소하거나, 학대나 부당한 이혼에 대해 아내가 남편을 법정으로 데리고 오는 것을 용인하지 않았다. 또한 그는 아내가 가지고 와야 하거나 혹은 그녀에게 다시 돌려주어야 하는 지참금 액수를 정하기 위한 법률은 전혀 만들지 않았다. 그는 이러한 문제에 대해서는 어떠한 법도 만들지 않았지만, 단 하나의 예외가 있다. 그것은 모든 경우에 대해서 합당한 것으로 입증되었으니, 그것은 곧 아내를 엄격한 순결과 도덕성으로 인도하는 것이다. 그 내용은 이렇다.
　'신성한 신탁에 의해 남편과 결합한 아내는 모든 재산과 제례 의식을 남편과 같이 소유한다.'"

　디오니시우스는 로물루스에 의해 주어진 법에 대해 말하고 있다. 그럼에도 그의 언급은 로마의 결혼이(역사에 있어서 중요성을 지니는 가장 오래된 시기의) 완고한 가부장적 권위에 의해 통제당하는 단순한 형식이었을 개연성과 상반되지 않는다. 그러나 현대의 정신으로 고대 로마 여성들의 생활 속에서 고상하다거나 또는 고귀한 무언가를 찾아낸다는 것은 어려운 일이다. 그들의 생활은 중단될 수 없는 관습과 엄격한 권위의 비좁은 경계선 안을 거쳐왔으며, 그것의 이상은 고귀한 엄숙함이었다. 여인들의 생활은 도덕적으로 결벽했지만, "그리스 여인들이 가지고 있던 우아함이 결여된 것이었으며, 남편을 행복하게 하는 활달한 매력은 조금도 지니고 있지 못했다."
　세네카는 제1차 포에니 전쟁이 벌어지던 시기에 그 점에 대해서 "과도한 것은 악덕인 정도가 아니라 괴기한 것이다."이라고 정당하게 언급한 바 있다.

그밖에 귀족 가문이나 부유층 출신의 로마 부인들은 무례하고 거만하기로 유명했으며, 그러한 태도는 로마 코미디에서 흔히 다뤄지는 소재가 되었다. 로마의 주부들은 가사일로부터 떨어져 있기 일쑤였다. 그들은 요리나 그밖의 비천한 일은 전혀 하지 않았다. 그들의 직무는 하녀와 함께 천을 짜는 일과 전체 가사일을 감독하는 일, 그리고 어린아이들을 교육시키는 일뿐이었다. 그리스 여인들과는 달리, 로마 여인들에게는 여자 친구들과 몇몇 남자 친척들을 제외한 모든 사람들의 눈길로부터 숨은 채 지낼 수 있는 별도의 방이 없었다. 또한 로마의 주부들은 남편과 같은 식탁에 앉아 함께 식사를 했다. 그러나 포도주를 마시는 것은 금지되었다. 고대 로마의 도덕률에 따르면, 그러한 행동은 죽음에 의해 처벌을 받는 잘못된 행동으로 간주되었다. 그녀는 남편을 포함하여 집안의 모든 구성원들로부터 '도미나(domina)' 즉 마님으로 불렸다.

아내의 존재는 대화나 범절에 있어서 특별히 고도로 정중한 기준을 보장했다. 초기 시대에는 아내가 문화를 받아들이기 위한 특별한 노력을 해야 할 필요는 없었으며, 아내에게 유일한 지적 자극은 남편으로부터 받는 것이었다. 아내에 대한 교육은 주로 실용적 목표를 지향했다. 집을 떠날 때면(남편에게 알리지 않거나, 남편을 동반하지 않고는 집을 떠날 수 없었다), 아내는 주부의 복장인 기다란 '스톨라 마트로날리스(stola matronalis, 결혼한 여자가 입는 긴 겉옷)'를 입었다. 그렇지만 극장이나 법정, 혹은 종교 의식이 치뤄지는 장소에는 모습을 나타낼 수 있었다. 그리고 거리에서는 모든 사람들이 주부에게 길을 비켜주어야 했다. 주부를 만지거나 놀리는 일은 절대 금지되어 있었다.

플루타크(Plutarch)가 늙은 카토(Cato)의 생애를 통해 보여주는 로마 가족의 생활은 보기 드물 정도로 이상적이다. 그는 이렇게 말한다(20).

"카토는 부유하기보다는 기품 있는 여인을 아내로 맞아들였다. 그는 고귀하게 태어난 여인이나 부유하게 태어난 여인 모두 자존심이 강하고 오만하지만, 기품 있는 여인이 기본적 행동에 있어서 좀더 염치를 차릴 줄 알며, 남편을 덕망 있는 행동으로 이끌기 위하여 좀더 채근할 줄 안다고 생각했다. 그는 아내나 아들을 때리는 남자는 그 폭력의 손길을 가장 신성한 것에 대해서도 뻗칠 수 있다고 말하곤 했다. 그가 보기에는 위대한 정치가보다는 좋은 남편이 좀더 신뢰할 만했다. 또한 그는 고대의 소크라테스가 바가지를 긁는 아내와 버릇없이 행동하는 자식들에게도 다정하고 친절하게 대했다는 이유만으로 그를 칭송했다. 아들이 태어났을 때, 그는(국가의 일을 제외하고는) 아무런 일도 맡지 않았다. 아내가 아이를 목욕시키고 옷을 입히는 모습을 지켜보는 일이 너무도 중요하다고 생각했기 때문이다. 그녀는 아이에게 직접 젖을 먹였으며, 노예의 아이들에게도 자신의 젖가슴을 내주는 경우가 종종 있었다. 그리하여 아이들은 똑같은 젖을 먹으면서 자신들이 그녀의 자식이라는 자연스러운 감정을 가지게 되었다."

첫번째 아내가 죽고 난 뒤의 카토의 행동은 매우 의미심장하다. 그에 대해 플루타크는 다음과 같이 말하고 있다(24).

"카토는 매우 강건한 신체를 지니고 있었기 때문에 늙어서도 여인들과 성행위를 할 수 있었으며 자신보다 훨씬 어린 여자와 결혼할 수도 있었다. 이것이 그가 결혼하는 원인이 되었다. 아내가 죽고 난 뒤에 그는 아들을 파울루스 아이밀리우스의 딸과 결혼시켰는데, 그 처녀는 스키피오의 자매였다. 카토 자신은 비밀스럽게 그의 집을 찾아오는 어린 소녀와 사랑을 나누곤 했다. 그러나 집이 작고, 더욱이 며느리가 함께 살고 있었기 때문에 그 일이 알려지게 되었다.

한번은 젊은 며느리가 다소 대담하게 그 얘기를 남편에게 꺼냈고, 남편은 쏩쓸한 얼굴로 그녀를 바라보다가 이내 말 없이 고개를 돌려버렸다. 이것을 본 노인은 그들이 자신의 행동을 좋아하지 않는다는 것을 알게 됐다. 그는 어떤 트집을 잡거나 불만을 터뜨리지 않았으며, 평소처럼 친구들과 함께 시장으로 나갔다. 우연히 그의 밑에서 서기로 일하던 살로니우스라는 인물을 만나 그들은 함께 어울리게 됐다. 카토는 큰 소리로 그에게 자기가 그의 딸을 결혼시켜 주면 어떻겠느냐고 물어보았다. 살로니우스는 카토의 자문을 구하지 않고는 자신의 딸을 결혼시키지 않겠다고 대답했다. 그러자 카토가 말했다.

'에, 내가 자네의 딸에게 어울리는 남편감을 찾았네. 그 아이가 그 사람의 나이에 대해 반대하지 않는다면 말일세. 그 사람에게는 아무런 결점이 없지만, 다만 나이가 아주 많다네.'
살로니우스는 자신의 딸이 카토에게 종속되어 있으며, 그의 후원을 필요로 하는 처지이므로, 그 일을 성사시켜서 원하는 대로 소녀를 결혼시키라고 카토에게 말했다. 그러자 카토는 망설임없이 자신이 그 소녀와 결혼하고 싶다고 말했다. 살로니우스는 당연히 깜짝 놀랐다. 그는 카토가 결혼을 하기에는 너무 늙은 나이라고 생각하고 있었기 때문이다. 그러나 금세 그는 집정관을 지낸 명사와 사돈을 맺기에는 자기가 너무 모자란다는 생각이 들었다. 카토의 진지한 태도를 본 그는 기쁜 마음으로 그 제안을 받아들였다. 그리고 나서 두 사람은 함께 장터로 걸어가면서 혼담을 마무리지었다. 이 결혼에서 카토는 아들을 얻었으며, 그 아들은 어머니의 이름을 따서 살로니누스라는 별명을 얻었다."

고대의 가족 생활에 대한 또 다른 삽화는 타키투스의 《웅변에 관한 대화(Dialogue on Oratory)》에서 찾아볼 수 있다(28).

"예전에는 모든 남성들의 아들은 순결한 어머니에게서 태어나, 고용된 유모의 방이 아니라 친어머니의 가슴과 품안에서 양육되었다. 가사를 돌보고 자식을 위해서 사는 것은 여인에게 가장 위대한 영예였다. 그리고 한 가문의 모든 자식들을 위임받을 수 있는 도덕성을 인정받은 여인으로 꼽히는 것 또한 커다란 영광이었다. 여성 앞에서는 우아하지 못한 어떤 것도 얘기할 수 없었으며, 명예롭지 못한 어떤 행동도 할 수 없었다. 그리고 여성은 아이들의 교육과 일뿐만 아니라 놀이와 오락 시간도 경건하고 온유하게 감독했다. 우리는 그라쿠스의 어머니인 코르넬리아, 카이사르의 어머니인 아우렐리아, 아우구스투스의 어머니인 아티아가 이런 방법으로 그들의 아들을 국가의 위대한 인물로 교육하고 양육했다고 알고 있다."

이러한 진술들 특히 플루타크의 이야기는 우리에게 사랑은 그들의 결혼에 있어서 거의 비중을 차지하지 못했다는 것을 보여주고 있다. 게다가 남편과 아내는 아주 어린 나이에, 이런저런 이유로 그들의 부모에 의해 약혼을 당한 경우가 비일비재했다. 물론 경제적인 이유가 일반적인 동기였다.

남자가 결혼할 수 있는 가장 이른 시기는 15세에서 16세 사이였다. 여자는 12세가 되면 결혼할 수 있었다. 타키투스는 20대 중반에 13세 소녀와 결혼했다. 그런 조건 속에서 아내와 남편 사이에 진정한 사랑이 발전한다면, 그것은 일반적 관행이라기보다는 우연한 사건이었다. 늙은 카토는 이렇게 말했다.

"모든 민족은 그들의 아내를 다스리고, 우리는 모든 민족을 다스리지만, 그러나 우리의 아내들은 우리를 다스린다."

타키투스 자신은 다른 지면에서 "진정한 로마인은 사랑 없이 결혼하며 품격이나 존경심 없이 사랑한다."라고 말하고 있다. 무엇보다도 로마인들은 아이를 낳고 그 아이들을 성공시키기 위해 결혼했다. 그것이 바로 그들이 성적인 문제를 고려하는 자연스럽고 자유로운 방식이었다.

그렇다고 해서 가사를 돌보는 로마의 아내들이 험악한 처지에 놓여 있었던 것은 아니다. 그런 상황과는 거리가 멀었다. 아내는 남편에 대한 감정적인 애착으로부터 자유로웠다. 그런 것은 로마인의 특징 속에 포함되지 않는다. 특히 "가장 좋은" 시절, 즉 옛 공화정 시기에 더욱더 그러했다. 그러나 아내는 좋은 것이든 나쁜 것이든 가사에 대한 많은 지시사항을 남편과 공유했다. 비록 단조로운 삶이었을지는 모르지만, 어쨌든 그러한 일들이 아내의 삶을 가득 채웠다.

  콜루멜라는 다음과 같은 말로 그 점을 생생하게 묘사하고 있다 (xii, praef.).

"그리스인들 사이에서 그리고 우리의 아버지 세대에 이르는 최근의 로마인들 사이에서, 가사를 돌보는 것은 아내의 의무였다. 반면에 남편은 광장의 고뇌로부터 벗어나 재충전을 하기 위한 장소로써 집을 찾았다. 가정은 조화와 근면 속에서, 위엄과 존경에 의해 다스려졌다. 아내는 자신의 근면을 통해 남편의 일을 완성시키겠다는 가장 고귀한 경쟁심으로 충만했다. 가정에는 아무런 불협화음이 없었으며, 남편이나 아내가 서로에 대한 특별한 권리를 주장하는 적은 없었다. 두 사람은 함께 손잡고 일했던 것이다."

어머니와 아내로서의 미덕

  이런 맥락 속에서 우리는 로마 여성들의 모성애에 대해서도 언급해야 할 것이다. 우리는 이미 코리올라누스의 어머니 벤투리아에 대해서 알고 있다. 그녀는 아들의 씩씩한 무용까지도 무색하게 만들 정도로 대단한 긍지를 가지고 있었던 전설적 여인이다. 리비우스는 다음과 같이 쓰고 있다(ii, 40).

"그러고 나서 결혼한 여자들은 무리를 지어 코리올라누스의 어머니 벤투리아와 코리올라누스의 아내 볼룸니아를 찾아왔다. 이것이 정부의 계획이었는지, 아니면 여성다운 공포심의 결과였는지에 대해서는 확실하지 않다. 그들은 벤투리아(그녀는 노령이었다)뿐만 아니라 볼

룸니아에게, 그녀가 코리올라누스에게 낳아준 어린 두 아들을 데리고 그들과 함께 적군의 진지로 가자고 설득했다. 그런 식으로 여자들은 눈물과 애원으로 도시를 방어할 수 있었을지도 모른다. 남자들의 무력과 무기로써는 그것을 방어할 수 없었기 때문이었다. 그들이 진지에 도착했을 때, 코리올라누스는 여인들의 거대한 행렬이 다가오고 있다는 얘기를 들었다. 그는 국가의 위엄이나 사신의 호소 따위에는 영향을 받지 않았으며, 사제가 눈빛과 마음으로 던지는 종교적 경건함도 무시해버렸다. 또한 그는 여인들의 눈물마저도 거부할 정도로 단호했다. 그러다가 그의 친구들 중에 한 사람이 며느리와 손녀들 사이에서 통곡을 하며 서 있는 벤투리아를 알아봤다. 그는 말했다.

'나의 눈이 나를 기만하는 것이 아니라면, 그대의 어머니와 아내, 그리고 딸들이 바로 우리 앞에 와 있다네.'

코리올라누스는 거의 실성한 사람처럼 의자에서 벌떡 일어나 어머니를 포옹하려고 했다. 그러나 애원하던 어머니는 이제 화를 내면서 말했다.

'나를 포옹하기 전에 나에게 말해다오. 내가 지금 이곳에 나의 아들을 만나러 온 것인지, 아니면 적을 보러 온 것인지를. 또한 내가 이 진지에서 너의 포로인지, 아니면 어머니인지를 말이다. 내가 불행할 정도로 오래 산 탓에, 도피했다가 나라의 적이 되어 돌아온 자식을 내 눈으로 지켜봐야만 한단 말이냐? 너를 낳아주고 길러준 이 땅을 유린할 정도로 너의 마음은 모질단 말이냐? 비록 네가 마음속에 전쟁의 위협을 담고 왔을지라도, 이 나라의 국경을 가로질러 오는 동안에 너의 분노가 누그러지지 않았느냐? 로마가 시야에 들어왔을 때, 저 성벽 안에 나의 집과 나의 집안을 돌보는 수호신과 어머니와 아내와 아이들이 있지 않은가?라고는 생각해 보지 않았느냐? 내가 어미가 되지만 않았더라면, 로마는 지금 적들에 의해 고통받고 있지 않을

두 아이와 대지의 어머니, 다산과 풍요의 상징(Ara PaCis, BC 13-9)

것이다. 아들만 낳지 않았더라도 나는 자유로운 나라에서 자유로운 여인으로 죽을 수 있었을 것이다. 그러나 이제 네가 치욕을 당하는 것보다 나를 더 불행하게 만드는 것은 아무것도 없구나. 한스럽게도 내가 무거운 짐을 짊어지고 있지만, 그마저도 오래 감당할 수 없을 것이다. 너는 이제 여기에 있는 너의 아이들을 생각해야 한다. 네가 너의 길을 계속 간다면, 그 아이들은 일찍 죽어버리거나 아니면 오랫동안 노예로 살게 될 운명일 것이기 때문이다.'

그의 아내와 아이들은 그를 끌어안았다. 모여 있던 모든 여인들은 자신들의 운명과 나라의 장래를 생각하면서 대성통곡했다. 그리고 마침내 그의 의지는 꺾였다. 그는 사랑하는 사람들을 꼭 끌어안은 뒤에 그들을 로마로 돌려보냈다. 그러고 나서 그의 진지는 그 도시로부터 퇴각했다."

벤투리아는 전설적인 인물이다. 그러나 불운을 타고난 그라쿠스의 유명한 어머니 코르넬리아는 역사의 조명을 한껏 받고 있다. 버트가 말한 대로 그녀는 '로마의 니오베'다. 그녀는 다른 아들들을 일찍 잃었으며, 그나마 남은 두 아들이 개혁가로 활동하다가 로마 시내에서 벌어진 격렬한 싸움의 와중에서 숨져가는 것을 지켜봐야만 했다. 좀더 후기의 비극적 어머니는 네로의 어머니인 아그리피나다. 그녀에 대해서는 뒷장에서 논의할 것이다.

그러나 역사의 주목을 받은 위대한 인물들 이외에도, 우리는 감동적이고 유려한 묘지의 비문에서 로마의 모성과 부성(婦性)의 간결한 결정체를 목격할 수 있다. 대부분의 로마 사람이 상류층 출신 여인들이 아니라, 사회적으로 중간층이나 하층 계급 출신의 여인들을 기념했다는 것은 대단히 의미심장한 일이다. 물론 그 모든 것들을 다 인용할 수는 없는 노릇이다. 프리틀란더의 《로마 도덕사(History of Roman Morals)》에는 그중에 몇 편이 수록되어 있다 (8th., ed., 1910 ; vol. i, pp. 521 ff.). 그러나 우리는 몇 가지 특징적인 사례들을 다시 정리하여 제시해보기로 하겠다. 공화정 시대의 한 묘비에는 다음과 같은 글이 쓰여 있다.

"나의 말은 짧으니 나그네여, 걸음을 멈추고 그것을 읽어보라. 이 가련한 비석은 아름다운 여인을 위한 것이다. 그 여인의 부모는 그녀를 클라우디아라고 불렀다. 여인은 남편을 한결같이 사랑했다. 그녀에게는 두 아들이 있었다. 한 아들은 대지에 남겨두었고, 또 다른 아들은 대지의 품에 묻었다. 그녀는 친절하게 말했고 기품 있게 걸었으며, 집안일과 천 짜는 일을 돌보았다. 여기서 끝을 맺겠으니 가던 길을 가라."

로마 제국 시대에 쓰여진 또 다른 비문의 내용은 이렇다.

"아내는 나의 집안을 인도하는 영혼이었다. 아내는 나의 희망이었고 나의 유일한 사랑이었다. 내가 원하는 것은 아내도 원했으며, 내가 피하는 것은 아내도 피했다. 아내는 가장 내밀한 생각도 나에게는 숨기지 않았다. 아내는 열심히 천을 짰으며, 모든 일에 검약했지만, 남편에 대한 사랑만큼은 넉넉했다. 내가 없으면 결코 음식을 먹거나 마시지 않았다. 아내의 조언은 항상 훌륭했고, 재치가 있었으며 평판은 고귀했다."

한 석관에는 다음과 같은 말이 담겨 있다.

"마르쿠스의 아내 아미모네, 여기에 눕다.
그녀는 착하고 사랑스럽고 근면했다.
또한 자상한 주부였으며, 검소하고, 따스하고, 순결하고, 기품 있고, 경건하고 신중했다."

위에 인용한 사례는 수많은 비문들을 정형화하기에 충분하다.

그러나 로마 여성들에 대한 모든 추모의 글들 중에서 가장 걸작은 프로페르티우스가 L. 아이밀리우스 파울루스 레피두스의 아내인 코르넬리아를 위해서 쓴 〈엘레지의 여왕(Queen of Elegies)〉일 것이다(이것은 IV권에 실린 마지막 엘레지이다). 그녀가 안스럽게도 일찍 죽고 난 뒤에, 시인은 그녀가 조문하는 사람들 앞에서 그들의 슬픔을 위로하기 위해 엘레지를 읊어주는 모습을 상상하고 있다.
로마 문학 전체를 통틀어서 그 어떤 작품도 결혼이 도달할 수 있는
극치에 대해서 이 작품보다 더 사랑스럽고 간결한 형상을 제시해준
것은 없다. 그 고귀하고 품격 있는 인간적 작품 전문을 인용하면서
초기 로마의 결혼에 대한 논의를 끝맺고자 한다.

> 파울루스여, 더 이상 흐느낌으로 나의 무덤을 짓누르지 마소서.
> 그 어떤 기도도 밤으로 통하는 문을 열지는 못하리라.
> 죽은 자가 일단 연옥의 왕국에 들어서면
> 쇠막대가 돌아가는 길을 막는도다.
> 어둠의 신이 그대의 기도를 들어주었을까.
> 그대의 눈물이 귀먹은 땅 위로 덧없이 흐르는구나.
> 맹세는 하늘의 뜻을 움직이니, 카론이 그의 동전을 가지고 있을 때,
> 음침한 대문은 묘지를 걸어잠근다.
> 그리하여 음산한 나팔 소리가 구슬프게 우는구나.
> 저주스러운 횃불이 불을 밝혀 나를 무덤으로 인도할 때.
> 나의 파울루스도 나를 구할 수 없으며,
> 위대한 죽음을 이겨낼 수도 없고,
> 나의 이름을 저당할 수도 없다네.
> 운명은 무자비하고 잔인하게 남았으며,
> 나는 단지 한줌 재의 무게로 남았느니라.
>
> 저주스러운 밤이여, 비참한 늪과 여울,
> 그리고 그대 나의 발에 휘감기는 강물이여,
> 나는 여기에 일찍 왔지만, 그러나 나는 죄 없이 여기에 왔도다.

플루토여, 나의 그림자에게 자비로운 판결을 내려주소서.
또는 아이아쿠스 왕이 정의를 위해 앉아 있다면,
그로 하여금 제비를 뽑아, 나의 영혼에 대한 판결로 넘기게 하소서.
그리고 그의 형제들로 하여금 귀기울이게 하소서.
격정이 음울한 법정에 가득 찬 군중들 위에서 활활 타오르는 동안,
시시푸스는 안식을 구하고,
쉴새없이 돌아가는 익시온의 바퀴를 멈춰라.
그리고 탄탈루스여, 그대를 기만하는 술수를 낚아채라.
케르베루스는 그 어떤 환영에 대해서도 공격하지 않으니,
그의 쇠사슬이 시렁 위에 조용히 걸려 있도록 하라.
나의 변론을 들어보라. 나에게 잘못이 있다면,
나의 어깨는 다나이드의 항아리를 짊어지게 되리라.

고대의 승리가 현재의 영광을 뜻하는 것이라면,
아프리카의 왕국들은 나의 조상들에 대하여 말해주고 있다.
나의 어머니의 조상은 위대한 리보네스였다.
양쪽 집안은 반석 같은 명망 위에 서 있다.
이제 내가 결혼을 위해 어린 시절 물건들을 떨쳐버렸을 때,
그리고 나의 머리카락에 묘하게 생긴 결혼 리본을 달았을 때,
나는 그대의 집 안으로 들어갔다가,
파울루스여, 곧 그곳을 떠나고 말았구나.
이 비석은 내가 한 남자의 아내였음을 선포하고 있다.
증인들이여, 로마인들의 사랑을 받는 그대 고귀한 영혼들이여,
정복당한 아프리카 위에 그대들의 무덤이 놓여 있구나.
나는 결코, 결코 비난을 멈추지 않았으니,
나의 잘못된 행동이 결국 나의 집안에 수치를 가져다 주었구나.

코르넬리아는 옛 승리자에 대해서도 아무런 부끄러움이 없다.

그녀는 고귀한 집안에서도 귀감이 되었다.

아무것도 변한 것은 없다. 나의 인생은 흠집 하나 없으니,

결혼에서부터 장례의 불빛에 이르기까지 오직 순결하도다.

내 안의 피로부터 비롯된 법칙이 나의 성질에 의해서 주어졌으니,

정의의 공포도 그것들보다는 더 좋을 수는 없으리라.

무덤 속의 모든 사람들이 모여들어 나의 항변을 판결하게 하라.

나를 시중 드는 그 어떤 여인도 수치스럽지 않을 것이다.

그 덕성이 키벨레에 버금가는 클라우디아여,

높은 왕관을 쓴 여왕의 시종으로 부족함이 없도다.

아니면 그대, 꺼져버린 베스타의 난로에 신성한 불꽃을 지필 수 있는

활활 타오르는 듯한 옷을 걸치고 있구나.

사랑하는 나의 어머니, 스크리보니아여,

내가 그대를 부끄럽게 했습니까?

나의 운명 이외에 나에게 무엇을 바꾸라고 명하실 수 있겠습니까?

당신의 눈물과 로마의 비탄은 나에 대한 칭찬입니다.

또한 카이사르의 슬픔은 나의 뼛속까지 정화했나이다.

그의 딸과 자매 같았던 사람을 슬퍼하고 있나이다.

이제 꼭 죽어야 한다면, 신도 인간이 되어 눈물 흘리게 하라.

그렇지만, 나는 어머니라는 영광스러운 옷을 얻었다.

너, 레피두스, 너, 팔루스, 나의 위안이여,

죽어가는 나의 눈을 감겨준 것은 바로 너희들의 사랑이었느니라.

또한 나는 두 배는 더 고귀해진 나의 오라비를 보았다.

그가 집정관일 때, 그의 동생은 죽음을 맞이했다.

딸아, 네 안에 들어 있는 절제력을 능히 상상할 수 있구나.

나를 닮아라, 그리하여 한 남편의 사랑을 꼭 움켜잡아라.

우리의 혈통을 유지하거라.

나는 기꺼이 어두운 죽음의 강을 건너리라.

나의 자식들이 나의 명성을 이어준다면,

그것은 여인의 승리, 그녀의 마지막 보상.

솔직한 칭찬은 그녀를 영광되게 하고,

그녀의 무덤에 축복이 깃들게 한다.

파울루스여, 그대에게 낳아드린 증표를 무사하게 보살펴 주소서.

내 몸 비록 재가 되었을지라도,

그들에 대한 사랑은 계속 살아 있으리라.

그리고 그들에게 어머니의 자리를 채워 주소서.

내 사랑하는 이들은 바로 그대의 마음에 의해

소중히 간직되어야 하나이다.

그들이 흐느낄 때는 키스를 해주고, 나의 안부를 덧붙여 주소서.

이제 우리 집안의 모든 일은 당신의 손에 달려 있습니다.

비록 당신이 슬프다고 해도,

그들에게 당신의 슬픔을 보여주지 마소서.

그들이 다가오면, 물기 없는 마른 눈으로 그들을 맞이하소서.

슬픔으로 밤을 지새우고

코르넬리아의 환영을 꿈꾸는 것만으로 충분하나이다.

그리고, 나의 환영에 대고 이야기할 때면,

마치 내가 화답하고 있는 것처럼 모든 것을 이야기해 주소서.

그러나 또 다른 신혼 침대가 들어와야 한다면,

사려깊은 새어머니를 집안으로 들이소서.

나의 아이들아, 그 결혼을 축하하고 감당해내거라.

너희들의 친절로 인하여 새어머니는 너희들의 포로가 될 것이다.

나에 대한 지나친 칭찬은 늘어놓지 마라.

너희들이 우리 두 사람을 비교하면,

그러한 사려깊지 못한 행동이 새어머니의 반감으로 돌아올 것이다.

만일 아버지가 홀로 지내신다면, 나의 환영에 만족하도록 하라.

내 몸이 재가 되었을지라도 그의 사랑을 채워줄 수 있으리라.

이제 곧 그분은 더 나이가 들 것이니,

홀로된 그의 마음을 분쟁 없이 받아들여라.

나에게서 빼앗아간 시간은 그대들의 인생에 더해질 것이니,

그이로 하여금 아들들에 둘러싸여 행복한 삶을 살게 하라.

그래, 잘된 일이다.

나는 결코 죽은 자식들을 보며 애통해하지 않았으니,

그들 모두 함께 모여 나를 태울 장작더미 앞에 서 있구나.

나에게 간청이 있다.

친구들이여, 일어서서 나를 애도해다오.

찬란한 대지가 그 이상으로 나의 삶을 보답해 줄 것이다.

미덕은 천국을 얻을 수 있으니,

내가 죽어 영광스러운 조상들 사이로 올라갈 수 있게 되기를 기원하나이다.

간통 · 이혼, 그리고 독신

간통의 대가

초기 로마에서는 콘파레아티오에 의하여 이루어진 결혼은 어떠한 경우에도 무효화될 수가 없었으며 콘파레아티오가 유일하게 인정되는 결혼 형식이었다.

디오니시우스는 다음과 같이 말했다(ii, 25).

"520여 년 동안 로마에서는 그 어떤 결혼도 무효가 될 수 없다는 권위에 대한 합의가 이루어져 왔다. 그러나 폼포니우스와 파피리우스의 주재하에 제137회 올림피아드가 열리는 동안, 스푸리우스 카르빌리우스라고 하는 한 지체 높은 인물이 아내와 헤어졌다고 하며, 그것이 최초의 이혼이라고 한다. 그는 비난하는 사람들 앞에서 자신은 아내가 불임이므로, 자식들을 낳기 위해서 아내와 함께 살 수 없다고 증언하지 않으면 안 되었다. 그러나 이혼(비록 그것이 필요한 것임에도 불구하고)을 한 것에 대해 그는 늘 대중의 지탄의 대상이 되었다."

디오니시우스는 또한 아내가 간통을 하거나 술에 취하면, 남편이 참석하는 가족 회의에 의해서 죽음이라는 형벌을 받게 되었다고 우리에게 말해주고 있다.

플루타크는 다음과 같이 말하고 있다(Romullus, 22).

"로물루스는 몇가지 법을 만들었다. 그 중 하나는 아내가 남편을 떠나는 것은 엄격하게 금하고 있지만, 남편이 아내의 간통이나 자녀 양육의 문제점 등을 이유로 아내와 이혼하는 것은 허용하였다."

초기의 로마는 남성을 위하여, 남성에 의해서 다스려지는 국가였으므로, 아내는 남편과 이혼할 수 없었지만, 남편이 주로 간통이라는 이유로 아내와 이혼할 수 있었던 것은 분명하다.

12동판법 속에서 결혼의 무효화는 남편에 의한 아내와의 이혼이라는 형식으로 나타나고 있다. 발레리우스 막시무스(Valerius Maximus)에 따르면(ii, 9, 2), 그러한 이혼이 B. C. 306년에 일어났었다고 한다. 간통, 음주, 특정하게 묘사할 수 없는 사악하고 혐오스러운 행위 등은 남편에게 아내와 이혼할 수 있는 권리를 줄 수 있는 비행들이다. 많은 것들이 남편의 판단에 맡겨져 있었다. 그러나 위에서 언급한 막시무스의 글은 남편이 이혼을 하기 전에 친구나 가족들로 구성되는 평의회를 소집해야 할 의무가 있었음을 보여

주고 있다.

최초의 이혼에 대해서 겔리우스(Gellius)는 다음과 같은 진술을 하고 있다(iv, 3).

> "구전에 따르면 로마가 창건된 뒤 처음 500년 동안에는 로마나 라티움에는 법률적 절차를 밟는 결혼 형식이 없었다고 한다. 따라서 법률에 의해 이루어지는 이혼도 없었을 것이다. 또한 그 시기에는 어떤 결혼도 무효화될 수가 없었으므로, 굳이 이혼을 하겠다고 주장할 필요도 없었을 것이다.
>
> 세르비우스 술피키우스는 저명한 인물이었던 스푸리우스 카르빌리우스(또는 루가라고 부르기도 했다)가 아내가 육체적으로 아이를 낳을 수 없다는 이유로 이혼을 하려고 했을 때, 그 결혼에 대하여 처리를 한 것이 최초의 법률적 명령이었다고 아내의 지참금에 대해 서술한 그의 책에서 쓰고 있다."

이 설명은 로마에서 최초로 벌어진 결혼의 무효화는 여성의 불임으로 인한 경우였음을 보여주고 있다. 베커에 따르면 위의 경우가 최초는 아니었다고 한다. 다만 아내의 불평과 불명예가 연관되지 않은 최초의 사례였다는 것이다. 이 경우에는 아내가 그녀의 지참금을 고스란히 가져갔다고 한다. 만일 아내의 비행으로 인해서 이혼한 것이라면, 남편이 그 재산을 그대로 보유하게 된다(아내의 비행이 없이 남편에 의해서 이루어지는 이혼에 대한 법률적 공식은 '당사자의 재산은 당사자 자신이 간직한다' 였다).

이상의 설명을 통해서 보면 초기 로마에서는 이혼이 극히 드물었

두 명의 갈라아인 : 아내를 죽인 후 자살하는 남편

다는 것이 확실하다는 데에 의견의 일치를 보인다. 그러나 이로부터 결혼 생활에서 높은 도덕적 수준이 요구되고 있었다고 추론해낼 수 있을까? 그것은 또 다른 문제다. 남편들은 결혼이라는 결합에 대한 위반이라고 법률이 인정하는 그 어떤 행위에 대해서도 맹세를 하지 않았다는 사실을 우리는 잊지 말아야 한다. 남편은 전적으로 자유로운 존재였던 것이다. 또한 아내들에게 허용된 자유는 지극히 제한적이었기 때문에 그녀들이 비행을 저지를 수 있는 기회는 거의 없었다. 또한 범법을 하면 끔찍한 처벌이 기다리고 있었으므로 더더욱 그럴 수가 없었을 것이다. 아내에 대한 처벌은 살고 있던 집으로부터 명예롭지 못하게 쫓겨나는 정도에서 그치는 것이 아니라, 남편과 협력 관계에 있는 가족 회의에 의해서 사형에 처해질 수도 있었다.

그와 같은 초기 시대에는 간통에 대한 법률적 처벌은 없었다. 아마도 남편이 자신의 손으로 직접 그 문제를 처리하거나, 처벌을 부과하기 위해 가족 회의를 소집했기 때문일 것이다. 예를 들면, 막시무스(vi, 1, 13)는 매질을 하거나, 거세를 하거나, '파밀리아이 스투프란두스(familiae stuprandus, 집안의 모독)' 거리로 넘겨버리는 경우 등 몇가지 사례에 대해서 언급하고 있다. 특히 마지막 처벌은 상처를 입은 남편의 하인들이나 가신들이 간통을 한 당사자에게 성적인 치욕을 안겨주는 것을 뜻한다. 따라서 결혼한 여자와 간통을 저지른 유부남에게도 혹독한 처벌을 할 수 있었다. 그러나 남편이 노예나 매춘부와 관계를 맺는, 우리가 보기에는 역시 간통이 분명한 경우에 대해서는 처벌을 받지 않았다.

예컨대 막시무스(vi, 7, 1)는 스키피오 아프리카누스에 대해서 다음과 같은 이야기를 들려주고 있다.

> "그의 아내 테르티아 아이밀리아는 참으로 친절하고 참을성이 많은 여인이었다. 그녀의 하녀 중 하나가 자기 모르게 남편을 즐겁게 해주고 있다는 사실을 안 뒤에도, 세계의 정복자인 아프리카누스에게 아무런 죄책감도 주지 않기 위하여 아무것도 모르는 척할 정도였다."

플라우투스의 글에는(Men., 787 ff.) 딸의 불평에 대응하는 아버지의 이야기가 실려 있다.

> " '내가 너에게 너의 남편을 존중하고, 그가 무슨 일을 하는지, 어디를 가는지, 무슨 생각을 하는지 감시하지 말라고 얼마나 자주 말을 했더냐?'
> 그녀가 계속해서 남편의 바람기에 대해 불평을 늘어놓자 아버지는

베티우스 집 부엌 뒷방 벽화 : 집주인이 하녀에 대한 초야권을 행사하고 있다.

다음과 같이 대답한다.

'지혜롭게 행동하거라! 네가 계속 그렇게 그 사람을 심하게 감시한다면, 내가 그 사람이 바람피우는 것을 도와주겠다.'

그리고 나중에는 이렇게 덧붙여 말했다.

'그는 네가 좋은 옷을 입고 보석으로 치장할 수 있게 해주고 있다. 또한 너에게 맛있는 음식과 하녀들을 주고 있다. 좀 좋게 생각해보거라!'"

카토는 간결한 산문체 문장으로 간음한 아내와 바람피우는 남편의 대비되는 상황을 묘사하고 있다(ap. Gell., x, 23).

"그대가 아내의 간통한 사실을 알아챈다면, 재판 없이 마음대로 죽여도 좋다. 그러나 그대가 간통을 범하거나, 다른 사람이 그대와 간통을 저질렀어도, 그대의 아내는 그대와 그대의 상대에 대해서 삿대질

할 권리도 없다."

그러나 남편이 노예와 간통을 했다면 결심이 굳은 아내는 무엇을
해야 하는지 알고 있었다. 플라우투스의 글(Men., 559 ff.과
Asin., v, 2. 그리고 Juvenal, ii, 57 등)에는 그러한 사실이 잘 드
러나 있다. 특히 유베날리스는 "차꼬를 차고 앉아서" 본부인의 명
령에 따라 일하는 "꼴사나운 내연의 첩"에 대하여 언급하고 있다.
　초기 그리스도교의 성관계에 대한 태도는 지극히 이상적이었다.
이러한 진술은 "우리 사이에서는 여성에게 금지되어 있는 것은 동
등하게 남성에게도 금지되어 있다(Hieron., epist., vol. i, p.
72)."라는 문장을 보면, 적어도 이론적으로는 옳은 말이다. 그와는
반대로, 아우구스티누스는 다음과 같은 상황을 인정하지 않을 수
없었다.

> "사회로부터 매춘을 축출한다면, 충족되지 못한 음란함으로 인해서
> 사회를 혼란으로 몰아넣게 될 것이다(De Ord., ii, 12)."

　그렇다면 우리는 초기 로마에는 간통한 사람이 남편이든 아내든
간에 법적인 처벌은 확립되어 있지 않았다는 것을 알 수 있다. 이것
은 모든 간부는 독부였다는 카토의 진술(ap. Quint., v, 11, 39)을
뒷받침해준다. 간음을 직접적으로 겨냥한 법률이 없었기 때문에,
그러한 범죄는 간접적 방식에 의해서 처벌될 수밖에 없었던 것이
다.

간통에 대한 최초의 법률적 처벌은 우리가 뒤에서 다루게 될 아우구스투스의 도덕적 개혁에 의해 처음으로 이루어졌다. 그러한 처벌은 추방과 일부 재산권의 상실이었다. 신체에 대한 처벌은 하층 계급에 대해서만 부과될 수 있었다. 나중에는 이러한 처벌이 증가하는 경향이 있었다. 콘스탄티누스는 간통한 자를 산 채로 화형시키거나 자루에 담아 수장하도록 했으며, 유스티니아누스는 간통한 여자를 수도원에 감금하도록 했다. 이것이 더욱 발전하게 되면 몸젠의 말처럼, "경건한 야만(Pious savagery)"이 될 수 있었다.

이혼당하는 아내

이후의 공화정에서는 여성의 지위가 향상됨에 따라 이혼이 좀더 쉽고 일반화되었다. 중요한 점은 '마누스(manus)', 즉 부권(夫權)이 없는 결혼은 단순히 쌍방간의 합의로 공표될 수 있었다는 것이다. 물론 이것은 수많은 경솔한 결과를 초래했다.

막시무스(vi, 3, 12)는 아내가 남편 모르게 게임에 참여했다는 이유로 무효화된 결혼에 대해서 거론하고 있다. 키케로는 그가 쓴 편지 중에서 예전에 결혼하고 싶어했던 남성과 과거에 안면이 있었다는 이유만으로 지방 원정을 갔다가 집으로 돌아온 남편에게 곧바로 이혼당한 부인의 사연에 대해서 진술하고 있다. 술라는 다섯번, 폼페이우스도 다섯번, 오비디우스는 세번 결혼했다는 얘기를 듣고 우리가 놀랄 이유는 전혀 없다. 단지 제국 시대에만 쉽게 이혼할 수 있었다고 말할 수는 없을 것이다. 그렇지만 어쨌든 제국 시대에 결혼과 이혼이 사소한 일이라고 느껴질 정도로 증가했던 것만은 사실이다.

세네카는 다음과 같이 쓰고 있다(De ben., iii, 16, 2)

> "지체 높고 귀족적인 일부 여성들은 결혼하기 위해서 이혼하고, 이혼하기 위해서 결혼하고 있으며, 또한 관직에 오른 기간보다는 결혼한 횟수에 의해 연륜을 계산하고 있다. 이제 어떤 여성도 이혼했다고 해서 얼굴을 붉히지는 않을 것이다."

물론 그러한 행태는 유베날리스의 신랄한 풍자로부터 벗어날 수는 없었다.

유베날리스는 다음과 같이 쓰고 있다(vi, 142 ff., 및 224 ff.).

> "어찌하여 세르토리우스는 분별없이 비불라를 사랑하고 있는가?
> 그는 아내가 아니라, 가까이 들여다본 그 얼굴을 맹목적으로 사랑하고 있다. 그 얼굴에 세 겹으로 주름 지고 바싹 마른 피부를 주고 눈두덩이는 불룩하게 하라. 하얀 이빨은 누렇게 뜨게 하고, 커다란 눈은 작고 째진 눈으로 만들어라.
> '당장 짐을 싸!'
> 그에게서 소식이 올 것이다.
> '꺼져버려! 이제 네가 지겨워. 그리고 너무 자주 코를 훌쩍거려. 그러니 당장 꺼져라! 나는 감기 걸리지 않은 여인을 아내로 맞아들이겠다.'"

또한 아내도 그런 식으로 남편을 쉽게 없애버릴 수 있다.

"그녀는 그곳의 여왕. 그러나 그녀는 곧 그녀의 제국을 떠나서, 집을
바꾸고, 신부의 면사포를 입은 다음, 다시 그녀가 떠났던 침대, 아직
온기가 남아 있는 그 침대로 돌아갈 것이다.
문은 꽃으로 장식되어 있다. 그녀는 그 장식을 그대로 내버려 두었
고, 꽃다발은 아직 시들지 않았다. 그녀의 점수는 자꾸만 올라간다.
그녀는 다섯 번의 짧은 겨울이 가는 동안에 여덟 명의 남편을 맞아들
였다.
그녀의 묘비에 기록할 일이로다!"

이혼의 증가는 '시대의 퇴폐화' 보다는 훨씬 더 근본적인 원인을
가지고 있는 것이 분명하므로 로마 여인들의 신분 해방을 다루는
뒷장에서, 여기에서 제기된 결혼과 이혼의 문제를 좀더 상세하게
논의하기로 하겠다.

결혼을 거부하는 남자들

그러나 결혼의 쇠퇴를 여성의 탓으로만 돌리는 것은 지극히 부당
하다. 우리는 초기에도 남성들이 부권의 책임감에 대하여 그렇게
크게 찬사를 보내지 않았다는 사실을 알고 있다. 그렇지 않다면 우
리는 결혼을 고집스럽게 거부한 남성들이 특정한 금전상의 불이익
이 부과되는 풍기 단속에 의해서 처벌을 받아야 했던 까닭을 이해
할 수 없을 것이다. 키케로는 "그러한 풍기 단속은 독신을 방지하기
위한 것이다."라고 말했다(De leg., iii).
막시무스에 따르면(ii, 9, 1) B. C. 403년 초기부터 그에 대한 단

속 규정이 있었다고 한다. 리비우스(epit., lix)와 겔리우스(i, 6)는 B. C. 131년에 풍기 단속관이었던 메텔루스가 이 문제에 대해 유명한 연설을 했다고 한다. 그 연설은 로마인의 결혼 관념에 대해 뚜렷하게 조명해 주는 지극히 중요한 언사를 포함하고 있다.

> "우리가 아내 없이 살 수 있다면, 이 모든 골치 아픈 문제들을 겪지 않아도 될 것이다. 자연은 우리로 하여금 그녀들과 평화롭게 살 수도 없지만, 또한 그녀들이 없이는 살 수 없도록 만들어 놓았으므로, 우리는 일시적인 쾌락보다는 영원한 이익을 도모해야 할 것이다."

이 진술에서 가장 재미있는 것은 연설자가 아들 넷에, 딸 둘, 손자는 열한 명을 두고 행복한 결혼 생활을 영위하고 있었던 사람이라는 점이다. 어쨌든 그는 경험을 통해 얘기하고 있다. 겔리우스의 말로부터(i, 6, 6) 우리는 공식적인 관심을 알 수 있다.

> "결혼이 빈번하지 않다면, 국가는 안정될 수 없다."

한니발과의 전쟁 이후부터 빈곤 계층의 숫자가 늘어나기 시작했다. 또한 작가들은 결혼으로부터의 도피에 대해서 솔직하게 언급하고 있다. 플루타크는 다음과 같이 쓰고 있다(De Amore Prolis, 497e).

> "빈곤 계층들은 아이를 낳지 않으려고 했다. 그들은 아이들을 제대로 먹이거나 교육을 시키지도 못해서, 그 아이들이 존엄성이라고는 전혀

없는 노예와 천민으로 성장하는 것이 두려웠던 것이다."

그밖에도 프로페르티우스가 거론하고 있는 생각들도 염두에 두었을 것이다(ii, 7, 13).

"나의 아이들에게 어떻게 가문의 영광을 전해줄 수 있을까?
나의 혈통은 결코 씩씩한 군인을 만들어 내지 못할 것이다."

세네카는 또 다른 방해 요인을 덧붙이고 있다(fr., xiii, 58).

"세상에서 제일 멍청한 일은 성씨를 잃지 않기 위해, 늙어서 부양을
받거나 무언가를 상속해 주기 위해서 결혼하여 아이를 낳는 짓이다."

종국에는 국가조차도 결혼을 장려하기 위한 가장 강력한 동기를 잃어버리게 된다. 끝이 없는 전쟁을 위해 젊은 병사들을 공급해야 할 필요가 사라져 버린 것이다. 기원 후 첫번째 세기에 오랫동안 계속된 평화 속에서 로마는 그 위치를 유지하거나 권력을 확장하기 위해 더 이상 창을 들고 진군하는 병사들을 필요로 하지 않았다. 그 시기에는 플리니우스(ep., iii, 14)가 묘사했던, 정부를 거느리고 별장에서 유유자적하며 지내는 전직 집정관처럼 살아가는 것이 훨씬 더 쉬웠다(물론 그는 미혼이다). 그리고 남자가 드디어 철학에 의지하기 시작하면 가족은 무거운 짐에 불과한 것이 된다.

키케로도 그렇게 말했다(ap. Sen. fr. xiii, 61).

"테렌티아와 이혼을 한 키케로는 히르티우스로부터 그의 누이동생과 결혼하지 않겠느냐는 제의을 받았다. 그는 두 번 다시 결혼하지 않겠다고 대답했다. 왜냐하면 철학과 아내는 동시에 다룰 수 없기 때문이라는 것이었다."

또한 키케로는 그의 책 《페러독서(Paradoxa)》에서 다음과 같이 말한다.

"여자에게 종속된 남자는 과연 자유로운가? 여자에 의해서 지배당하고 제어되는 남자, 여자가 원하는 것은 무엇이든지 하라거나 또는 하지 말라는 말을 듣는 남자는 과연 자유로운가?"

우리는 각 개인들이 전통적 도덕의 속박과 공동체의 요구로부터 점점 자유로워지고 있음을 목격하게 된다. 즉, 남성이 결혼하지 않아도 되는 이유가 증가하고 있는 것이다. 이것은 역사를 통해서 다시 되풀이된다.

당연히 국가는 때때로 입법을 통해서 이러한 발전 과정을 저지하려는 노력을 한다. 그 존재가 위태로운 지경에 처해 있을 때다. 아우구스투스는 그러한 노력을 처음으로 행한 사람이다. 그의 도덕적 법령은 대담하고 급진적이었지만 효과는 거의 없었다. 국가가 제정한 법률은 그런 문제에 대해서는 거의 아무런 효과를 갖지 못하기 때문이다. 몸젠은 주목할 만한 언어로 "그것들은 역사에 알려진 가장 인상적이고 오래 지속된 형법상의 혁신 중 하나다."라고 설명한다. B. C. 18년부터 A. D. 9년까지 존속한 그 법률은 '율리오이 로

가티오네스(Julioe rogationes)'라고 알려져 있다. 베커의 말을 통해서 그 법안의 목적을 요약할 수 있을 것이다.

"20세에서 60세 사이의 독신 남성과 20세에서 50세 사이의 독신 여성 및 아이가 없는 25세 이상의 남성과 20세 이상의 여성에게 재산상의 자격을 박탈한다. 세 명 이상의 자녀를 둔 부모들을 장려하기 위한 각종 권리와 특혜에 대해서 언급한다. 명문가의 구성원들 사이의 바람직한 결혼을 촉진시킨다. 일정한 규칙과 법령에 의해서 이혼을 통제한다."

아우구스투스는 완강하게 이 법률을 시행했다. 그 결과는 어떻게 나타났을까? 그와 동시대를 살았던 몇몇 사람들의 증언을 들어보기로 하자. 다양한 사회계급 내부의 결혼을 장려하기 위한 법률을 기초했던 수에토니우스는 다음과 같이 말한다(Aug., 34).

"아우구스투스는 다른 법률들보다 이 법률을 훨씬 더 엄격하게 수정했다. 그러나 일부 벌칙 조항을 철폐하거나 완화하고, 또한 3년간의 일반적 면제를 보장하며 보상을 늘리지 않았다면, 그로서는 도저히 감당할 수 없었던 수많은 저항이 있었을 것이다. 그러나 그렇게 했음에도 불구하고, 기사들이 공식석상에서 그것의 전면적 철폐를 외치기도 했다. 아우구스투스는 게르마니쿠스의 자식들을 불러서 직접 포옹을 하며 그들의 아버지가 사용했던 무기를 건네주었다. 그것은 불평분자들이 젊은 게르마니쿠스를 본보기로 삼아 기꺼이 그를 따라야 한다는 것을 보여주는 몸짓이었다."

카시우스 디오(Cassius Dio)의 글(54, 16)에서는 다음과 같은 내용을 읽을 수 있다.

"여인들과 청년들의 무질서한 행동에 대한 커다란 불평의 소리가 원로원에까지 올라가게 됐다. 그들은 그러한 행동을 마지못해서 하는 결혼이 만연하고 있는 탓으로 돌렸다. 그리고 그들은 아우구스투스에게 그가 저지른 수많은 애정 행각에 대한 암시를 던지면서, 그의 개인적 행적에 의해 그 문제를 바로잡으려고 아우구스투스를 설득했다. 그의 첫번째 반응은 본질적 요소들은 이미 정착되었으며, 그런 식으로 모든 것을 규제하는 것은 불가능하다는 것이었다. 그러나 그들이 계속해서 그 문제를 붙잡고 늘어지자, 아우구스투스는 이렇게 말했다.
'당신들 자신이 원하는 대로 당신들의 아내에게 명령을 내리고 지시하시오. 나는 확실히 하고 있소.'
아우구스투스가 그 말을 하자 그들은 훨씬 더 강한 압력을 그에게 넣기 시작했으며, 그는 아내인 리비아에게 어떤 지시를 내리고 있는지 알려달라고 요구하고 나서기에 이르렀다. 그리하여 결국 아우구스투스는 여인들의 의상과 장식, 공공 장소에서의 용모와 조신한 행동 등등에 대해 몇마디 언급을 하지 않을 수 없었다. 그는 그의 행동이 그가 한 말과는 부합되지 않는다는 것에는 조금도 신경 쓰지 않았다."

또 다른 글에서 카시우스 디오는 황제가 그의 법안을 변호하기 위하여 매우 길고 상세한 연설을 했다는 사실을 알려주고 있다. 디오가 기록해 놓은 연설문 내용이 모두 사실이 아닐 수 있음에도 불구하고, 율리아 법안의 기본적 사상과 목적에 대한 내용을 담고 있다.

그것으로부터 몇 문장을 발췌하여 인용해 보기로 한다(Cassius Dio, 56, 1 ff.).

　"승리를 축하하는 경기를 하는 동안에 기사들은 그가 독신과 무자녀에 관한 법률을 철폐해야 한다고 격렬하게 주장했다. 그리하여 아우구스투스는 광장에 결혼을 하지 않은 기사들과 자녀가 있는 기사들을 각각 포함하여 결혼을 한 기사들을 따로 불러모았다. 결혼한 사람이 결혼하지 않은 사람보다 훨씬 적은 것을 본 그는 슬퍼하면서 다음과 같은 연설을 하기 시작했다.
　'로마는 처음에는 단지 한줌도 안 되는 사람들에 불과했습니다. 그러나 우리가 결혼에 대한 생각을 하고 아이를 열심히 낳자, 모든 세상을 힘으로뿐만 아니라 수적으로도 압도하게 되었습니다. 우리는 이 점을 기억해야만 합니다. 그리고 끝없이 뒷사람에게 전달되는 횃불처럼 우리의 자산을 전해줌으로써 우리의 유한성을 위무해 주어야 합니다. 그렇게 함으로써 우리는 우리의 삶을 신보다는 덜 행복한 것으로 만드는 하나의 특징인 유한성을 영원한 생명으로 바꿀 수 있도록 서로를 도와줄 수 있는 것입니다. 가장 위대하고 으뜸이 되는 우리의 조물주가 두 개의 성, 즉 남성과 여성을 만들고, 그들에게 사랑과 성적 접촉에 대한 욕망을 불어넣어 주었으며, 또한 그 열매를 맺도록 한 것은 무엇보다도 바로 이러한 목적, 즉 새로운 세대를 통해 유한한 삶을 무한하게 만들어 나가게 하기 위함입니다. 여러분의 집안에 질서를 잡아 주고, 재산을 관리해 주며, 자녀를 양육해 주고, 건강한 생활 속에 행복을 더 해주며, 여러분이 아플 때 치료해 주고, 젊은 시절의 과도한 열정을 누그러뜨려 주며, 노년의 쓸쓸함을 달래 주는 좋은 아내보다 더 큰 축복은 분명히 어디에도 없습니다. 이러한 것들은 결혼을 하고 아이를 가짐으로써 즐길 수 있게 되는 일종의 개인적 이

득입니다. 우리의 의향에 반하여 많은 일을 행하도록 하는 원인이 되는 국가에 대해서 말하자면, 의심할 여지없이(도시와 백성들이 존재한다면, 또한 그대들이 다른 사람들을 통치하고 있으며 전 세계가 그대들에게 복종하고 있다면) 평화로운 시기에는 많은 인구가 땅을 경작하고, 바다를 항해하며, 예술을 즐기고, 직접 그러한 작업을 할 여유가 있으며, 전시에는 가족들을 위하여 온갖 열정을 다 바쳐 그들의 재산을 보호하고, 전사한 사람을 대체할 다른 사람들을 양육하는 것이야말로 필요하면서도 명예로운 일입니다.'

이어서 아우구스투스는 결혼하지 않은 사람들을 향하여 다음과 같이 연설했다.

'내가 여러분을 뭐라고 불러야 합니까? 남성들이여? 여러분은 아직 자신이 남성이라는 것을 입증하지 못했습니다. 시민들이여? 여러분만을 염두에 둔다면, 우리의 도시는 곧 소멸할 것입니다. 로마인들이여? 여러분은 바로 그 이름을 파괴하기 위해 지금 현재 최선을 다하고 있습니다. 도시는 남자와 여자이지, 건물과 늘어선 기둥과 텅 빈 시장이 아닙니다. 만일 우리의 선조인 로물루스가 여러분이 합법적 결혼 하에서도 아이 낳기를 거부하는 상황을 그가 태어났던 상황과 비교하게 될 경우에, 그의 분노는 전적으로 정당하다는 것을 유념하십시오. 과거의 로마인들은 타지역의 여인과도 아이를 만들었는데, 여러분은 로마의 여인들을 여러분의 자식의 어머니로 삼는 것조차도 꺼려하고 있습니다. 여러분은 여자 없이 생활하는 수도자가 아닙니다. 마찬가지로 여러분 중 그 누구도 먹지 않고 잠자지 않는 사람은 없습니다. 여러분 모두의 소망은 지나침과 육욕으로부터 자유로워지는 것입니다.'"

이것은 아우구스투스 입법의 배후에 깔려 있었던 반 맬더스주의적 사고방식을 보여준다. 그러나 그것은 열렬한 지지자들을 확보하지는 못했다. 모든 사회 계급의 구성원들은 개인의 자유를 중대시키기 위하여 오랜 세월 동안 노력해 왔다. 그 법안은 실패로 끝맺었는데, 특히 모든 사람들이 황제 자신도 엄격한 도덕률을 거의 지키지 못한 채 생활해 왔다는 사실을 알고 난 이래로 더욱 빈번해진 일탈이었다. 그 결과는 가장 은밀한 개인적 사생활에 대해서 경찰 첩자라는 전대미문의 제도를 도입하는 것으로 나타났다. 또한 순전히 금전적 동기로부터 결혼 관계가 성립되는 경우도 등장한다. 세네카는 다음과 같이 말한다.

"결혼하지 않은 남자들을 반박하는 법률을 웃음거리로 만들기 위하여 결혼한 남편들의 이름을 일일이 거명할 수 있겠는가?"

한 필자에 따르면(Dig., xlviii, 5, 8), 남편들은 아내들, 사실상 그들이 거느리고 있던 창녀들의 간통에 의하여 이득을 보았을 것이라고 한다.

타키투스는 다음과 같이 쓰고 있다(Ann., iii, 25).

"모든 가정사가 첩자들의 간섭에 의해 동요하게 된 이래로, 시민들은 점점 더 위험 속에 떨게 되었다. 한때 자신들이 저지른 범죄에 의해 고통받았던 시민들은, 이제 그것을 규제하는 법률에 의해 고통받고 있는 것이다."

또한 우리가 도처에서 자주 논의하게 될 법률, 즉 할아버지와 아버지, 남편이 기사 신분이었던 여성은 돈을 받고 자신을 팔아서는 안 된다는 법률까지 통과될 정도였다. 그 정도로 아우구스투스 법안의 진정한 효과는 적었던 것이다.

그 법안이 진정한 성과를 얻지 못하도록 방해했던 주요한 요인들 중 하나는 그 법이 자유 시민들에게만 적용되었다는 상황 때문이었다. 따라서 실제로 몸을 팔고 있던 여성들이 속한 계급인 노예를 비롯한 다양한 신분의 여인들을 포괄할 수 없었던 것이다. 이것은 남성들이 이전과 마찬가지로 자유롭게 결혼 이외의 방식으로 성적 만족을 취할 수 있었다는 것을 뜻한다. 또한 매춘의 자유는 존경받을 만한 신분의 여성들에게도 커다란 매력을 가지고 있었음이 분명하다. 이제 법의 엄격한 통제 하에 놓이게 된 그녀들은 그러한 법의 간섭을 받지 않고 살아가기 위하여 창녀의 복장으로 꾸미고 싶어했다(Cf. Dig., xlvii, 10, 15, 15).

내연의 관계, 즉 정상적인 아내와 남편의 지위 없이 맺어지는 성관계에 대한 최초의 법적 제재였다는 점을 인식하면서, 아우구스투스 입법에 대한 논의의 결론을 맺을 수 있을 것이다. 그 법안은 명문가 사이의 적절한 결혼 관계를 권장하는 것이 주요한 목적 중 하나였다. 적절하지 않은 결혼 관계, 예컨대 원로원 의원이 자유민 또는 전직 매춘부 출신의 여성과 결혼하려고 한다든가, 또는 이미 남편과 아내로서 생활하는 경우에 대해서도 염두에 둘 필요가 있었던 것이다. 그러한 경우들은 모두 법적으로 내연의 관계로 간주되었다. 남성들은 여성을 아내로서 택하는 것이 아니라 내연의 관계를 맺고서도 함께 생활할 수 있었다. 그러나 그러한 관계를 당국에 고지해야 할 의무를 지니고 있었다. 이러한 동거 형태는 사실상의 결혼과 전혀 다르지 않았으며, 그 실질적인 결과도 전적으로 합법적이었다. 다만 자녀들은 합법적 신분을 얻을 수 없었고, 자식의 입장에서 아버지에 대한 합법적 요구를 할 수도 없었다.

그리하여, 신분이 높은 남성들은 그의 첫번째 아내가 죽은 뒤에, 그 아내와의 사이에서 낳은 자녀들의 권리를 손상시키지 않기 위하여 다른 여성들과 내연의 관계를 맺기도 했다. 예를 들어, 황제인 베스파시아누스와 안토니우스 피우스, 마르쿠스 아우렐리우스도 그와 같은 방식으로 생활했다. 즉 내연의 관계는 일부일처제에 대해 아무런 영향을 끼치지 못했던 것인데, 합법적 아내와 내연의 처를 동시에 가질 수 없었기 때문이었다(Paulus, ii, 29, 1). 따라서 내연의 처라는 호칭은 명예를 손상시키는 것이 아니었으며 묘비명에도 등장하기까지 한다.

로마 여성들의 해방

이중적 도덕관

흔히 초기의 로마 공화국은 적어도 유적들을 통해서 확인해 보면 남성을 위해, 남성에 의해 지배되는 남성 사회였다는 말을 많이 한다. 여기서 우리는 바에르팅 박사가 자신의 저서 《남성 사회에서의 여성의 특징과 여성 사회에서의 남성의 특징(The Character of Women in a Masculine State and the Character of Men in a Feminine State)》(Karlsruhe, 1921)에서 제시한 중요한 전제를 살펴볼 필요가 있다. 그는 "남성 사회에서의 사회적 행동 규범은 여성 사회에서는 반대로 역전된다."고 말했는데 이 말은 초기 로마에도 예외없이 적용될 수 있다. 지배 성별인 남성은 모든 재산 소유권을 장악했고, 결혼을 할 때는 신부가 남편에게 지참금을 바쳐야 했다. 남성은 예속 성별인 여성에게 "집과 가정을 활동 범위로 할당해 주는 경향"이 있었다. 그러나 바에르팅 박사는 결혼 생활과 관련하여 남성 사회에 대한 몇가지 다른 언급을 하고 있다. 그것들 역시 초기 로마에 적용될 수 있으며 여성의 순결에 대한 "이중적 도덕관"이 그 대표적인 예다.

바에르팅 박사는 다음과 같은 주장을 펼치고 있다.

> "어느 한쪽 성이 다른 성에 의한 지배로부터 해방될 때, 지배 성별이 권력을 상실함과 동시에 성별간의 특정한 기능 및 본질 역시 변화된다."

다시 말하면, 그전까지는 난폭한 군인처럼 엄격한 군주의 모습과 강력하고 정력적인 정치가의 모습을 보여왔던 남성들이 이제는 훨씬 더 부드럽고 인간적인 면모를 갖추게 된다는 것이다. 비록 당시에는 부드럽다는 것과 인간적이라는 것이 남자답지 못한 것으로 치부되었음에도 불구하고, 그런 사실에는 변화가 없다. 그 전까지 여성들은 정숙하고 조신한 가정주부이자 어머니 이외에는 아무것도 아니었지만, 이제는 독립적인 개성을 발휘하기 시작한다. 과거에 자신을 옭아매고 있던 구속을 벗어 던지고 행복을 추구할 수 있는 자신의 권리를 실현하기 위해 모든 노력을 아끼지 않는다. 여성들의 그러한 독립적 행동은 남성 사회와 남성 사회의 이데올로기에만 익숙한 사람들에게는 변태적인 것으로 비쳐진다.

로마의 역사를 돌아볼 때도 바로 그와 똑같은 변화가 일어나고 있다. 따라서 우리로서는 무엇 때문에 남성들이 지배하던 구 공화국이 여황제에게 지배권을 넘겨주게 되었을까를 생각해 보지 않을 수 없다. 바에르팅은 거기에 숨겨진 진실을 이렇게 설명한다.

> "대체로 지배하는 성별의 압박은 철저한 지배와 철저한 예속을 그 첫 번째 효과로서 발생시킨다. 이러한 지배와 예속은 통치자들로 하여금 압박의 증가를 도모하도록 유도하는데, 그 결과 그러한 압박은 복종 대신 반발을 불러일으킬 정도로 심해지게 된다."

이런 이유 때문에 역사는 남성의 지배와 여성의 지배를 반복하게 된다는 것이 바에르팅 박사의 주장이다.

이러한 견해가 상당히 매력적이라는 사실은 의심의 여지가 없다. 하지만 고대 로마의 경우에는 사정이 좀 달랐다. 가족 중심의 공화제의 성격이 변화했기 때문이지만 우리는 그러한 변화의 원인이 순수하게 경제적인 것이었다고 믿는다. 그럼 이제부터 그러한 믿음의 근거를 생각해 보자.

경제 변화와 여성 해방

고대의 학자들이 제2차 포에니 전쟁의 종결을 도덕과 사회적 전통의 전환점으로 삼고 있는 것은 결코 우연이 아니다. 로마 여성의 해방이 이루어지기 시작한 것도 바로 그 무렵이었다. 그때는 또한 로마 사회의 근간이 자작농 상태를 벗어난 시점이기도 하다. 아피안(Appian)의 유명한 문장 중에는 그러한 변화의 전조를 설명하고 있는 대목이 나온다(Bell. Civ., i, 7)

"로마가 점차 이탈리아를 지배해 감에 따라 그들은 정복한 땅에 새로운 도시를 건설하거나 기존 도시에 자기네 백성들을 이주시켜 식민지로 삼게 했다. 이러한 정착지들은 정복한 나라의 요새로서 역할하게 되었다. 그들은 자기네가 획득한 경작지를 공짜로, 혹은 돈을 받고, 혹은 임대 조건으로 자기네들끼리 분배하기 시작했다. 그러나 그들은 전쟁 때문에 불모의 땅이 되어버린 영역까지 차지하기 위하여 시간을 낭비하지는 않았다. 그들은 원하는 사람은 누구든 일년에 한 번씩 곡물로 소작료를 내면 땅을 경작할 수 있다고 선포했다. 소작료의 비율은 종자의 경우는 10%, 과일의 경우에는 20%로 정해졌다. 가축을 기르는 사람들도 그 규모에 따라 적당한 세금을 납부해야 했다. 그들이 이러한 정책을 취한 것은 이탈리아 사람들의 인구를 확산시키기 위해서였다. 그들은 이탈리아인들이 무척 근면한 민족이라는 사실을 알고, 그들을 친구로 삼고 싶었던 것이다."

"그러나 결과는 그러한 그들의 의도와는 정반대로 나타났다. 점차 그 누구도 그들에게서 그것을 빼앗아가지 못할 것이라는 자신감이 생기자, 그들은 주변의 토지를 직접 획득하기 시작했다. 소규모 경작지를 가지고 있던 가난한 사람들에게서 더러는 힘으로 빼앗기도 하고 더러는 돈을 주고 땅을 사들이기도 했다. 그렇게 하여, 그들은 광활한 평원에서 농사를 짓게 된 것이다. 그들은 땅을 경작하고 가축을 기르기 위해 노예들을 이용했다. 노예들에게서 병역의 의무를 면제해 주자 노예의 수가 급격히 불어나기 시작했고, 노예 소유주들은 커다란 이득을 볼 수 있었다."

"결과적으로 지배 계급은 모든 부를 독점했고, 노예들이 나라 전체를 채워가기 시작했다. 반면 이탈리아인들은 가난과 과중한 세금, 그리고 병역 의무에 찌들어 그 수가 급격히 줄어들었다. 설사 그런 정도는 아니라 할지라도 부자들이 땅을 장악하고 자유민 대신 노예들을 이용하여 농사를 지었기 때문에 일자리 구하기가 무척 힘들어졌다."

이러한 상황이 발생한 근본적인 이유를 따지지 않더라도, 위의 인용문은 로마의 군사적 팽창이 어떠한 결과를 초래했는지를 여실히 보여준다. 이러한 정책의 진정한 대변자이자 그것을 한층 더 심화시킨 장본인이기도 한 구 로마 출신의 가족들이 점차 줄어든 반면 노예들이 그 자리를 채우기 시작했다. 또한 수많은 전쟁 덕분에 도시의 실업자로 전락해버린 소작농들도 그 대열에 끼어들게 되었다.

로마가 동서의 광활한 땅을 정복하게 되자, 그외의 다른 현상들도 나타나기 시작했다. 여기에 대해서는 다른 학자들의 저술에서도 드러난다. 가격을 낮춘 농산물들이 무차별적으로 수입되었기 때문에 농민들은 이탈리아에선 농사를 지어도 이윤이 남지 않는다는 사실을 알게 되었다(Liv., xxx, 26). 또한 승리를 거둔 병사들은 특히 동방에서 온갖 사치스럽고 호화로운 부를 고향으로 가져왔다.

리비우스는 이것을 다음과 같이 설명하고 있다(xxxix, 6).

"외국의 사치품들이 로마로 들어오기 시작한 것은 기원전 186년 아시아 원정에서 돌아온 병사들에 의해서였다. 그들은 처음으로 청동 침상과 값비싼 걸개, 직물 등과 함께 당시에는 가장 값비싼 가구로 꼽히던 다리 하나짜리 탁자와 옷장 등을 들여왔다. 당시에는 수금과 하프를 연주하는 여자들이 참석해야 최고의 연회로 격상될 수 있었다. 또한 연회 자체에 들어가는 비용도 크게 늘어나기 시작했다. 그 전까지만 해도 요리사들은 노예들 중에서도 가장 비천한 계층으로 치부되었지만, 이제 그들의 노력이 하나의 예술로까지 간주될 지경이 되어 보수가 크게 올라갔다."

폴리비우스도 이와 비슷한 이야기를 들려준다(xxxi, 25, Athenaeus, 6, 274 f.에서 인용)

"카토는 많은 사람들이 외국의 사치품을 로마로 들여오는 것에 대해서 노골적으로 불만을 드러냈다. 사람들은 흑해에서 소금에 절인 생선을 300드라크마나 주고 사오는가 하면, 잘생긴 노예를 사기 위해 집을 살 때보다 더 많은 돈을 투자하곤 했다."

그보다 약간 더 후대 사람인 벨레이우스 파테르쿨루스의 글도 살펴볼 필요가 있다(ii, I)

"대(大) 스키피오가 로마의 힘을 준비했다면, 소(小) 스키피오는 로마의 사치를 준비했다고 할 수 있다. 카르타고의 위협이 사라지고 로마의 라이벌이 세력을 잃어가자, 모든 가치관에 급격한 변화가 일어나기 시작했다. 낡은 도덕 규범이 폐기되는 대신 새로운 것들이 속속 등장했다. 로마는 경계 태세를 취하기보다는 단잠에 빠지는 것을 즐겼고, 무기를 사용하는 것보다는 육체적인 쾌락에 탐닉했으며, 일을 하는 것보다는 빈둥거리며 노는 것을 더 좋아했다. 스키피오 나시카가 수도에 콜로네이드(列柱)를 세운 것이 바로 그때였다. 메텔루스와 키르쿠스에서 가장 아름다운 크네이우스 옥타비우스 등이 만들어졌다. 평범한 보통 사람들도 겉치레와 사치를 무척 좋아하게 되었다."

이상과 같은 인용문을 아무런 편견 없이 살펴본다면, 우리는 다음과 같은 결론에 도달할 수 있다. 조그만 땅을 경작하는 단순한 농부에 불과하던 사람들이 광범위한 프롤레타리아 계급을 거느린, 부유하기는 하지만 교육 수준이 낮은 지주, 상인, 재정가로 탈바꿈하는 경제적인 변화가 일어난 것이다. 이러한 경제적

빵가게 여주인으로 보이는 이 여인은 폼페이의 도시생활에서 경제활동에 능동적인 역할을 수행했던 야심에 찬 여인들의 전형.
(수입과 지출을 기록하는 서판과 청필을 들고 있다.)

변화의 과정 속에서 계층간의 반목과 갈등이 끊이지 않았다는 사실을 이해하는 것은 그다지 어려운 일이 아니다. 새로운 부와 사치는 사람들의 도덕관을 가려버렸고, 힘을 장악하고 유지할 수 있는 사람들에게는 상상을 초월하는 가능성을 활짝 열어 놓았다. 마리우스와 술라의 시민 전쟁, 폼페이우스와 카이사르 간의 전쟁이 잇따라 터져나왔다. 두 명의 그라쿠스는 구 로마의 농경 사회를 유지하기 위해 각고의 노력을 기울였지만 별 성과를 거두지 못했고, 술라 시대의 경쟁은 로마의 권력과 부를 둘러싼 싸움일 뿐이었다. 벨레이우스는 여기에 대하여 이렇게 쓰고 있다(ii, 22).

"시간이 흐를수록 새로운 공포가 생겨났다. 그것이 탐욕을 잔인하게 만든 또 하나의 이유였다. 사람의 죄는 그 재산에 의해 측정되어 부

유한 사람은 누구든 범죄자 취급을 받게 되었으며, 자신의 생명과 안전을 대가로 치르지 않으면 안 되었다. 이윤을 낼 수만 있다면 명예 따위는 아무런 문제도 되지 않았다."

지배적인 '파트리아 포테스타스'를 통해 개인의 자유를 제한해 온 가족 조직은 일정한 한도 내에서는 예절과 도덕의 기준을 보장받고 있었음에도 불구하고 붕괴의 위협에 직면했다. 가족의 해체를 의심할 수 있는 사람은 아무도 없었다. 보불 전쟁 이후 독일에서 나타난 현상이나 제1차 세계대전 이후에 나타난 현상들을 생각해 보라. 경제적으로 한 시기가 끝나고 나면 여성들도 성격이나 외모가 변하지 않을 수 없다. 특히 새로운 부와 기회는 남성보다 여성의 정신에 훨씬 더 강력한 영향을 미친다. 당시 로마의 평범한 여성들은 자기네의 허영심과 야심, 감수성을 충족시킬 수 있는 절호의 기회를 맞이하게 되었던 것이다. 그러나 좀더 깊이가 있는 여성들은 그러한 기회를 보다 나은, 새로운 교육을 받을 수 있는 계기로 삼았으며, 그것을 통해서 춤이나 음악, 노래와 시 등에 대한 자신의 재능을 발전시키기도 했다. 고대 문학에서도 이와 같은 예들을 찾아볼 수 있다. 살루스트(Sallust)는 이러한 종류의 해방을 획득한 여인을 다음과 같이 탁월하게 묘사하고 있다(Cat., 25).

"카틸리네를 지원했던 여성들 가운데 셈프로니아가 있었는데, 그녀는 종종 어떤 남자보다도 더 큰 용기를 발휘하곤 했다. 그녀는 자신의 신분과 미모와 결혼과 자녀 등 모든 분야에서 축복을 받을 수가 있었다. 그녀는 그리스어와 라틴 문학을 공부했으며, 어떤 여인보다도 우아하게 하프를 연주하거나 춤을 출 수도 있었다. 그밖에도 사치스러운 생활이라 할 만한 여러 가지 분야에 손을 댔다. 그러나 그녀는 자신의 명예와 순결에 대해서는 조금도 비중을 두지 않았다. 그녀가 돈과 명성 중 어느 쪽에 조금이라도 신경을 덜 썼는지는 판단하기 어렵다. 남자들의 유혹을 받을 때보다 오히려 자기가 남자를 유혹하는 경우가 더 많을 만큼 강렬한 욕망의 소유자이기도 했다. 과거에는 종종 위증을 일삼거나 남의 재산을 착복하는 등 부정한 행동을 하기도 했고, 심지어는 살인 사건의 방조자가 되기도 했다. 낭비와 그로 인한 궁핍 때문에 크게 곤욕을 치르기도 했다. 그러나 그녀의 재능은 결코 무시할 수 없는 것이었다. 그녀는 시를 쓸 줄 알았고, 우스갯소리를 만들어낼 줄 알았으며, 겸손하고 부드러운 혹은 과감한 말투를 자유자재로 구사할 수 있었다. 한마디로 그녀는 활력과 매력으로 가득 찬 여자였다."

이 여성에 대한 살루스트의 묘사는 확실히 다소 편파적인 데가 있다. 그러나 우리는 셈프로니아가 평범한 로마 아낙네들의 수준을 훨씬 뛰어넘는, 비상한 교양을 갖춘 여자였음을 쉽사리 확인할 수 있다. 그녀는 독일 낭만주의 시대에 등장하는 인물을 연상시킬 정도다. 사실 그녀는 여성으로서의 자신의 권리를 인식하고 있었으며, 솔직하긴 하지만 둔하기 짝이 없는 자매들의 편견 따위에는 조금도 신경을 기울이지 않았다. 그런 여인에게 부도덕, 사치, 방탕 등의 낙인이 찍히는 경우는 얼마든지 찾아볼 수 있다. 심지어는 요즘도 마찬가지다. 우리는 셈프로니아를 제대로 이해하기 위해, 그녀가 대단한 명문 가문 출신이며 집정관 유니우스 브루투스의 아내이자 카이사르를 암살한 사람 가운데 하나인 유니우스 브루투스 알비누스의 어머니였다는 사실을 기억할 필요가 있다.

한때 현모양처였던 귀부인이 잘못된 교육과 교양 때문에 방탕한 매춘부로 전락해버렸다고 생각하는 것은 잘못된 관점이다. 이것은 예를 들면, 플리니우스의 아름다운 문장 속에서도 여실히 드러난다. 그는 지적인 경각심을 갖춘 자신의 아내를 다음과 같이 칭찬한다(Ep., iv, 19).

> "그녀의 마음은 날카롭고 취향은 수수하다. 그녀는 나를 사랑하며 자신의 정조를 확인시켜 준다. 게다가 그녀는 문학을 사랑하며, 그런 성격이 나에 대한 애정으로 이어지기도 했다. 그녀는 내 책들을 즐겨 읽으며, 때로는 혼자서 중요한 진리를 깨우치기도 한다. 나에게 사건이 생기면 무척 걱정을 하지만, 내가 하나의 사건을 마치면 무척 기뻐한다. 그녀는 사람들에게 내가 어떤 환호와 고함소리를 들었는지를 말해 달라고 조르며, 판결은 어떻게 내려졌는지를 가르쳐 달라고 사정한다. 내가 사람들 앞에서 내 작품을 낭독할 때는 커튼 뒤에 귀를 쫑긋 세우고 앉아 청중들의 칭찬을 들으며 흡족해한다. 그녀는 내가 쓴 시를 읊기도 하고, 심지어는 그 시에 곡을 붙이기도 한다. 그녀는 음악가에게서 그런 재능을 배운 것이 아니라, 가장 위대한 스승이라 할 수 있는 사랑의 힘으로 그런 재능을 익혔다."

정조로부터의 자유

로마 여성들을 부도덕하다고 비난하는 것은 오랜 근거를 가지고 있다. 최초의 불만 가운데 하나가 해방이 시작될 시점과 거의 정확하게 맞아떨어진다는 사실은 결코 우연이 아니다. 대 플리니우스 [N.H., xvii, 25(38)]는 집정관 L. 피소 프루기가 로마에서 정조가 사라져버렸다고 통탄했다는 이야기를 들려주고 있다. 그때가 바로 기원전 2세기 중엽이다. 또한 역시 그 무렵에 활동했던 로마의 풍자 시인 루킬리우스(Lucilius)는 "부의 과잉과 그 해독"을 신랄하게 비판했던 것으로 알려지고 있다(Schol. Pers., 3, I). 그와 유사한 비판은 그후로 몇 세기를 두고 계속된다. 그것만 가지고도 여러 권의 책을 쓸 수 있을 정도지만, 여기서는 가장 특징적인 사례 몇 가지만 들어보기로 하겠다.

살루스트(Cat., 13)는 술라 시대 이후, "남자들은 부자연스러운 악덕에 굴복했으며 여자들은 공공연히 명예를 팔아먹었다."라는 구절을 남기고 있다. 다음은 호라티우스의 여섯번째 로마 송사에 나오는 유명한 비탄이다(iii, 6).

> 죄악 속에 무르익은 나이가
> 첫번째 순결한 결혼과 가정,
> 그리고 자녀를 더럽힌다.
> 그리하여 땅과 사람에게
> 험난한 재앙의 홍수가 내린다.
> 한창 물오른 처녀들은
> 사랑과 보드러운 그리스 춤을 배우고
> 부끄러움이 가르쳐준 예술을 터득하며
> 일찍이 음란한 사랑으로 육체와 영혼을 단련시킨다.
> 그러고 나면 남편이 술에 절어 있는 동안

보다 젊은 남자를 찾아나서며
건달이건 스페인 뱃사람이건
자신의 불명예를 감수할 사람을 찾아
어두운 방 안에서
(남편 몰래) 기꺼이 몸을 바친다.

오비디우스는 놀라울 만큼 솔직한 어투로 "그녀는 구혼자 없는
숫처녀다."라고 말한다(Am., i, 8, 43). 프로페르티우스의 다음과
같은 구절도 내용은 크게 다르지 않다(ii, 32, 41 ff.).

그러나 그토록 뻔뻔하게 질문을 던질 자 누구인가
"무엇이 그녀를 부자로 만들었나?
누가 그녀에게 재산을 주었나? 언제?"
단 한 사람의 여인이라도 규정을 어긴다면
아, 로마여, 이 시대가 그대에게 축복을 내리리라.
죄 지은 내 여인 레스비아 앞에서
확실한 모방은 그보다 덜 욕된 것.
고상한 농부들을 찾아서
솔직한 바보가 마을로 왔도다.
그러나 토성의 황금기를 지배한
그대들의 조그마한 과오로부터 우리 여인들을 지키기보다는
머지않아 포효하는 바다를 말리고
그대의 손으로 하늘의 별들을 따 모으리.
그러나 세상은 데우칼리온의 홍수와
그가 아라라트 산을 오르고 난 뒤 커다란 곤경에 처했으니
아, 남편은 그 얼마나 정숙한 아내를 가졌던가!

프로페르티우스가 고대 로마의 한층 더 숭고한 도덕을 믿지 않았다는 것은 흥미로운 일이다. 다음과 같은 그의 솔직한 노래를 들어보자(ii, 6, 19).

그대는 우리를 죄인으로 만들었으니,
그대, 포악한 늑대의 젖을 먹은 로물루스여.
그대는 그대의 부하들에게 사비네스를 마음대로 강간하도록 가르쳤으니
아무것도 두려워하지 않는 사랑이 로마를 지배하리라.

여황제 치하에서는 여성의 부도덕에 대한 이러한 불만이 한층 더 커졌다. 세네카의 이야기를 들어보자(Ad Helv., 16, 3).

"그대는 대부분의 여성들에 속하지 않고, 이 시대의 가장 커다란 해악인 음란함을 낳았도다."

그러나 세네카의 글 중에는 이런 것도 있다.

"우리 선조의 불만이었던 것이 우리의 불만으로 되며, 나아가 우리의 후손들도 마찬가지일 것이다. 도덕이 변화하여 사악함이 판을 치며, 인류는 점점 더 퇴보의 길을 걸을 뿐이다. 신성했던 모든 것들이 명예를 잃었다. 이것 하나만은 영원히 변하지 않을 것이니, 경우에 따라서 사소한 차이는 있을 수 있지만 쉴새없이 밀려드는 바다의 파도와도 같을 것이다. 한때는 불륜이 우세하여 정숙이라는 물결을 압도할 것이다. 또 다른 시기에는 부가 가장 비참한 방식으로 허물어져

과음, 과식과 식당에 대한 분노가 일어날 것이다. 다시 한번 육체의 장식이 영혼의 왜곡을 나타내는 곳에서 지나친 사치가 시작될 것이다. 자유의 남용은 오만과 무례를 낳고, 급기야는 사적이거나 공적인 삶에 끔찍한 잔혹성을 드러낼 것이다. 그러면 전쟁의 광기가 뒤를 잇고, 신성하고 영예로운 모든 것은 그 영광을 잃게 된다. 언젠가 무절제한 음주가 고상한 것으로 치부되는 시절이 오고, 술에 취할 수 있는 능력이 덕목으로 평가될 것이다. 그 해악은 한 가지만으로 집중되지 않는다. 끊임없이 변화와 혁신을 일으켜 서로 싸우고 도망칠 것이다. 그러나 우리는 언제나 우리 자신에 대해서도 그와 똑같은 말을 할 수 있어야 한다. 우리는 예나 지금이나 죄악에 물든 존재로, 앞으로도 언제나 마찬가지리라(De ben., i, 10)."

세네카는 이러한 자신의 생각을 《서한(Epistle 97)》에서 이렇게 정리하고 있다.

"루킬리우스여, 만약 우리 시대가 온갖 부도덕과 해독과 사치에 물들어 있다고 생각한다면, 그것은 그대의 생각이 틀린 것이다. 그것들은 어떤 한 시대의 잘못이 아니라 인류 전체의 잘못이기 때문이다. 역사상 그 어떤 시기도 죄악으로부터 자유로운 시대는 없었다."

우리는 유베날리스의 불만과 마르티알의 농담을 제대로 이해하기 위해서는 반드시 이 침착하고 차분한 사색가의 말을 기억해야 한다. 나는 우리가 지나친 과장에 너무나 익숙한 나머지 세네카의 냉정한 성찰을 간과하지 않을까 걱정스럽다.

타키투스는 자신의 저서 《게르마니아(Germania)》에서 게르만인들의 순결한 도덕성을 자기 동시대인들의 (이른바) 타락한 태도에 견주어 비교와 대조를 통해 날카롭게 묘사하고 있다(Germ., 17-19). 그는 또 다른 저서(Ann., iii, 55)에서는 이렇게 말하고 있기도 하다.

"살인자가(로마 제국의 시민 전쟁에서) 그 잔혹한 임무를 마치고 나면 이름이 유명한 것은 곧 죽음을 의미하게 되어 살아 남은 사람들은 보다 지혜로운 삶을 추구하게 되었다. 동시에 이때부터 이름 없는 수많은 사람들이 이탈리아 각 도시에서부터, 심지어는 지방에서부터 원로원으로 소개되었다. 그들은 고향에서 지니고 있던 검소한 습관을 그대로 유지하고 있었다. 그 가운데 많은 사람들은 노년에 접어들어서는 운이 좋아서, 혹은 부지런함 덕분에 상당한 부를 축적하게 되었지만, 그래도 초창기의 외관이 남아 있었다. 그러나 베스파시아누스 황제는 누누이 소박한 생활 방식을 강조했음에도 불구하고 정작 그 자신은 옛날 방식의 생활 및 행동 방식을 가지고 있었다. 따라서 그런 황제에게 맞서고자 하는 열정이 법률이나 처벌에 대한 두려움보다도 훨씬 더 강하게 드러났다. 그러나 세상 만물은 나름대로의 주기를 가지게 마련이고, 도덕 역시 마치 계절이 돌아가는 것처럼 시대에 따라서 변하게 마련이다. 우리의 선조들은 모든 면에서 뛰어난 힘을 발휘하지는 않았지만, 이 시대는 예술과 생활면에서 우리의 후손들이 흉내낼 수 있을 만한 많은 업적을 남겼다. 로마 사람들은 도덕적인 측면에서 우리의 선조들과 맞서고 싶어해왔다."

도덕적 관점의 여성 해방

우리는 흔히 퇴보기라고 불리는 시대의 영웅적인 여성들의 예를 찾아봄으로써 이러한 진술을 뒷받침할 수 있다. 몇 가지 예를 들어 보기로 하겠다. 벨레이우스 파테르쿨루스는 마리우스 시대의 한 여인의 정조에 대한 이야기를 들려준다(ii, 26).

> "고귀한 행동을 이야기할 때, 결코 베스티아의 딸이자 안티스티우스의 아내였던 칼푸르니아를 빠뜨릴 수 없다. 남편이 목이 잘려 죽자, 그녀도 바로 그 칼로 자신의 몸을 찔러 남편의 뒤를 따랐다."

안토니우스가 카이사르의 암살범들과 맞서 싸울 때 자기 정적들의 이름을 적은 목록을 만든 후 이런 말을 남겼다(ii, 67).

> "우리는 다음과 같은 사실을 반드시 지적해야 한다. 이 목록에 오른 사람들의 아내들은 대단한 정조를 가지고 있었다. 그들의 해방된 노예들은 약간의 충성심을 보여주었고, 노예들은 그보다는 덜한 충성심을 보여주었지만, 그들의 아들들은 전혀 충성심을 보여주지 않았다."

이러한 사실은 아피안의 기록에서도 얼마든지 입증될 수 있다(Bell. Civ., iv, 36 ff.). 아피안은 아주 일반적인 언급에서부터 시작한다. "남편에 대한 아내의 사랑 중에서도 주목할 만한 것들이 많이 있다." 이어서 그는 수많은 사례들을 제시하고 있다. 그중에서 몇 가지를 소개한다.

"렌툴루스의 아내는 남편이 망명길을 떠날 때 자기도 데리고 가 달라고 간청하면서, 그의 행적을 유심히 지켜보았다. 그러나 렌툴루스는 아내까지 자기에게 닥칠 위험에 노출되게 하고 싶지 않았기 때문에 혼자서 몰래 시칠리아로 떠나고 말았다. 거기서 폼페이우스에 의해서 장군으로 임명되자, 그는 비로소 아내에게 자신이 안전하다는 사실을 알렸다. 그녀는 남편의 소재를 파악하는 즉시 어머니에게서 도망쳐 (당시 그녀는 어머니의 보살핌을 받고 있었다) 하인 둘을 데리고 남편을 찾아나섰다. 그녀는 숱한 곤경을 치른 끝에 이윽고 어느 날 저녁 무렵, 레기움에서 메세네로 가는 배를 탈 수 있었다. 남편의 막사를 찾기란 어려운 일이 아니었다. 그러나 그녀는 남편이 장군복을 입고 있는 것이 아니라 머리도 자르지 않은 채 상복을 입고 땅바닥에 누워 있는 것을 발견했다. 아내에 대한 열망 때문이었다.

아풀레이우스의 아내는 만약 그가 자기를 버리고 도망치면 그의 적들에게 그 사실을 알리겠다고 협박했다. 할 수 없이 그는 그녀를 데리고 가지 않을 수 없었고 그 덕분에 적들의 의심을 사지 않고 무사히 여행을 마칠 수 있었다. 아내들과 노예들, 여자 노예들을 데리고 다녔기 때문에 아무도 그를 의심하지 않았던 것이다. 그리고 안티우스의 아내는 남편을 이불 보따리에 둘둘 말아서 바다로 데리고 갔으며, 거기서 그는 안전하게 시칠리아로 건너가는 배를 탈 수 있었다."

이것보다는 덜 충성스러운 아내들에 대한 이야기도 많이 있다. 따라서, 이 시대를 싸잡아 비난하는 것은 다소 과장된 면이 없지 않다. 타키투스는 다음과 같은 글을 남기고 있다(Ann., xv, 71).

"프리스쿠스는 망명을 떠날 때 자신의 아내 아르토리아 플라킬라를 데리고 갔으며, 갈루스 역시 에그나티아 막시밀라라는 자기 아내와 동행했다. 한때 에그나티아는 엄청난 재산을 가지고 있었다. 처음에는 아무도 그녀의 재산에 손을 대지 않았지만, 나중에는 모두 압수당하고 말았다. 이 두 가지 사례가 그녀의 명성을 한층 더 드높여 주었다."

유명한 타키투스 번역자인 A. 스타르(A. Stahr, 그는 타키투스의 모든 문장을 글자 그대로 해석하지 않았던 초창기의 몇 안 되는 학자들 가운데 한 사람이다)는 이 문장을 이렇게 설명하고 있다.

"그러한 행동을 최대한으로 평가할 수 있었던 사회라면 전적으로 나쁘다고만 할 수 없다(이것은 네로 시대 말엽에 있었던 일이다)."

여성들의 덕목에 대한 모든 사례들 가운데 가장 유명한 것은 뭐니 뭐니 해도 아리아 모녀의 영웅적인 용기에 대한 이야기다. 플리니우스의 다음과 같은 이야기는 어머니 아리아에 대한 것이다(Ep., iii, 16).

"그녀의 남편 카이키나 파이투스가 병에 걸렸다. 아들도 마찬가지였다. 알고 보니 둘 다 죽을 병이었다. 먼저 아들이 세상을 떠났다. 그는 눈부신 아름다움과 순결을 가진 청년이었다. 그의 부모는 아들의 재능을 사랑했을 뿐만 아니라 그가 자기네의 아들이라는 사실 자체를 자랑스럽게 생각했다. 아리아는 남편 몰래 장례식을 준비한 다음, 아들이 무덤에 묻히는 모습을 지켜보았다. 그녀는 남편의 방에 들어갈 때마다 마치 아직 아들이 살아 있는 척, 심지어는 이제 병에서 회복되고 있는 듯이 행동했다. 남편이 아들에 대한 이야기를 물어보면,

그녀는 항상 '잠도 잘 자고 음식도 맛있게 먹고 있어요.'라고 대답
했다. 그러다가 도저히 더 이상 눈물을 참을 수 없을 만큼 슬픔이 북
받쳐오르면, 그녀는 남편의 방에서 나와 혼자 눈물을 흘리곤 했다.
하지만 남편의 방에 다시 들어갈 때는 언제나 평온한 얼굴을 유지했
다. 그보다도 더욱 놀라운 것은 그녀의 다음과 같은 행동이었다. 그
녀는 칼을 뽑아서 자신의 가슴을 찌른 후 그 칼을 뽑아서 남편에게
건네주며 이렇게 말했다.

'파이투스, 하나도 아프지 않아요.'

그러나 그녀가 그런 행동을 하며 그런 말을 했을 때, 그녀의 눈앞에
는 불멸의 영광이 어른거리고 있었다. 그런 영광과 불멸의 보상 없이
눈물과 슬픔을 숨기는 것, 이제 그녀에게는 자녀가 없음에도 불구하
고 어머니로 행동한 것이 더 위대했다."

타키투스는 그녀의 딸에 대해서도 이렇게 말하고 있다(Ann.,
xvi, 34).

"아리아는 자기 어머니의 본을 따라 남편과 죽음을 함께 나누려 했
다. 그러나 그녀의 남편은 자기가 죽고 나면 자기네의 딸을 보살펴
줄 사람은 당신밖에 없으니 무슨 일이 있어도 살아 남아야 된다고 다
짐했다."

이상과 같은 예를 통해서 우리는 로마 여성의 해방이 대단히 다양
한 성격을 나타냈다는 사실을 짐작할 수 있다. 따라서 우리는 순전
히 도덕적인 관점에서만 해방을 비난할 수 없다는 결론을 내리게
된다. 물론 우리는 이러한 모든 과정을 여성의 성적 해방이라는 면

에서 바라볼 수 있다. 그러나 새로운 자유는 성생활에서만 표현된 것은 아니었다. 여성들이 달성한 경제적 자유라는 측면도 생각하지 않으면 안 된다.

공화제 치하의 여성들이 경제적으로 남성에게 종속되어 있었다는 점은 앞에서도 이미 설명한 바 있다. 원래 결혼은 남편이 모든 것을 철저하게 지배하는 부권으로 귀결되는 것이었다. 그러나 이러한 형태의 결혼은 점점 자유로운 결혼으로 변화하기 시작했고, 여성들은 경제적 독립을 이룩할 수 있게 되었다. 자유 결혼 제도하에서는 여자도 남편에게 지참금으로 지불한 것 외의 전재산을 가질 수 있었다. 성년에 도달한 이후 아버지가 사망한 여인은 그전까지는 아버지의 권위 아래 놓여 있었지만 이제는 재산을 가지거나 자신을 도와줄 후견인을 선정할 수 있었다. 후견인은 대개의 경우 그 여인과 밀접한 관계를 유지하고, 나아가 연인이 되는 사례도 흔히 찾아볼 수 있다. 머지않아 여성들도 남성들 못지 않은 상당한 규모의 재산을 가질 수 있게 되었다. 만약 그렇지 않았다면 기원전 169년에 렉스 보코니아에 의해 나타난 것처럼 여자는 유산을 상속받을 수 없다는 규정이 생기지 않았을 것이다. 겔리우스(xviii, 6)는 카토가 다음과 같이 말하며 그러한 법률을 제안했다는 사실을 증언하고 있다.

"무엇보다도 먼저, 아내는 많은 액수의 지참금을 가져온다. 아내는 자신이 남편에게 양도하지 못하는 거액의 돈을 받지만, 그것을 남편에게 빌려준다. 마지막으로 화가 난 아내는 빚쟁이들에게 자기 남편을 쫓아가서 독촉을 하라고 말해 버린다."

이 법은 지금도 많은 학자들 사이에 논란을 불러일으키고 있다. 물론 어차피 그 법이 큰 영향을 미치지는 못했을 것이다. 상속법은 시간이 갈수록 여성에게 유리하게 바뀌어 갔기 때문에, 유스티니아누스 시대에 이르러서는 여자도 남자와 거의 동등한 권리를 가지게 된다. 여성들은 드디어 법적으로나 경제적으로나 독립을 달성한 것이다. 그러나 그 마지막 단계에 이르면 그리스도교 시대로 접어들면서 그 힘을 잃게 되지만, 우리로서는 거기까지 돌아볼 형편이 되지 못한다.

정치적 관점의 여성 해방

초기 로마의 여성들은 성에서의 자유와 경제적인 자유, 그 이외에도 정치적 해방을 경험한다. 물론 이것은 앞의 두 가지 자유와 비교하면 훨씬 덜 중요한 문제이긴 하지만, 여기에도 나름대로 흥미로운 구석이 있기 때문에 잠깐 짚고 넘어가는 것이 좋을 듯하다. 이 대목을 빠뜨릴 경우 완전한 로마 여인상을 그려낼 수가 없기 때문이다.

로마의 여성들은 정치적 권리가 전혀 없었다. 겔리우스(v, 19)에 "여성들은 시민회의에 참석할 수 없었다."라는 구절이 나오는 것으로도 충분히 짐작할 수 있는 일이다. 그러나 이것과는 대조적으로, 로마의 부인들은 그리스의 부인들보다는 훨씬 더 많은 개인적 독립을 누리고 있었다. 로마의 여인들은 남자들과 함께 식사를 할 수도 있었고, 주택의 제일 첫째 방에서 기거할 수도 있었으며, 코르넬리우스 네포스가 자기 저서의 서문에서 말한 것처럼 사람들 앞에 모습을 드러낼 수도 있었다. 리비우스(v, 25)의 기록에 의하면 갈리아의 침략 당시 여인들은 금이나 보석 등을 나라에 바칠 수 있었으며, 바퀴가 네 개 달린 마차를 타고 종교적인 축제나 행사에 참석할 수도 있었다. 평일에도 바퀴가 두 개 달린 마차를 타고 여행을 할 수 있었다. 그 밖에 여자들만 참석할 수 있는 특정한 종교 행사가 있었다.

코리올라누스가 로마를 공격했을 때 여인들이 보여준 행동을 상기할 필요가 있다. 가부장적인 가족 제도의 속박에서 벗어난 여인들은 공통의 관심사를 추구하기 위해 자기네끼리 힘을 합치기도 했다. 이러한 단계에 대한 정확한 증거는 없지만, 티베리우스 시대의 저술가들은 결혼한 여인들이 이른바 '오르도 마트로나룸(ordo matronarum)'이라는 계층을 형성하고 있었음을 증언하고 있다 (Val. Max., v, 2, I).

세네카(fr. xiii, 49)의 작품에는 이런 구절이 나온다.

"한 여인이 값비싼 옷을 입고 거리에 나온다. 또 한 여인은 모든 사람들의 존경을 받고 있다. 그러나 나는 가련하게도 여인들의 모임에서 경멸을 받고 있다."

수에토니우스(Galba, 5) 역시 여인들의 모임을 알고 있었기 때문에 그들의 관심사를 정확하게 표현할 수 있었다. 헬리오가발루스 황제(Ael. Lamprid. Heliog., 4) 치하에서는 퀴리날에 '여자 원로'들을 위한 회의실이 따로 지어졌다. 그곳은 '코누엔투스 마트로날리스(conuentus matronalis, 결혼한 여인들의 모임)'가 벌어지는 곳이었다. 람프리디우스는 '물리에룸 세나투스(mulierum senatus)'라는 표현을 쓰기도 한다. 그러나 그는 이 모임을 '우스꽝스럽다'고 말하며 그들의 주요 관심사는 예절과 관련된 문제였다고 주장한다. 따라서 정치적으로는 전혀 중요하지 않았다는 것이다. 아마 이러한 모임이 정치적이기보다는 종교적인 여성 단체로 변화했을 것이라는 프리틀란더의 추측(History of Roman Morals, v, 423)은 사실인 것 같다.

리비우스가 그토록 생생하게 묘사한 사건(xxxiv, I)도 정치적으로는 중요한 문제가 아니다. 그러나 그것은 로마 여성의 성격을 이해하기 위해서는 무척 중요한 비중을 차지하기 때문에 약간 자세하게 살펴보아야 할 필요가 있다.

한니발 전쟁에 찌들어 있던 기원전 215년의 로마인들은 '렉스 오피아(lex Oppia)'라고 하는 법을 도입했다. 이것은 여성의 장신구와 마차 사용을 제한하는 법률이었다. 그러나 로마가 승리를 거두고 나자 이러한 제재가 불필요해졌으며, 여성 스스로가 이 법률을 폐지시키기 위해 발벗고 나서기도 했다. 그러나 이것은 195년에 가서야 보수주의자 중에서도 최고의 보수주의자로 꼽히는 카토가 모든 영향력과 권위를 총동원하여 안간힘을 썼음에도 불구하고 결국 폐지되고 만다. 이것에 대한 리비우스의 설명은 다음과 같다.

"코앞에 닥치거나 막 끝난 큰 전쟁의 흥분은 별로 중요하지는 않지만 끈질긴 투쟁으로 이어지는 사건 때문에 방해를 받게 되었다. 하원의 호민관이던 푼다니우스와 발레리우스가 오피안 법률의 철폐를 제안한 것이다. 이것은 포에니 전쟁 당시인 파비우스와 셈프로니우스 집정관 시절, 역시 하원 호민관이던 오피우스가 입안한 법률이었다. 이 법률은 어떠한 여성도 반 온스 이상의 황금을 소유할 수 없으며, 다양한 색채의 의복을 입을 수 없고, 특별한 종교 행사를 제외하고는 로마나 기타 지방에서 마차를 탈 수 없다는 등의 규정을 정하고 있다. 호민관 마르쿠스와 푸블리우스 유니우스 브루투스는 이 법을 옹호하며 결코 폐지시킬 수 없다고 주장했다.

이 법에 대한 찬반을 둘러싸고 수많은 유명 인사들이 날카로운 의견 대립을 보였다. 이 법을 지지하는 사람들도 많았지만 그만큼 반대하는 세력도 만만치 않았다. 남편의 명령은커녕 황제의 명령이더라도 여인들을 집 안에만 가둬둘 수는 없었다. 참다 못한 여인들은 로마의 거리를 우르르 몰려다니거나 광장으로 뛰쳐나가 지나가는 남자들을 붙잡고 예전에 자신들이 누리던 사치가 다시 합법화되도록 해 달라고 간청하곤 했다.

거리로 몰려나오는 여성들의 수는 하루가 다르게 늘어나기 시작했다. 심지어는 조그마한 지방 마을에서 도시로 나오기까지 했다. 그녀들은 정치적인 영향력을 행사할 수 있는 사람들을 일일이 쫓아다니기도 했지만, 결국 카토는 꿈쩍도 하지 않는다는 사실을 알아차렸다."

리비우스는 또한 완고한 보수주의자 카토와 자유주의자 발레리우스 사이의 대표적인 논쟁을 소개하고 있다. 다시 말하면 그 법률의 철폐를 둘러싼 찬성과 반대의 모든 의견들을 근거 있게 소개하고 있는 것이다. 그들의 연설 가운데 가장 흥미로운 부분은 법적, 공적 생활 속에서의 여성의 이상적인 지위와 성격에 대한, 전적으로 상반되는 견해이다.

카토의 의견은 이러하다.

"우리의 선조들은 여성이 후견인의 감독 없이는 어떠한 일도 해서는 안 된다는 교훈을 남겼으며, 또한 여성들이 부모와 오빠와 남편의 권위에 복종할 것을 명령하였다. 그러나 우리는 여인들에게 이 나라의 정부에 참여할 수 있는 권한을 주었으며 그들이 광장이나 회의나 투표 때도 남성들과 어울릴 수 있도록 허용하였다. 하지만 정작 그녀들이 지금 이 순간 하고 있는 행동은 어떠한가? 이 법률의 폐지를 위해 투표하고 호민관을 유혹하는 것 외에 어떠한 활동을 하고 있단 말인가?

그토록 제멋대로인 여성들에게 재갈을 물려 더 이상 지나친 행동을 하지 못하게 해야 한다. 무언가 대책을 세우지 않으면 이것은 여성의 반역에 대한 최소한의 도덕적, 법률적 책임이 될 것이다. 그녀들이 원하는 것은 모든 것에서의 자유다. 혹은 보다 솔직하게 말하자면, 모든 것에 대한 허가다."

카토는 이 연설의 말미에서 여성들이 더 큰 사치를 누리기 위해 자유를 원하고 있다고 비난했다.

"여성의 이러한 반역에 대한 가장 그럴듯한 구실이 무엇인가?

'우리는 황금 장신구와 아름다운 색깔의 옷을 원한다.'

'우리가 법을 정복하고 철폐시킨 대가로 평일이든 축일이든 마차를 타고 시내를 돌아다니기를 원한다.'

이것이 바로 그녀들이 내세우는 핑계다. 그녀들은 사치와 과시욕을 발휘하기 위해 그 어떤 제한도 거부하려고 하는 것이다."

호민관 발레리우스는 다음과 같은 선언으로 카토에 대하여 맞섰다.

"이 법이 있기 전의 여성들은 대중 앞에 모습을 드러낼 수 있었다. 코리올라누스를 만났던 사비네 여인들을 생각해 보라. 뿐만 아니라 상황이 허락하는 한, 가장 빠른 시일 내에 자연스럽게 법률을 폐지하는 것이 옳은 일이기도 하다. 다른 모든 계급이나 모든 남성들은 조국의 번영의 혜택을 누리는 반면, 우리의 아내들만은 평화와 안정의 과실을 빼앗겨야 한단 말인가?

우리 남자들은 공식적인 장소나 종교적인 행사에 참석할 때 주홍색 옷을 입어야 한다. 우리의 자녀들도 주홍색 줄무늬가 들어간 토가 (toga, 고대 로마에서 시민이 입던 겉옷으로, 5×2m 정도의 타원형의 염색되지 않은 모직이나 비단을 몸에 칭칭 감고 나머지는 왼쪽 어깨에 걸쳐 뒤로 늘어뜨렸는데, 남자는 14세가 되면 성년의 표시로 착용했다)를 입을 것이다. 우리는 식민지 마을이나 로마의 가장 하급 관리들이 주홍색 줄무늬 옷을 입을 수 있는 권리를 인정한다. 그들은 살아 있는 동안만이 아니라 죽어서도 그 옷을 입고 묻힐 수 있다. 그런데도 여성들에게는 주홍색 옷을 입지 못하도록 해야 하는 것인가? 남자는 주홍색 안장 방석을 가질 수 있는데도 그 아내는 주홍색 망토를 걸칠 수 없단 말인가? 도대체 말을 아내보다도 더 아름다워 보이게 해야 할 이유가 무엇인가?"

발레리우스는 설사 승인이 이루어진다 해도 여성들은 그 이후로도 계속해서 남편이나 아버지의 권위 아래 놓여 있을 것이라는 점을 강조하고 있다.

"혈연이 살아 있는 한 여성은 결코 노예 상태에서 완벽하게 해방되지 못한다. 또한 여자 자신도 설마 과부가 되어서까지 자유를 누리게 해 달라고 기도하지는 않을 것이 아닌가. 그녀들은 법률에 의해서가 아니라 자기 자신의 판단에 따라 장신구를 결정할 수 있기를 원하고 있다. 남편들도 아내를 노예로 삼기보다는 자신의 권위와 후견 속에서 그들을 보호하기를 원할 것이다. 아내에게서 주인이라고 불리는 것보다는 아버지나 남편으로 불리는 것이 훨씬 나을 테니까. 그들은 약하기 때문에 당신이 내리는 어떠한 결정이라도 수용하지 않을 수 없을 것이다. 당신이 더 큰 힘을 가지면 가질수록 그 힘을 사용할 때는 한층 더 신중해야 한다[테우퍼(Teufer)의 뛰어난 소책자 《고대 로마에서의 여성 해방의 역사에 대하여(On the History of Woman's Emancipation in Ancient Rome)》를 참조]."

리비우스의 저서에 실려 있는 이러한 연설은 신빙성 있는 근거를 제시하지는 못하고 있다. 그러나 그것들은 반대의 분위기와 대략적인 개요는 충분히 드러내 준다. 리비우스 시대에조차 지배 계급인 남성들은 여성 해방에 반대하고 있었다. 이 기념비적인 회의 이후에도 여성들은 불합리하다고 생각되는 법률을 폐지시키기 위해 온갖 노력을 기울였다는 사실을 반드시 기억해야 할 것이다. 그러나 이러한 성공을 이용하여 여성들이 로마 정부에 무언가 중요한 영향력을 행사하려 했다고 상상하는 것은 곤란하다. 여성들은 무슨 일이 있어도 정치에는 참여할 수 없다는 것이 기본적인 규정이었기 때문이다.

그러나 지적이고 강한 의지를 가진 로마 여성들은 남편에 대한 강력한 정치적 영향력을 가지고 있었다. 이것을 설명하기 위해 타나퀼이나 에게리아 같은 전설적인 인물을 들먹일 필요는 없다. 그라쿠스의 어머니인 코르넬리아, 부루투스의 아내였던 포르키아, 혹은 아우구스투스 황제의 아내였던 현명하고도 신중한 리비아 등을 생각해 보는 것만으로도 충분하기 때문이다. 로마 역사에는 강렬한 야심을 가진 여성들이 많이 기록되어 있다.

예를 들어 마르쿠스 안토니우스에게 자신을 사랑한다는 맹세가 담긴 은화를 지니고 다니게 만들 만큼 꼼짝도 못하게 그를 지배했던 풀비아가 있다(Plutarch Ant., 10). 안토니우스는 결국 그녀에게 "지배자를 지배하고 지휘자를 지휘할 수 있는" 권한을 부여해 주었다. 그 밖에도 역사를 보면, 아그리파를 지배했던 네로의 어머니 아그리피나와 카라칼라의 어머니 율리아 돔나, 그리고 헬리오가발루스의 할머니 율리아 마이사 등의 야심만만한 여성들을 만날 수 있다.

자유 연애

쾌락과 도덕의 관계

초창기의 로마에는 결혼 이외에도 다양한 성관계가 존재했다는 사실은 앞에서도 언급한 바 있다. 학자들은 아직도 그런 현상의 기원에 대하여 의구심을 품고 있다. 갈리아 침공 이전 시기에 대해서는 믿을 만한 증거가 없기 때문에 로마 역사의 첫번째 세기 동안 어떻게 하여 이러한 성관계가 발생하고 발전해 갔는지를 정확하게 설명하기란 불가능한 일이다. 편견을 가진 리비우스와 같은 저술가들이 보여 주는 증거는 의식적으로건 무의식적으로건 부패한 현실을 고려할 때 더 좋고 더 순결한 과거를 나타내기 위한 의도를 가지고 있었다. 따라서 우리는 루크레티아의 정조와 죽음에 대한 이야기가 역사적인 진실이라고 간주할 만한 근거가 없다. 또한 공화제 초창기 때가 리비우스 자신이 활동했던 초창기 제국 시절보다 훨씬 더 확고한 도덕관을 가지고 있었다고 결론지을 근거도 없다.

카일리우스에 대한 키케로의 연설에는 학교에서는 배울 수 없는 대단히 중요한 문장이 나온다(20).

> "젊은 남자는 창녀하고도 섹스를 즐기지 못하게 해야 한다고 생각하는 사람이 있다면, 그가 대단히 옳은 생각을 가졌다는 사실을 부정할 수는 없음에도 불구하고, 오늘날의 자유로운 생활상과는 물론이고, 심지어는 우리 선조들이 인정했던 규범과 용인에도 미치지 못하는 생각을 하고 있다고 보아야 한다. 그런 것이 관례가 아니던 때가 언제인가? 그런 것이 비난 받던 때가 언제인가? 그런 것이 허용되지 않던 때가 언제인가? 합법적인 권위를 가진 행동이 불법적인 것으로 심판받던 때가 언제인가?"

세네카는 그와 같은 맥락에서 이렇게 쓰고 있기도 하다(Conrt., ii, 4, 10).

> "그는 잘못한 것이 없다. 창녀를 사랑하는 것은 조금도 희귀한 일이 아니다. 그는 아직 젊기 때문이다. 조금만 기다려보라, 그도 정신을 차리고 정숙한 아내와 결혼을 할 것이다."

조금 더 나이가 들었을 때의 세네카는 이렇게 말했다.

> "나는 내 나이에 허용된 쾌락을 즐기며 젊은이를 위해 만들어진 규정

에 따라 살아간다."

호라티우스의 기록에 의하
면 누구보다도 엄격한 도덕
주의자였던 카토 역시 이 문
제에 대해서만큼은 대단히
관대했다. 호라티우스의 다
음과 같은 시를 읽어보자
(Sat., i, 2, 31 ff.).

시칠리아의 피아자 아르메리나 궁전의 모자이크

한 귀족이 매음굴을 나서며 카토의 지혜를 인용한다.
'그대에게 복이 있으라!
혈관 속이 뜨거운 욕정으로 요동치는 젊은이는 은밀히 혼자서 맷돌
을 갈기보다는 창녀를 찾아가는 것이 낫다.'

우리는 이러한 자료들을 통해서 초창기에 대한 진실을 파악할 수
있다. 특히 키케로의 선언에서는 젊은 남자에게 창녀와의 접촉을
금지할 정도로 엄격한 도덕률을 적용하지 않았다는 사실이 드러난
다. 이런 측면에서는 로마도 키케로 시절과 비교할 때 그다지 큰 차
이를 보이지 않는다. 또 한 가지 재미있는 사실은 리비우스(그는 다
른 곳에서는 시종일관 병사들이 아시아에서 처음으로 사치품을 들
여왔다고 주장한다)가 자신의 첫번째 저서에서 몇몇 저술가들의 말
을 인용하면서, 로물루스와 레무스의 양어머니인 라렌티아가 목동

들에 의해 '루파(Lupa)'라고 불렸다는 사실을 지적하고 있다는 점이다. '루파'는 '암여우' 또는 '정숙하지 못한 여성'을 의미한다. 또한 포르세나 시대 직후에 리비우스는 다시 한번 차분한 어조로 이 이야기를 들려 주고 있다(ii, 18).

> "금년에는 몇몇 젊은 사비네 청년들이 공적인 행사에 창녀들을 데리고 오는 바람에 한바탕 소란이 일어났다. 이 사소한 사건이 마치 폭동이 일어난 것처럼 보일 정도였다."

이것은 당시 로마에도 그런 사람들이 있었다는 사실을 뒷받침해 준다.

팔다무스는 《로마의 성생활(Roman Sexual Life (1833))》이라는 자신의 저서에서, "육체적인 관계에 대해 초창기 라틴어만큼 노골적이고 천박한 묘사를 자행한 언어는 일찍이 찾아볼 수 없었다. 이것은 노니우스와 페스투스 등의 옛날 자료를 한번 훑어보기만 하면 금방 알 수 있다. 모든 어휘들은 더할 나위 없이 난잡하고 지저분하다."는 사실을 분명히 지적하고 있다.

우리는 또한 플라우투스의 번역자인 L. 구를리트의 견해를 인용해 볼 수도 있다(구를리트는 정직하고 편견 없는 자세로 문명사를 공부한 학자였다. 그러나 그의 견해에 동의하지 않는 비평가들은 '반쪽 지식'이라는 혹독한 어구를 동원해 가면서 그를 맹렬히 비난하기도 했다. 다음에 인용할 문장은 그의 《Erotica Plautina》 15페이지에 나오는 대목이다).

"도덕적 타락이 전역을 휩쓸던 시절, 로마인들은 자기네를 위하여 가장 이상적인 과거를 창안해 냈다. 오늘날까지도 학생들은 고상하고 원시적인 사람들의 모습을 그린 로마 시인이나 저술가들의 문장을 읽어야 하는 지경이다. 교육자들이 이러한 발췌문을 가르칠 때는 진실이 그와는 다른 측면을 가지고 있었다는 사실을 잊지 말아야 할 것이다."

로마에서는 매춘과 젊은이들이 빈번히 창녀를 찾아가는 것이 공공연한 풍습처럼 되어 있었던 것이 사실이다. 로마인들은 그런 풍습이 그리스에서 건너올 때까지 기다릴 필요도 없었다. 앞에서도 말한 것처럼, 결혼의 순결과 처녀성의 보호는 별개의 문제였다. 그러나 젊은 남자에게 결혼 전까지의 금욕을 요구하는 것은 로마 사회에서는 부자연스러운 것으로 보일 정도였다.

로마의 매춘

이제 우리는 로마에서 매춘이라는 이름 아래 나타난 현상들을 보다 자세하게 논의할 차례가 되었다. 물론 매춘이라는 개념 자체가 현대적인 관점에서는 상당히 일방적인 것으로 보이기는 하지만 말이다. 그러나 우리는 먼저 우리가 오늘날 매춘이라고 부르는 것과 로마의 자유로운 성관계 사이의 근본적인 차이점에 주의를 기울이지 않으면 안 된다. 요즘은 매춘부라 하면 사람들의 존경을 받을 수 있는 정상적인 시민으로서의 위치를 박탈당한 여성을 가리키게 마련이다. 하지만, 로마에서는 합법적으로 결혼을 하지 않고 남자와 성관계를 맺는 여성은 노예(어차피 더 이상 잃어버릴 사회적 신분도 없는)일 수도 있고, 해방된 여성(역시 마찬가지다)일 수도 있으며, 혹은 상류층에서 자유로운 삶을 살아가는 여성일 수도 있다. 물론 그런 여성들은 엄격한 도덕관을 가진 일부 사람들에게는 천박한 여자들로 비칠 수도 있다.

그러나 이것 한 가지만은 확실하다. 섹스와 관련된 모든 것은 지극히 자연스러운 것으로 간주되었으며, 섹스에 대한 사고방식은 지금보다 훨씬 더 간단하고 순진했다는 사실이다. 이러한 다소 '가벼운' 여성들은 하나같이 비너스와 큐피드에게 봉사하는 몸종으로 치부되었다. 그들은 극심한 양심의 가책을 느끼지도 않았고, 따라서 요즘의 창녀들처럼 비천한 삶을 살아가는 것도 아니었다.

이렇게 자유로운 사랑을 나누는 사람들 중에서도 몇 가지 유형을 구분해 볼 수 있다. 팔다무스가 시도한 것이 바로 그것이었다. 그러나 유명한 시인의 사랑을 받을 수 있는 행운을 누린 여성이라면 과거의 장막 너머로 이름 없이 묻혀버린 다른 평범한 여성들보다 훨씬 높은 사회적 지위를 차지하고 있었음이 분명하다. 그들 사이에서 더 높은 계층과 더 낮은 계층을 구분하는 것이 실제로 가능한 일일까? 아무래도 거기에는 의심스러운 면이 없지 않다. 따라서, 보통 평범한 로마 사람과 육체적 쾌락을 위해서만 자신의 몸을 바치는 여성들이 많이 있었다는 것도 전혀 놀라운 일이 아니며, 반면 더 높은 지위, 더 큰 가치를 지닌 사람들이 그만큼 적었다는 사실 역시 조금도 놀라운 일이 아니다.

카툴루스의 레스비아 — 실제로 그녀가 누구였든지 — 는 확실히 남다른 개성을 가진 여성이었다. 또한(만약 그것이 전적으로 시인의 피조물이 아니라면) 그녀가 이프시틸라가 아니었다는 사실 역시 확실하다. 우리가 로마 남성들과 육체적 관계를 맺은 것으로 알고 있는 많은 여성들 중에서 정말로 기억에 남을 만한 개성을 지닌 사람들도 더러 있다. 학식이 높고 세련된 교양을 갖추고 있어서, 그저 남자의 성적 욕구만을 충족시켜 주었다고 볼 수만은 없는 여성들이 있었다.

이름난 시인들에게 영감을 불어넣어 준 이런 여성들에 대해서는 뒤에서도 자세히 다룰 기회가 있을 것이다. 하지만 팔다무스가 말한 다음의 이야기는 틀림없는 사실이라는 것은 여기서도 충분히 이해할 수 있다.

"연인들의 시에서 찬미의 대상이 되었던 여성들은 누구인가? 그들은 결코 특정한 사회 계층에 속하는 유부녀는 아니었을 것이다. 그들이 매춘부가 아니었다는 사실 또한 명백하다. 그들은 어떤 방식으로든 자유로운 남자들과 비슷한 계층의 여성이었을 것이다. 그들은 남들보다 높은 교육 수준과 다재다능한 재주를 무기로, 자기네에게 부족한 시민권이나 권위를 벌충할 수 있었을 것이다. 또한 때때로 그녀들은 그러한 권리가 억압적이고 부담스럽다는 이유로 거절하기도 했을 것이다. 다시 말해서 귀족과 하층 여성 사이의 중간적인 계급을 형성했을 것이다."

살루스트의 셈프로니아 같은 여성을 그런 계급에 포함시킬 수 있을지 여부에 대해서는 뭐라고 단정을 내릴 수 없다. 그녀는 귀족 출신이었으며 집정관의 아내이자 카이사르의 암살자 가운데 한 사람인 유니우스 브루투스 알비누스의 어머니였다. 따라서, 그녀는 성적인 측면만으로는 판단할 수 없는 계층의 여성이었다. 나는 그녀가 주변 사람들에게는 상당한 오해를 불러일으켰음에도 불구하고 결코 매춘부는 아니었던, 해방된 여성 가운데 한 사람이 아니었을까 하는 생각을 하고 있다. 우리는 과거의 역사 뿐만 아니라 현대에서도 그런 유형의 여자들을 얼마든지 볼 수 있다. 그들은 블뤼허가 자신의 유명한 저서 《성생활의 역할(The Role of Sexual Life)》(ii, 26)에서 "자유로운 여성"이라고 부르는 다소 비상식적인 타입에 속한다고 볼 수 있다.

> "자유로운 여성은 중간 세상에 소속된다. 그녀들의 정신은 특정한 남성에 의하여 지배된다. 그녀들의 외모는 생동감 있는 실존 인물을 연상시키는데, 이는 남성 예술가가 햄릿처럼 부드럽고 민감한 성향을 보여주는 것과도 비슷한 경우다. 자유로운 여성은 자기가 여자라는 것 때문에 많은 고민을 한다. 그녀들은 사랑을 나눌 때에도 기교와 철학을 동원하여 자기네들 마음대로 만든 규정과 법률로 여성들을 억압하는 남성들과 동등한 권리를 요구하는 경향을 보여준다. 그러나 자유로운 여성은 여성 자체에게 가장 큰 가치, 즉 에로스를 선물해 주는 학생이자 예언가라고 할 수 있다. 그러나 나이를 불문하고 모든 여성들을 이러한 두 가지 유형으로 구분하는 것은 의심의 여지가 없으며, 그녀들은 그들에 대한 두려움에 따라 그들을 배척하기도 하고 숭상하기도 했다. 그러나 이러한 유형은 사회적 판단에 종속되는 것이기 때문에 우리는 그것이 사회적인 유형이라고 생각할 수는 없다. 그것은 자연적인 현상이다. 아내로 태어나는 사람이 있는가 하면 매

춘부로 태어나는 사람도 있다. 또한 자유로운 사랑을 추구하는 여자
라면 결코 결혼을 함으로써 아내가 될 수는 없다."

로마의 유명한 매춘부들 중에는 배우나 무희, 그보다 좀 낮은 등
급으로는 하프 연주자를 비롯한 음악가들이 많다는 사실이 블뤼허
의 견해를 뒷받침해 준다(그런 여성들은 낡은 도덕으로부터 해방되
고 옛 로마인들로부터 타락했다고 불리던 해방된 여성들과 마찬가
지로 블뤼허에 의해서 '매춘부'라는 이름이 붙여졌다). 술라는 종
종 그런 여성들과 어울렸으며, 키케로는 어떤 키테리스(Ad fam.,
ix, 26)와 함께 저녁을 먹기도 했다. 또한 철학자들이 유난히 '교육
을 많이 받은 매춘부'들과 어울리는 것을 좋아했다는 마크로비우스
의 언급도 이해하지 못할 바는 아니다.

그러나 매춘부와 이윤을 위해서 사랑을 나누지는 않는 자유로운
삶을 살아가는 여성을 명확하게 구분하기란 쉬운 일이 아니다. 그
것은 우리 시대의 첫번째 세기가 시작될 때, 즉 티베리우스 시대의
법령에서도 나타난다. 그 법령은 할아버지나 아버지, 혹은 남편이
로마의 기사인 경우에는 여자가 돈을 위해 자신의 몸을 파는 행위
를 금지하고 있다(Tac. Ann., ii, 85). 물론 초창기에는 그런 일이
그리 잦지는 않았을 것이다. 왜냐하면, 여성들은 주부로서의 사회
적 지위에서 벗어날 기회가 그만큼 적었기 때문이다.

이제 초창기 로마의 진짜 매춘부들에 대해서 살펴보도록 하자.
여기서의 매춘이란 의도적으로 돈을 벌기 위해 성적인 목적으로 자
신의 몸을 바치는 여성을 말한다. 먼저 오랫동안 그런 개념 자체가

만들어져 있지 않았다는 사실을 지적하고 넘어갈 필요가 있다.

몸젠은 《로마의 형법(Roman Penal Law)》이라는 저서에서 이렇게 말하고 있다.

"로마 공화국이 음란성을 비교적 관대한 태도로 대한 것은 도덕의 타락과 후안무치하고 무분별한 성관계와도 밀접한 연관이 있다."

우리가 이 문장을 인용하는 것은 이 문제에 대한 초창기 로마의 태도를 살펴보기 위해서일 뿐, 법이 그것을 옹호했다고 하는 그 견해가 내포하고 있는 주장을 인정하기 위해서가 아니다. 아우구스투스가 도덕에 대한 법률을 만들었다는 사실은 여기에 아무런 영향도 미치지 못한다. 몸젠의 견해에 의하면, 그것 때문에 나아진 것이 아무것도 없기 때문이다. 그러나 원래 로마에는 혼외의 성관계를 금지하는 규정이 없었던 것은 사실이다.

그러나 타키투스(Ann., ii, 85)에 의하면, "초기 로마의 풍습을 이어가기 위해" 매춘부를 공식적으로 등록시키는 제도가 있었다고 한다. 예를 들어 삼니움 전쟁 당시까지만 해도 귀족 계층에 속하는 여성들이 몸을 팔면 벌금을 물릴 수 있도록 되어 있었다(Liv., x, 31). 그 후 한니발 전쟁이 일어날 무렵에는 그런 여성들이 실제로 추방을 당하는 처벌을 받아야 했다(Liv., xxv, 2). 따라서 귀족 계층에 속하지 않는 사람은 자기가 원하는 것만큼의 자유로운 성생활을 누릴 수 없었다.

관리관에 의해서 이름이 등록된 직업적인 매춘부는 예외였다. 타키투스가 이렇게 매춘부로 이름이 등록되는 것은 일종의 처벌로 간주되었다고 말했을 때(우리의 선조들은 죄를 고백하는 것이 불륜의 여성에게는 충분한 벌이 된다고 생각했다), 그는 자유롭게 혹은 돈 때문에 자신의 몸을 바치는 여성들이 지배 계층으로부터 "도덕적으로 순결하다."고 하는 인정을 받고자 하는 마음이 별로 없었다는 사실을 잊고 있었던 듯하다. 그렇지 않다면 고귀한 신분을 타고난 여성들이 자유로운 삶을 살아가기 위해 매춘부 명단에 이름을 올리는 것을 금지시켰다고 하는 언급이 의미를 상실할 것이다.

매춘부 명단에 이름이 오른 직업적인 창녀들은 예외없이 노예 신분의 여성들이었다. 자유로운 삶을 누리고 있는 여성들도 대개는 과거에 노예였다가 해방된 사람들이었다. 적어도 그들은 태어날 때부터 로마인이 아니었던 것이다.

매음굴의 광경

로마 최초의 매음굴이 탄생한 것이 언제인지는 확실하게 알 수가 없다. 그러나 플라우투스가 그런 매음굴의 존재를 알고 있었던 것은 분명하다(이에 대한 자세한 설명은 한스 리히트의 《그리스 성 풍속사》를 참조할 수 있을 것이다). 그 대신 여기서 덧붙이고 싶은 것은 매음굴이 카일리안과 에스퀼리네 언덕 사이의 수부라 지역, 즉 로마의 제2지역에 있었다고 하는 사실이다.

그러나 유베날리스를 비롯한 몇몇 학자들의 주장에 의하면, 비쿠스 파트리키우스와 키르쿠스 막시무스, 그리고 성벽 외곽에도 매음굴 역할을 하는 장소가 있었다고 한다. 유베날리스와 카툴루스, 페트로니우스 등은 흔히 그런 곳을 '루파나리아(Lupanaria, 매음굴)'라고 불렀다. 리비우스와 호라티우스, 마르티알 등은 '포르니케스(fornices, 간통)'라는 단어를 사용했다.

우리는 폼페이에 보존되어 있는 '루파나르(Lupanar, 매음굴)'를 통해서 그 지역의 중요한 도시들에는 거의 모두 다 매음굴이 있었다는 사실을 확인할 수 있다. 출입구에 음란한 그림이 걸려 있는 어두컴컴하고 조그만 밀실들은 지저분하고 건전하지 못한 인상을 짙게 풍긴다. 그러나 그 당시에조차 전염병을 예방하고 청결함을 유지하기 위해 청소나 목욕 등에 많은 노력을 기울인 흔적은 찾아볼 수 있다(여기에 대한 보다 자세한 정보는 블로흐의 《매독의 기원(Origin of Syphilis)》(ii, 652 ff.)을 참조하기 바란다).

매음굴 주인은 '레노(leno, 남자 포주)'나 '레나(lena, 여자 포주)'라고 불렸다. 매음굴에서 살고 있는 아가씨들은 노예였다. 이러한 욕정의 하인들 사이에서는 사업이 꽤나 번창했을 것이 틀림없다. 플라우투스(Persa . 665)에는 아라비아에서 데려왔다는 아가씨에게 240파운드를 지불했다는 대목이 나온다. 세네카(Controv., i, 2, 3)는 납치해 온 아가씨를 팔아넘기는 장면을 다음과 같이 묘사하고 있다.

"여자를 발가벗긴 채 바닷가에 세워놓으면, 살 사람들이 와서 자세히 살펴본다. 그들은 여자의 몸 구석구석을 들여다 보고 만져 보기도 한다. 이 거래가 어떻게 끝나는 줄 아는가? 파는 사람은 해적, 사는 사람은 포주다."

마르티알의 시 속에는 이러한 대목이 나오기도 한다(vi, 66).

> 도덕이 의심스러운 여성이(수부라를 찾아가곤 하던)
> 경매에 붙여졌다.
> 서서히 가격이 올라가기 시작한다.
> 그녀를 사고 싶어하는 사람들은
> (그녀의 반항에도 불구하고) 그녀를 애무하거나 키스를 퍼붓는다.
> 결과가 어떻게 되었을 것 같은가?
> 누군가 5파운드를 불렀지만 어림도 없었다.

로젠바움의 《매독의 역사(History of Syphilis)》(ed. 6, 1893,
pp. 111 ff.)에서 소개된 사실들 중에는 대단히 중요한 의미를 가지
는 것이 있다. 그는 키르쿠스 막시무스 주변에 머물고 있던 수많은
창녀들에 대한 이야기를 들려주는데, 그들은 게임에서 사디즘적인
쾌락을 맛본 남자들에게 더 큰 성적 흥분을 충족시켜 주려는 목적
을 가지고 있었다.

로마는 물론 다른 도시에도 매음굴에 기식하는 매춘부들 외에 성
적인 목적에 봉사하는 여성들이 많이 있었다. 여관이나 제과점, 식
당 주인 등은 손님들에게 향응을 베풀기 위해 이런 종류의 노예 여
성들을 데리고 있는 경우가 많았다(Hor. ep., i, 14, 21).

이른바 '스코르타 에라티카(scorta erratica, 떠돌이 매춘부)'라
고 하여 일정한 거처 없이 떠돌아다니는 매춘부들도 있었다. 라틴
어에는 이런 여자들을 일컫는 단어들이 아주 많다. 밤나방을 뜻하
는 '노크틸루카이(noctilucae)', 배회하는 사람이라는 뜻의 '암불

라트리케스(ambulatrices)', 묘지기라는 뜻을 가진 '부스투아리아이(bustuariae)'—그녀들은 직업적인 문상객들과 함께 공동묘지에서 일을 하는 것으로 알려져 있다—그리고 그중에서도 가장 등급이 낮은 부류는 2페니를 뜻하는 '디오볼라리아이(diobolariae)'라고 불렸다. 그밖에도 다른 이름들은 얼마든지 있다. 이러한 여성들은 모두 길모퉁이나 목욕탕, 도시의 인적 없는 변두리, 그리고 마르티알(i, 34, 8)에 의하면, 심지어는 무덤에서도 장사를 하곤 했다.

이런 여성들의 수가 많았다는 사실은 그만큼 수요가 많았다는 반증이 되기도 한다. 그렇다면 그들의 고객은 누구였을까? 무엇보다도 젊은 남자들이 주요 고객층을 이루었으리라는 것은 쉽게 짐작할 수 있다. 결혼 전 남성의 성적인 생활에 대한 로마의 자유분방한 견해에 대해서는 앞에서도 언급한 바 있다. 젊은 총각이 매춘부를 상대로 자신의 욕망을 충족시키는 것은 조금도 이상한 일이 아니었다.

하지만 우리는 여기서 다른 한 가지 사실도 간과할 수 없다. 카시우스 디오의 말에 의하면(54, 16), 제국 초창기의 로마에는 남자보다 여자의 수가 훨씬 더 적었다고 한다. 프리틀란더의 분석으로는 여성 인구가 남성 인구보다 17%나 적었다고 한다. 따라서 남성들 중에는 아무리 결혼을 하고 싶어도 못하는 사람들이 있게 마련이었고, 그러니 그들이 매춘부를 찾아가는 것은 당연한 일이었다.

젊은 남자 외에도 군인이나 선원, 자유민, 노예, 옥수수 상인과 같은 소규모 사업가, 정육업자, 기름 상인 등도 매춘부의 주요 고객을 이루었다. 플라우투스의 기록에 의하면 암흑계 사람들이 이따금

매음굴을 약속 장소로 이용하는 경우도 있었음을 알 수 있다
(Plaut. Poen., 831 ff., Pseud., 187 ff., Hor. epod., 17, 20,
Juv., viii, 173 ff., Petronius, 7.).

수에토니우스와 타키투스 같은 후대의 저술가들은 고귀한 가문의
남자들도 매음굴을 찾아가 매춘부와 성관계를 맺는 일이 많았다고
한다. 그러나 우리는 여기로부터 어떠한 추론도 끌어낼 수 없다. 그
런 종류의 감각적 픽션을 역사적 진실로 받아들일 수는 없기 때문
이다. 물론 뮐러는 자신의 저서 《고대 문명의 성생활(Sexual Life
in Ancient Civilization, 1902)》에서 그런 주장을 인정하고 있기
도 하지만, 그 책은 다양한 증례를 수집해 놓은 것 외에는 별로 쓸
모가 없다.

여기서 우리는 폴만의 흥미로운 저서 《도시 문명의 집단적 발전
과 연관된 고대 도시의 인구 과잉(Over-population in Ancient
Cities in connection with the Collective Development of
Urban Civilization, 1884)》의 한 대목을 인용해 볼 필요가 있다.
그는 "인구의 과잉 증가는 여러 가지 측면에서 가정 생활의 혼란을
초래하지 않고는 불가능한 일이다. 또한 총체적인 도덕에 해를 미
칠 정도로 많은 유혹이 존재하지 않으면 안 된다. 대중의 도덕 수준
과 지적 교육 수준이 그만큼 낮아야 하기 때문이다."라고 지적하고
있다. 비록 정확한 수치는 파악할 수 없지만, 대체로 로마의 인구가
백만 단위를 넘어서면서부터 매춘도 급격한 증가 추세를 보였으리
라고 추측할 수 있다(황제 시대의 인구는 100만 명에서 150만 명

사이를 오르내리고 있었다). 칼리굴라 시대에 매춘에 대한 세금 제도가 도입되었다는 사실(Suet. Cal., 40) 또한 나중에는 매음굴 소유자들도 세금을 납부해야 했다는 사실(Lamprid. Alex. Sev., xxiv, 3) 등도 언급해둘 필요가 있을 듯하다.

마지막으로, 이런 계층의 여성들이 어떤 대접을 받았는가 하는 문제는 성생활에 대한 로마인들의 관점을 파악할 수 있는 중요한 단서가 된다. 남성 간의 동성애의 경우와 마찬가지로, 매춘부에게서 성적 쾌락을 추구하는 사람 역시 그런 행동 때문에 비난을 받지는 않았다. 그러나 돈을 받고 사랑을 판 여성에게는 상당한 불명예가 뒤따른 것이 사실이다. 로마의 법률에 의하면 자유민으로 태어난 남자는 결코 포주나 포주의 해방된 노예와 결혼을 할 수 없게 되어 있었다. 또한 원로나 그의 후손들은 결코 자신의 육체를 생계 수단으로 삼는 여자와 결혼을 할 수 없었다[이것은 로스바흐의 《로마 결혼 연구(Researches in Roman Marriage)》 467쪽에 나온다].

반면 뚜쟁이는 로마 시민이 될 수 있었다(Juv., vi, 216). 그러나 또 다른 증거에 의하면 로마는 순전히 남성 위주의 사회였고, 따라서 몸을 팔 수 있는 것은 영원히 불명예를 감수할 수 있는 여성밖에 없었다. 여기에는 외면적인 차이가 있다. '불명예스러운 여성' 특히 매춘부는 고상한 가문의 처녀나 부인들과는 다른 옷차림으로 스스로를 차별해야 했기 때문이다. 다시 말하면 그녀들은 남자들의 옷인 토가를 입지 않으면 안 되었던 것이다(Hor. sat., i, 2, 63, 82).

로마인의 잔인성 2

사디즘

권력 의지로 탈바꿈한 잔인성

좀더 고대 시기에 로마인들의 도덕에 대한 관점은 초기의 로마인들은 거칠기는 했지만 소박하고 순진하며 또한 정직한 사람들이었다는 것이 일반적이었다. 그들은 후기 로마에서는 일상적으로 등장했던 사냥이나, 포획물을 가지고 노는 것과 같은 잔인한 행위들을 통해서 쾌락을 느끼지는 않았다. 또한 그들이 공포스러운 것들 속에서 쾌락을 즐겼다고 이야기할 수도 없을 것이다.

고대의 '숭고한(noble)' 로마인들로부터 점차로 '타락한(degenerate)' 종자들을 만들어 낸 것은 외래의 영향이라고 할 것이다. 이러한 요소는 제국 시대로 접어들면서 점점 더 최악의 특질들을 보여 주었으며, 마침내 완전한 혁명 — 예컨대 그리스도교 신자들에 의해서 주도된 전체 국가의 완전한 개조 — 을 통해서만 전반적 쇠퇴와, 다른 저술가들은 그러한 현상을 어떤 용어로 부르든 간에, "공포스러운 도덕적 퇴폐 속으로의 완전한 몰입"으로부터 인류를 구해낼 수 있을 정도로 저질화되어 버렸다.

나는 주로 그리스도교적 입장에 서 있는 필자들이 제시하는 이러한 견해에 동의할 수 없다. 로마 문명에 대한 연구에 몰두한 이후로, 순진하고 정직한 상태에 있던 국민들이 단일한 힘의 영향을 갑작스럽게 받아들여 대단히 이질적인, 즉 야만적이고 비도덕적이며 잔인한 민족으로 발전해 나갔다는 것이 나에게는 도무지 불가해한 현상으로 다가왔다. 반면에 조야하고 원초적 감성으로부터 잔인성에 대한 명백한 탐욕을 보여 준 하나의 지표로 발전해 나간 민족은 적어도 그러한 경도에 대한 근거가 될 만한 성질들을 애초부터 지니고 있었으리라는 것을 나는 점차 분명하게 인식하게 되었다. 아마도 그것은 사디즘을 그토록 즐겼던 로마인들은 전적으로 다른 민족이라는 생각과는 반대되는 것일 수도 있다. 한니발의 군대를 물리쳤던 순박하고 정직한 농군들의 후손이라는 흔적은 하나도 남아 있지 않으며, 수없이 이어진 전쟁들은 옛 로마인들의 특성을 거의 전멸시켜 버렸을지도 모른다. 그러나 이러한 역겨운 행동들을 로마에 도입한 것은 바로 지배 계급 자신들이며, 특히 제국 시대의 도덕적 타락에 책임이 있는 인물들과 그 가족들의 이름(황실의 가족들만 염두에 둔다고 하더라도)을 수도 없이 예로 들 수 있을 것이다.

그러나 여태까지 그들에 대해 밝혀져 왔던 것들은 사실이 아니다. 순박했을 것이라고 주장되고 있는 고대 시기에조차도 로마인들은 비록 다른 목적을 지향했던 것이라고는 해도 후세의 우리로서는 충격과 경악으로밖에는 받아들일 수 없는 사디즘적 행동을 했다는 수없이 많은 증거를 남겨 두고 있는 것이다. 로마인들의 '기본적 성향'은 언제나 같았다. 행동의 양태와 그 행동이 충족시키고자 하는 목표를 제외하고는 달라진 것은 아무것도 없다. 우리는 특수하고 세부적인 예들을 통해 그것을 확인할 수 있다. 즉, 나의 견해는 잔인성과 야만성은 후대에 접어들어 원래와는 다르고 '보다 훌륭해진' 성향 속으로 도입된 것이 아니라, 로마인들의 원래부터의 특질이라는 것이다.

나는 비엔나 학파의 심리학자인 스테켈의 《사디즘과 마조히즘(Sadism and Masochism)》이라는 저술을 통해 위와 같은 접근을 할 수 있는 중요한 지침들을 얻었다. 이 책에 따르면, "잔인성은 증오심과 권력을 향한 의지의 표현"이다. 다시 말해서 잔인성은 권력 의지의 가시적, 실천적 행동으로 나타나는 경우가 자주 있다는 것이다. 그런데 로마 국가보다 권력 의지가 더 잘 구현된 나라는 거의 없었으며, 가장 뛰어난 로마인들은 그들의 국가에 대한 그밖의 다른 개념을 가지고 있지 않았다. 하나의 보기를 드는 것이 적절할 것이다. 로마의 가장 뛰어난 시인인 베르길리우스의 《아이네이드》의 첫 페이지에 나오는 한 문장을 인용해 보자. 그는 다른 민족들이 과학과 예술에 헌신하도록 내버려 두자고 말한다. 그러함과 동시에 또 이렇게 말한다.

로마인들이여, 기억하라.

그대들은 세계를 지배해야 할 것이다!

(tu regere imperio populos, Romane, memento!)

가장 유명하고 위대했던 로마인들은, 그들이 어떤 정파에 속하든
지 간에 언제나 위와 같은 이상에 따라 행동했다. 그들은 언제나 자
신들을 신이 부여해 준 세계의 군주라고 생각했다. 그 이상으로 권
력 의지가 뚜렷하게 구현된 것이 어디 있겠는가? 우리는 연구를 해
나가는 과정에서 가장 최초의 시기부터 세계를 정복해야겠다는 목
적을 설정했던 이 민족은 그 목적에 도달하기 위하여 수단과 방법
을 결코 가리지 않았다는 것을(비록 그것이 야만적인 것일지라도)
알게 될 것이다. 또한 자녀들의 교육과 여성과 노예들에 대한 처우,
범죄라고 인정되는 행위에 대한 처벌 등에 대한 로마인들의 태도를
비롯한 전반적 사회 생활은 오직 한 가지 동기, 즉 권력에 대한 욕
구에 의해 거의 전적으로 결정되고 있다. 그리하여 스테켈이 말했
듯이 권력 의지가 야만성을 표현하고 있다는 것이 사실이라면, 초
기의 로마인들 사이에서 우리를 공포에 몰아넣게 할 만한 상당히
많은 기괴한 성질들을 발견하게 된다고 하더라도 그리 놀라서는 안
될 것이다.

니체는 고대 귀족 제도의 발흥에 대해 서술하고 있는데, 그의 설
명은 로마 국가의 기원에 대해서 잘 적용될 수 있다. 그의 저서 《아
포리즘(Aphorism)》에는 262번에 〈선과 악을 넘어서〉라는 글이 등
장한다.

"귀족 사회의 공화정은 스스로에게 의지하고 있는 사람들의 몸체이다. 그 사람들은 그들의 몸체를 영속시키기 위해 전력을 다한다. 그들은 공화정을 영속시키기 위한 노력을 해야만 하며, 그렇지 않으면 멸망할 수 있는 끔찍한 위험에 처하게 된다. 다양성을 북돋워 주는 번영과 안전이라는 조건은 그러한 공동체에서는 존재하지 않는다. 전형은 스스로를 독점적 형식으로 만들 필요가 있다는 것이다. 그것은 강건함과 동질성이라는 덕목 속에서 그의 이웃들이나 혹은 내부의 신민들에 의한 반발과의 부단한 투쟁을 통해 스스로를 영속시켜 나갈 수 있게 해 준다. 그 공동체는 여전히 존재하면서, 계속되는 정복 속에서 형성되는 어떤 특정한 성질을 풍부한 경험으로부터 배운다. 또한 그것은 이러한 성질들을 미덕이라고 부르며, 그 미덕들만을 선양한다. 엄격함에 대해서도 그렇다. 엄격함은 ― 사실 모든 귀족적 도덕성은 관대하지 못하다 ― 젊은들에 대한 교육, 여성에 대한 통제, 결혼 관습, 노년과 청년 간의 관계, 그리고 형법(형식으로부터 오는 다양성을 압박하기 위한 것이다) 등에 있어서 공동체의 목표였다. 심지어 공동체는 완고한 엄격성을 미덕 중에 하나라고 여겼으며, 그것에 '정의(justice)'라는 이름을 붙여 주기도 했다. 작지만 아주 주목할 만한 특징들, 즉 강력하고, 호전적이며, 또한 단호하고 완고한 사람들로 구성된 전형은 다양한 형태의 영향으로부터 어떤 식으로든 벗어난 곳에 존재한다. 위에서 말했듯이, 형태는 적절하지 못한 상황에 대한 끊임없는 투쟁을 통해서 더욱 강력하고 공고하게 굳어지는 것이다."

니체의 이러한 설명은 로마 국가의 '발생'에 대해서는 적절한 것이므로, 우리는 좀더 진전된 발전, 즉 후대의 사람들이 소위 '타락'이라고 부르는 것을 이해하는 데 있어서 그의 다음 진술로부터 커다란 도움을 받을 수 있다. 니체는 계속해서 말하고 있다.

"마침내 국가는 행복에 도달하게 된다. 공포스러운 긴장은 이완된다. 아마도 그들의 주위에 더 이상 적들이 남아 있지 않으며, 인생을 즐기면서 살아가기 위한 수단들이 주위에 풍부하게 있기 때문일 것이다. 한번의 타격에 고대의 규율에 대한 강압적 속박은 산산조각으로 부서졌다. 그러한 규율은 더 이상 공동체의 존재를 위해서 필수적인 조건처럼 보이지 않게 된 것이다. 그것은 단지 사치와 복고주의만으로 살아 남게 된다. 그것이 단순한 일탈(보다 지고하고, 우아하며 진귀한 것에 대한)이든 타락이든 간에 전형으로부터의 다양성이 화려한 생활 속에 갑자기 등장하게 된다. 개인은 자신의 개인성에 대하여 대담한 주장을 하기 시작했으며, 또한 자신을 전체로부터 구분하고 나서기 시작했다. 이러한 역사의 위기 속에서 우리는 가장 밀착적, 병렬적 접근을 통하여 거대한 성장과 갈망을 확인하게 된다. 이 민족의 '성장'에는 열대의 열망이 있다. 엄청난 붕괴와 자기 파괴가 야만적인 전투와 개인성의 폭발에 의해 촉발된다. 개인성은 마치 열대의 식물이 태양과 빛을 갈망하듯이 이전 단계, 도덕의 한계나 제한, 그리고 금기들을 전혀 인정하지 않는다. 이제 전 단계의 도덕은 위협적인 형태로 존재하는 방대한 힘이 축적된 것에 대하여 책임이 있다. 더불어 그러한 도덕성은 아주 빠른 속도로 과거의 것이 되어버린다."

로마의 사디즘에 대한 나의 관점은 이와 유사하다. 그것은 로마적 성질을 물려받은 것이며, 다른 민족에 대해 자신을 과시하기 위한 무자비한 권력 의지는 어떤 단계에서도 주춤거리지 않았으며, 로마의 주요한 목표에 있어서 필요한, 즉 적어도 로마가 세계적 제국으로 발전해 나가는 데 있어서 '좋은' 방향으로 필요한 것이기도 했다. 후에, 이러한 권력 의지가 더 이상 발전적 목표를 갖지 못하게 되자 그것은 그 자체나 혹은 노예화된 신민들을 대상으로 하게 되는 것이다. 그도 아니면 맹수들과 인간들이 벌이는 싸움이나 서커스와 같은 공포심을 조장하는 아무런 목적이 없는 타락한 형식으로 변질되는 것이다.

그리스인들처럼 로마인들이 문명에 대한 보다 지고한 목표를 설정할 수 있는 능력을 가지고 있었다면, 그들은 위대한 예술 작품을 만든다거나 사회적으로 완벽한 국가를 건설하는 것과 같이 권력 의지를 충족시키고 승화시킬 수 있는 다른 가능성을 찾아냈을 것이라고 가정할 수 있다. 로마인들에게는 이러한 가능성이 결여되어 있었으므로, 권력 의지를 섬세하게 실체화한 로마법을 만들어냈던 것이다.

그러나 대중들은 잔인하고 육욕적인 놀이 이외에는 더 이상 아무것도 만들어 내지 못했다. 따라서, 놀이에서 발견되는 사디즘의 기원이 후기 로마에서는 최고의 정점까지 도달했다는 것은 결코 우연이 아니다. 그것은 순전히 로마인들의 권력 의지가 세계 정복과 끊임없는 침략을 통한 패권의 관철이라는 원래의 목적을 잃어버렸기 때문에 벌어진 일이다. 그리고 로마 제국 초기의 원수(元首)정치와 더불어 적어도 일정 기간은 안전하게 생활할 수 있다는 '항구적 평화'의 통치가 시작된 것이었다.

이러한 일반적 서술에 뒤이어 우리는 로마의 사디즘에 대한 각 단계별 발전 양상을 분리하여 살펴보게 될 것이다. 그러한 작업을 수행함에 있어서 우리는 도덕의 역사를 서술하지 않고는 셀 수 없이 많은 저자들에 대한 완벽한 고찰을 시도할 수 없다. 우리의 목표는 단지 특징적인 사례를 제시하는 것이다.

우리가 알고 있는 고대 로마는 주로 정복자나 적으로서 세계사에 등장한다. 적이라면 아직은 관대한 편이다. 적은 그의 의지에 반하는 상대자를 패배시킴으로써 만족을 구할 수 있고, 동시에 패배자를 온화하게 대해 줄 수도 있기 때문이다. 그러나 로마인들은 정복하기 시작하는 첫 순간부터 항상 엄격했으며 잔인하고 혹독했다.

로마 권력의 영원한 상징물이 하급 관리들이 들고 다니던 '파스체스[fasces, 속간(束桿)]', 즉 막대기 다발 한가운데에 도끼를 낀 무기였다는 것은 결코 우연한 일이 아니다. 그러나 이러한 공식적 상징물을 논외로 치더라도 로마 내부에 있어서 권력의 상징은 처벌 도구였다. 예컨대, 키케로는 젊은 아우구스투스에 대한 꿈에서 "하늘에서 금 사슬에 묶여 끌려 내려온 소년이 주피터 신전의 문 앞에 서 있고, 주피터는 그에게 회초리로 매질을 하는" 장면을 보았다고 한다(Suetonius, Augustus, 94).

유베날리스 또한 카이사르는 로마인들을 제압한 뒤에 늘 채찍으로 그들을 다스렸다고 말한 바 있다(x, 109).

교육과 체벌

아버지의 절대 권한

고대 로마의 교육은 권력에 대한 의지의 상징과 다를 바 없었다. 인간의 모든 공동체에는 그 공동체를 지배하는 이념과 아이들을 교육시키는 방법 사이의 확고한 연관성이 있다. 궁극적으로 아이들은 그러한 이념을 달성하기 위하여 교육을 받는다. 권력을 모토로 내세우는 사람은 아이들에게서 개별성을 인정하지 않고 엄격하게 이러한 영향력 하에서 양육하려고 할 것이다. 만약 그 아이가 다른 방향을 향해 나아가려 하면 어떻게든 그 싹을 자르지 않으면 안 된다. 따라서, 그러한 교육은 부드러운 훈계가 통하지 않을 경우에 대비하여 가혹한, 심지어는 잔혹하기까지 한 처벌들을 준비해 두어야 한다. 우리는 이러한 가혹한 교육은 반드시 처벌을 수반할 수밖에 없다는 사실을 이해해야 한다. 아이들은 바람직한 성격을 가능한 한 효율적으로 습득할 수 있는 활동 속으로 밀어넣어 진다. 용맹한 전사와 억센 농부가 필요한 사회에서는 다른 모든 것이 불필요하거나 바람직하지 못한 것으로 치부된다. 최소한 바로 이것이 교육의 초기적인 방법을 이상적인 것으로 판단하는 나이 든 세대의 관점이었다. 호라티우스 역시 유명한 로마 송시에서 타락한 세대를 향하여 이와 같은 설교를 펼치고 있다(iii, 2).

젊은이는 전쟁터에서 사지를 단련시켜야 하고
찢어지는 가난을 친구 삼을 수 있어야 하며
길들지 않은 파르티아 야생마를 타고
자신을 겨누고 있는 창을 향해 달려갈 수 있어야 한다.
급박한 위험 속에서도
하늘을 이고 살아갈 수 있어야 하는 것이다.

또 다른 곳에는 이런 구절도 있다(iii, 6, 37 ff.).

그것은 자유민과 군인들이었다.
고집스러운 시골뜨기의 마음을 돌려놓는 기술과
고지의 곡괭이를 손에 들고
어머니의 가르침에 따라 통나무를 나르는.

할리카르나수스의 디오니시우스는 우리에게 이런 이야기를 들려

주고 있다(ii, 26).

> "로마의 입법가들은 아버지에게 평생토록 아들을 지배할 수 있는 완전한 권력을 부여했다. 아버지는 아들을 가둬 둘 수도, 매질을 할 수도, 농장에서 일을 시킬 수도, 심지어는 죽일 수도 있는 자유를 가지고 있었다. 이러한 모든 권한은 아들이 이미 정치적인 일에 관련되어 있을 때, 혹은 사회적인 지위를 확보하고 있을 때도 예외 없이 사용될 수 있었다. 이러한 법률 때문에 대중 앞에서 원로원에 대한 비난 연설을 하던 유명한 인물이 자기 아버지에 의해 연단에서 끌려 내려와 벌을 받으러 가는 경우도 심심찮게 발생하곤 했다."

이 문장은 심지어는 자녀를 죽일 수도 있는 권한이 아버지에게 주어져 있었다는 것을 의미한다. 한 가족의 절대적인 군주로서의 아버지는 가족 구성원 모두에게 벌을 내릴 수 있었고, 때로는 실제로 사형 선고를 내리는 경우도 있었다. 이러한 절대적인 부권은 힘과 정복의 원칙을 기반으로 하고 있는 사회에서는 당연한 일인지도 모른다.

우리가 살펴볼 수 있는 자료들 중에 아버지가 자녀에게 부과할 수 있는 육체적 처벌에 대한 언급이 그리 많지 않다는 것은 쉽게 이해할 수 있다. 그런 일은 너무나도 일상적으로 일어났기 때문에 지극히 당연한 일로 받아들여졌다. 오히려 기록에 남을 정도의 처벌이라면 그만큼 유별난 데가 있는 것이라고 보아야 한다. 예를 들어, 수에토니우스는 오토 제국의 황제이던 청년기에도 유난히 사치스러운 경향이 있었기 때문에 툭하면 "자기 아버지에게 실컷 얻어맞곤" 했다고 한다.

매맞는 아이들

로마의 가정에서 자행되던 처벌에 대하여 별로 전해 내려오는 자료가 없는 반면, 로마의 학교에서 행해진 처벌에 대해서는 많은 자료가 있다. 로마에서 학교가 처음으로 설립된 것이 정확히 언제인지는 알 길이 없다. 전해지는 바에 따르면, 로물루스와 레무스가 가비의 학교에 다녔다는 이야기가 있다. 리비우스와 디오니시우스는 팔레리와 투스쿨룸에 있는 학교에 대한 이야기를 하고 있다. 따라서 초창기부터 어린이들이 초등 교사에 의해 읽기와 쓰기, 셈하기와 더불어 기초적인 법률 등을 배웠다는 사실만큼은 확실하다. 한니발 전쟁 이후에는 문법학자나 문학가들이 학생들을 가르쳤다. 그것은 처음에는 부유하고 교육에 특별히 관심을 갖는 부모들만 문법학자를 고용했다는 것을 의미한다.

수에토니우스는 우리에게 다음과 같은 사실을 알려준다(De gr., I).

"문법(여기서의 문법은 언어를 가르치는 모든 과정을 포괄하는 개념이다)은 널리 알려지지도, 중요하게 인식되지도 않았다. 이 도시는 당시만 해도 문명이 발달되지 않은 데다가 전시와도 같은 혼란을 겪고 있었으며, 더욱이 학문의 보다 고상한 가치에 대해 아직 완전히 자유롭지가 않았다. 문법이 도입되고 나서도 여전히 사소한 영역으로 치부되었다. 가장 오래된 스승들, 즉 그리스의 피가 섞인 시인들(이것은 로마를 비롯한 여러 곳에서 두 가지 언어로 가르침을 베푼 것으로 알려진 리비우스 안드로니쿠스와 엔니우스를 일컫는다)은 그리스 문학을 소개하는 임무를 떠맡았다."

이른바 이런 문법학자들은 귀족 집안의 가정교사로 소개되었을 것이고, 나중에는 학생들의 수를 점점 늘려나가는 것에 매력을 느꼈을 것이다. 이렇게 하여 결국에는 학교가 탄생하게 되었으리라. 국가에서는 이러한 학교에 관심을 기울이지 않았다. 반드시 학교에 다녀야 할 의무가 없었기 때문이다. 그럼에도 불구하고 좀더 시간이 흐르고 나서는 로마에도 이런 학교들이 많이 생겨서 서로 경쟁을 하기도 하고, 학생들은 수업료가 비싼 스승에게서 싼 스승에게로 전학가기도 했다.

이런 학교에서의 처벌은 잔혹하다고까지 할 수는 없다 해도 상당히 혹독한 것이었음에 틀림없다. 이 부분에 대해서는 모든 자료들이 완벽한 의견 일치를 보이고 있기 때문이다. 수에토니우스는 유명한 교사 오르빌리우스에 대한 이야기를 들려준다. 호라티우스도 젊었을 때 그의 지팡이에 무수히 얻어맞았다고 한다.

> "그는 성격이 난폭해서 경쟁 관계에 있는 다른 학자들뿐만 아니라 자기 자신의 제자들에게까지 폭력을 행사하곤 했다. 호라티우스도 그를 '매질쟁이'라고 부른 적이 있으며, 도미티우스 마르수스는 다음과 같은 구절을 남겼다.
> '오르빌리우스의 회초리와 채찍의 희생자들.'"

기록에 묘사되어 있는 처벌의 도구들을 살펴보면, 먼저 '페룰라(ferula, 종아리채)'라고 하는 것이 있다. 이것은 19세기의 낚싯대와 비슷한 자작나뭇가지와 남쪽 지방에서 자라던 일종의 금작화 가지를 묶어서 만든 회초리다. 두번째로는 '플라그룸(flagrum)' 혹은 '플라겔룸(flagellum, 매채찍)'이라고 불리는 채찍이 있는데, 이는 대개 노예들에게 벌을 줄 때만 사용되던 도구였다. 마지막으로 '스쿠티카(scutica, 채찍)'라고 하는 것은 단단한 황소가죽으로 만든 '플라겔룸'보다는 훨씬 더 부드러운 가죽으로 만들어진 채찍이었다. 호라티우스(Sat., i, 3, 117)의 글 중에는, 이러한 도구들을 그 효과에 따라 분류한 다음과 같은 구절이 나온다.

> 그러나 저지른 잘못에 걸맞는 벌을 주어야 한다는 규칙이 있어서
> 회초리가 필요한 사람을 채찍으로 후려치지는 않는다.
> 전갈이 필요한 순간에
> 가녀린 채찍을 이용하는 사람도 없을 것이다.

이러한 구절은 왠지 사디즘적인 요소, 즉 "당신은 언제나 더 가혹한 벌을 받고 싶어하지 않는가?"라는 식의 생각을 유발하는 듯하다.

마지막으로 '푸스티스(fustis, 몽둥이 또는 매)'라고 하는 우리의 지팡이에 해당하는 작대기도 있었는데, 이것은 아이들에게 벌을 줄 때는 그리 많이 사용되지 않았던 듯하다. 아우소니우스의 편지(22)에는 후기 로마의 학교에서 행해진 처벌에 대한 흥미로운 묘사가 등장한다. 물론 이런 면에서는 그 전 시대와 크게 다른 것 같아 보이진 않지만 말이다. 시인은 손자에게 학교에 갈 수 있는 용기를 불

어넣어 주기 위해 이 편지를 썼다.

"뮤즈들도 쾌활할 때가 있고, 엄격한 스승의 목소리도 언제나 제자들을 억박지르지만은 않는다. 공부하는 시간과 쉬는 시간은 번갈아가면서 오게 마련이다. 테살리아의 키론은 그의 제자 펠레우스의 아들을 겁주지 않았고, 아틀라스 역시 암피트리온의 어린 아들을 협박하지 않았다. 그 대신 그들은 둘 다 부드러운 말로 어린 학생들을 달래주었다. 그러니 너도 학교에 매질소리가 울려퍼지고 스승들이 험상궂은 표정을 하고 있어도 겁낼 필요가 없다.
'두려움은 타락한 영혼을 증명한다.'
너 자신에게 진실되면 아무것도 두려워할 필요가 없다. 울음소리, 매질소리, 심지어는 너의 두려움조차도 아침 나절의 너를 괴롭히지는 못할 것이다. 너의 스승이 가지고 다니는 회초리와 채찍을 숨기고 있는 기만적인 가죽끈 등은 모두 두려움을 불러일으키기 위한 도구들일 뿐이다."

 이 문장은 몇가지 이유 때문에 커다란 흥미를 자아낸다. 다정한 할아버지는 모든 학교가 다양한 처벌 도구를 가지고 있다는 사실을 부정하지 않는다. 단순히 회초리뿐만 아니라 단단한 황소가죽보다는 덜 가혹한 재질로 만들어지기는 했지만 그래도 채찍 같은 것이 존재한다는 사실을 솔직하게 시인하고 있는 것이다. 그럼에도 불구하고 이 시인은 그것을 '팔락스(fallax, 기만적인)'라고 부르고 있는데, 이는 그것이 부드러운 가죽으로 만들어지기는 했어도 커다란 고통을 안겨주기에는 부족함이 없기 때문이다. 이 문장에 등장하는 초창기의 교육자들은 나무 손잡이에 남자 손가락 굵기만한 끈이 세

가닥 달린 회초리를 언급하고 있다. 이것은 주로 엉덩이를 때리기 위한 도구였다.

폼페이의 프레스코화(fresco, 덜 마른 회반죽 벽에 수채화 물감으로 그린 그림)를 보면 로마의 학교에서 자행된 처벌을 보다 명확하게 이해할 수 있다. 그 그림은 도시 어디서나 흔히 찾아볼 수 있는 콜로네이드 밑에 있다. 바로 대중적인 강좌가 벌어지던 곳이다.

그림의 배경에는 긴 장삼을 입은 소년들이 몇몇 보인다. 그들은 자리에 앉아서 두루마기처럼 말린 교재를 들여다보고 있고, 수염을 기른 뚱한 표정의 스승이 그들 앞에서 가르침을 전하고 있다. 그 뒤에는 구경꾼─혹은 다른 학생들인지도 모르지만─들이 몇 사람 서 있다. 그 오른쪽에는 처벌 장면이 그려져 있다. 몸집은 완전히 어른이지만 얼굴은 아직 어린 티가 가시지 않은 14살이나 15살쯤 되어

매 맞는 아이들 : 폼페이의 프레스코화

보이는 소년 하나가 사타구니만 간신히 가린 채 벌거벗은 몸으로 자기 앞에 허리를 굽히고 서 있는 다른 소년의 어깨 위에 누워 있다. 그는 매질을 당하는 소년의 팔을 잡고 있기도 하다. 또 한 사람의 소년은 맞는 소년 뒤에서 무릎을 꿇고 앉아 그의 다리를 붙잡고 있다. 그러니 첫번째 소년은 꼼짝도 하지 못하고 고스란히 매질을 당해야 하는 것이다. 이 세 사람의 소년 뒤에 서 있는 청년은 오른손에 우리가 앞에서 언급한 바 있는 '페룰라'를 휘두르고 있다. 매 맞는 소년의 잔뜩 일그러진 얼굴은 의도적으로 관람자를 향하고 있으며, 그 표정만으로도 이미 무수한 매질을 당했다는 사실을 여실히 엿볼 수 있다. 이것은 그를 붙잡고 있는 다른 소년들의 머리의 위치를 봐도 짐작할 수 있는 일이다. 그들은 마치 잔혹한 몽둥이 세례가 자기네에게 조금이라도 떨어질까봐 두려운 듯 잔뜩 고개를 숙이고 있는 것이다.

이 장면은 어느 모로 보나 노예를 벌할 때와 다를 바가 없다. 유일한 차이점이 있다면, 노예의 경우에는 완전히 발가벗긴 채 매질을 했다는 점뿐이다. 그 정도로 모진 매질을 당해야 할 만큼 잘못을 저지르기도 쉽지 않았을 것이다. 그런 그림을 그린 화가의 목적은 무엇이었을까? 그저 일상적인 생활 속의 흥미로운 한 장면을 묘사해 본 것뿐이었을까? 혹은 사디즘적인 측면을 강조하기 위해서 유난히 특별해 보이는 장면을 포착한 것일까? 이 경우에는 로마 사람들이 다른 그림에서도 드러낸 것과 마찬가지로, 벌거벗은 자의 비명소리가 그러한 처벌을 숨기지 못한다. 그런 일은 독일에서도 "옛

날이 좋았지." 하는 식으로 흔히 찾아볼 수 있다.

아풀레이우스의 소설(Metamorphoses, ix)에는 상처입은 남편이 젊은 아내에게 외도를 했다는 이유로 벌을 주는 장면이 위의 경우와 거의 비슷한 수준으로 묘사되어 있다. 아직 나이 어린 소년에게 그토록 가혹한 매질을 하는 장면은 참으로 인상적이다. 남편은 자신의 믿음직스럽지 못한 아내로 그를 놀라게 한 후, 자신의 욕구를 채우기 위해 그를 이용한 다음, 노예 두 사람을 불러 그에게 혹독한 매질을 가했다. 이 대목은 "소년의 엉덩이를 가능한 한 높이 치켜들어 몽둥이 세례를 받게 했다(quam altissime sublato puero ferula nates eius obverberans)."는 것으로 이어져 있다. 아풀레이우스가 이 문장을 그토록 강조한 것은 그가 그 청년에게 이런 벌을 내림으로써 자신이 그를 한 사람의 남자로 인정하지 않는다는 뜻을 명확히 한 것으로 보인다.

결론적으로 우리로서는 어린이들에게 그런 가혹한 처벌을 가하는 것에 대한 반발이 전혀 없었는가 하는 의문을 떠올리지 않을 수 없다. 물론 그런 일이 전혀 없지는 않았다. 가장 중요한 사례 가운데 하나는 기원후 35년부터 95년까지 생존했던 수사학자 퀸틸리안(Quintilian)이다. 그는 자신의 저서 《인스티투티오 오라토리아(Institutio Oratoria)》에서 젊은이들에 대한 정신적 교육에 대한 훌륭한 충고를 들려준 다음 이렇게 쓰고 있다.

"나는 교육 현장에서의 체벌이 아무리 넓게 확산되어 있다 할지라도, 그리고 크리시푸스가 그것을 반대하지 않는다 할지라도 거기에 대한 전적인 반대 입장을 밝히는 바다. 어린아이들에게 매질을 하지 않는 것이 오히려 수치스러운 일이라고 하는 인식이 퍼져 있지만, 그것은 노예를 대할 때나 쓰는 혐오스러운 방법이 아닐 수 없다. 게다가 꾸중만 가지고는 개선될 기미가 보이지 않는 학생들은 가장 질이 나쁜 노예들과 마찬가지로 매질에 대해서도 무감각해질 것이다. 스승이 인내심을 가지고 제자를 돕겠다고 마음먹기만 하면 이런 체벌은 전혀 불필요한 것이 되어 버린다.

그러나 요즘 스승들은 옳고 그름을 판단하기에 앞서 무분별하게 회초리부터 휘두르는 경향이 있다. 아이들을 무작정 매로 다스리려 한다면, 많이 배워야 함에도 불구하고 매를 무서워하지 않는 아이들은 어떻게 가르칠 것인가? 고통이나 두려움을 불러일으킴으로써 얻을 수 있는 효과가 얼마나 위험하고 사소한 것인지, 또한 그것이 얼마나 수치스러운 일인지 한번 생각해 보라. 이러한 수치심은 어린 영혼을 병들게 만들며, 밝은 한낮의 햇살로부터 도망치게 만든다. 만약 우리가 스승의 자질에 대해 더욱 많은 관심을 기울이지 않는다면, 그 한심한 작자들이 자기네의 권리를 무분별하게 남용하는 사태가 일어날 것이다. 그러나 나는 이 문제에 대해 더 이상의 시간을 할애하지는 않을 생각이다. 이미 우리는 그 문제의 심각성을 잘 알고 있기 때문이다."

우리는 이 문장을 읽으면서, 앞에서 언급한 그림 속에 등장하는 장면이 그렇게 수치스러운 권한의 남용에 해당되지 않는가 하는 의문을 떠올리게 된다. 그밖에 퀸틸리안의 말을 입증하기 위해 무엇이 더 필요할까?

도둑질을 했지만 어른과 같은 수준의 가혹한 벌을 받기에는 너무 어린아이들에게, 재판관은 자작나무 회초리로 매질을 하는 벌을 내렸을지도 모른다. 겔리우스(xi, 18)의 글에서도 바로 이런 장면이 묘사된 바 있다.

정복자

잔인할수록 커지는 쾌감

　로마의 아이들, 특히 남자아이들이 감내해야 했던 학교에서의 가혹한 처벌은 로마인들이 적이나 노예, 혹은 죄인들에게 내린 처벌과 비교하면 아무것도 아니다. 이런 사례를 보여주는 자료들은 얼마든지 찾아볼 수 있지만, 그중에서도 가장 대표적인 몇 가지를 살펴보도록 하자. 여기서도 니체에게서 인용한 구절 하나가 대단히 중요한 의미를 지닌다.

　"세상에는 자기 자신에게, 혹은 서로에게 종속된 채 자기 자신의 존재를 영속시키기를 갈망하는 사람들이 있다. 그렇지 않으면 끔찍한 절멸의 위기와 맞닥뜨려야 하기 때문이다."

우리가 알고 있는 초창기의 로마는 쉴새없이 강력한 적들의 침략에 시달렸다. 물론 그 후로도 로마는 살아 남기 위해 몇 세기를 두고 힘겨운 투쟁을 벌이지 않으면 안 되었다. 그러한 전쟁이 끔찍한 살육을 동반했으리라는 것은 불을 보듯 뻔한 일이다. 또한 로마인들은 일단 한 종족을 정복하고 나면 그 정복을 유지하기 위해 온갖 잔혹한 수단들을 동원했다. 로마인들의 삶에 대해서는 거의 자료가 남아 있지 않음에도 불구하고 그들이 몇 세기에 걸친 전쟁에서 살아 남기 위하여 결국에는 사디즘이라고 볼 수밖에 없는 특징들을 길러가게 되었으리라는 사실도 어렵지 않게 짐작할 수 있다.

고대 로마의 가장 위험한 적은 삼니움인들이었다. 리비우스는 이들간의 전쟁에 대하여 아주 중요한 정보들을 우리에게 가르쳐 주고 있다. 예를 들어, 기원전 330-300년경에 벌어진 전쟁에서는 소라라는 도시가 삼니움족의 손에 떨어지고, 그 도시의 로마인들은 무참하게 살육당했다고 한다(이 도시는 로마의 군사 기지였지만, 그 뒤로는 로마를 엿보는 삼니움의 도시가 되었다). 로마인들은 자신들이 당한 것에 대해서 가혹한 복수를 해야 한다는 책임감을 느끼게 되었다. 결국 그 도시를 점령한 로마인들은 전쟁터에서 마주치는 모든 남자들을 죽였으며, 항복한 포로들 가운데 225명을 추려서 로마로 데리고 들어왔다. 그리고는 광장에서 사람들이 지켜보는 가운데 모진 매질을 한 다음 그들 모두를 목을 베어 죽여 버렸다. 리비우스는 로마 사람들이 이 장면을 보며 무척 즐거워했다고 덧붙이고 있다.

폴리비우스(i, 7) 역시 비슷한 사례를 기록에 남기고 있는데, 이번에는 레기움이라는 도시의 주민 300명이 포로로 생포된 다음, 같은 방식으로 공개 처형을 당했다고 한다. 카푸아의 운명은 널리 알려져 있다. 이 불행한 도시는 한니발 전쟁 때, 카르타기니안에게 버려졌다가 후에 다시 로마에게 정복되었다. 이 도시의 원로들은 모두 체포되어 오랜 전통에 따라 말뚝에 묶인 채 모진 매질을 당한 다음 참수형을 당했다. 남은 거주민들은 노예로 팔려갔고, 도시의 전 지역이 로마에 합병되었다.

정복한 도시의 관리들을 모조리 이런 식으로 다스릴 수 없는 경우, 생포된 장군들은 자비라고는 아예 기대하지 않는 것이 좋았다. 유구르타나 베르킨게토릭스의 운명을 생각해 보라. 그들은 다른 많은 사람들과 함께 지금도 남아 있는 포룸의 지하 감옥에서 교수형을 당했다. 티투스가 예루살렘을 약탈한 이후, 유대인의 용감한 지도자 시몬 기오라는 승전군의 자축 행사에 끌려 나갔다. 그리고는 카피톨에 제물이 바쳐지기 직전, 그는 카피톨 언덕 가장자리로 끌려가 가혹한 매질을 당한 끝에 언덕 아래로 집어던져졌다. 요세푸스에 따르면 "그가 죽었다는 사실이 선포되자 사람들은 기쁨의 환성을 지르며 제물을 바치기 시작했다."고 한다.

이렇게 포로의 처형은 반드시 사람들 앞에서 공개적으로 행해졌다. 게다가 처형을 하기 전에 가해지는 매질도 반드시 공개하도록 되어 있었다. 일종의 경고의 효과를 거두기 위해서였다. 세네카의 글(Contr., ix, 2, 10) 중에는 사람들이 이러한 처형이 박두했음을 알리는 트럼펫 소리를 듣고 몰려나왔다고 하는 설명이 있다. 이런 잔혹한 처형 장면을 수시로 목격했을 때, 어떤 심리적 효과가 나타날지는 누구나 짐작할 수 있는 일이다. 국민들에게 모든 처형 장면을 목격하도록 하는 데 익숙한 나라와 피비린내 나는 전쟁을 경험한 국민 사이에는 아주 조그만 차이밖에 없을 것이다. 여기에는 과거에는 지나치게 간과되어온 연관성이 있다.

초창기의 로마인들의 권력 의지는 자기네에게 반대하는 모든 인종과 민족을 공격하는 데 초점이 맞추어져 있었다. 일단 정복에 의해서 그러한 목표가 달성되자 권력에 대한 의지는 반작용을 보이기 시작했다. 이것은 뛰어난 심리학자였던 타키투스도 정확하게 꿰뚫어보고 있었다. 그의 글(Hist., ii, 38) 중에는 다음과 같은 구절이 있다.

> "권력에 대한 인간의 오래고도 깊은 열망은 제국의 부흥과 함께 점점 더 지나칠 정도로 강력해졌다. 로마의 힘이 제한되어 있는 동안에는 평등을 유지하기가 쉬웠다. 그러나 세계를 정복하고 경쟁 국가를 파괴하고 나자, 로마인들은 감히 그 누구도 도전할 수 없는 힘을 갈망할 여유를 가지게 되었으며, 그러한 논쟁은 귀족과 평민 사이에서 처음으로 불붙기 시작했다."

이러한 내적인 갈등이 노예화된 대중들의 보다 인간다운 대접을 확보하기 위한 노력을 대변하는 것인지, 아니면 로마가 100년 동안 갈기갈기 찢어놓았던 민주주의자와 귀족 사이의 계급 투쟁을 의미하는 것인지와는 무관하게, 로마인들은 어디에서나 잔혹함에 기반을 둔 같은 종류의 권력 의지를 보여주었다.

잔혹하게 죽어간 사람들

이제 우리는 몇 가지 특별히 중요한 사례를 살펴볼 차례가 된 것 같다. 지금 우리는 그라쿠스 형제의 정책이 얼마나 중요한 것이었는지, 즉 그들이 주장한 토지 개혁이 갖는 진정한 가치와 필요성과 더불어 만약 그것이 실행 되었더라면 로마의 미래에 어떠한 영향을 미쳤을지를 알고 있다. 그들은 반역자 혹은 미치광이로밖에 보이지 않을 만한 나이에 순교의 아픔을 맛보아야 했다. 이것은 이 시기에 나타난 로마의 사디즘의 끔찍한 실례 가운데 하나이기도 하다. 플루타크는 티베리우스 그라쿠스와 그 추종자들의 죽음을 이렇게 이야기하고 있다.

"티베리우스가 도망가려고 하자 누군가 그의 옷자락을 붙잡았다. 그는 겉옷을 벗어 던지고 셔츠 바람으로 달아나기 시작했지만, 균형을 잃고 먼저 쓰러져 있던 사람 위로 넘어지고 말았다. 그가 다시 일어나려고 버둥거리자 그의 동료 가운데 한 사람인 푸블리우스 사투레이우스가 의자 다리로 그를 때리기 시작했다. 루키우스 루푸스는 두 번째 일격에 무슨 고상한 행동이라도 하는 듯이 그대로 쓰러져 버리고 말았다. 그 외에도 몽둥이와 돌멩이에 맞아 죽은 사람이 300명이 넘지만, 철제 무기로 죽음을 당한 사람은 아무도 없었다."

또한 플루타크는 동생인 카이우스 그라쿠스의 죽음에 대해서도 다음과 같은 글을 남기고 있다.

"카이우스와 풀비우스를 비롯한 300명 이상의 사람들이 살해되어 모두 강물 속으로 던져졌다. 그들의 재산은 모조리 압수되었고, 그들의 아내는 상복을 입지 말라는 명령을 받았다. 실제로 카이우스의 아내인 루키니아는 지참금을 몰수당하기도 했다.

그러나 그들의 잔혹함은 풀비우스의 어린 아들을 처형하는 장면에서 그 극치를 이룬다. 그의 아들은 무기를 손에 들어보기는커녕 싸움터에 나가본 적도 없었다. 그러나 그는 전투가 벌어지기 전에 휴전을 청하러 왔다가 그대로 체포되어 전투가 끝나자마자 곧바로 처형당했다. 하지만 그 무엇보다도 주목할 만한 일은 평민들이 콩코르드 사원을 짓는 오피미우스에 대해 분노를 느꼈다는 점이다. 그가 그토록 많은 사람을 학살하고도 오히려 뿌듯한 자부심을 느끼는 것처럼 보였기 때문이었다."

마리우스와 술라의 전쟁도 참혹하기는 마찬가지였다. 벨레이우스 파테르쿨루스는 이렇게 말한다(ii, 22).

"마리우스가 도시로 들어서며 자신의 동족들을 위해 파괴를 자행하기 시작했다. 만약 술라의 승리가 즉각 뒤따르지 않았다면, 그의 승리의 잔혹함은 그 극에 달했을 것이다. 그의 칼이 토해낸 분노는 평범한 사람들을 상대로 하는 것이 아니라, 가장 고귀하고 지체 높은 사람들을 지극히 다양한 방법으로 죽이기 위한 것이었다."

술라는 이러한 잔혹한 행동으로 악명이 높았다. 나름대로 교양을 갖추었다고 하는 그의 행동들은 전형적인 군인 스타일을 유지했던 마리우스보다도 한층 더 극악했다. 한번은 싸움에서 이긴 것을 자축하기 위해 8천 명의 죄수를 처형한 적이 있으며, 또 한번은 무려

1만2천 명을 창으로 찔러 죽였다. 그의 처형은 지금까지도 악명을 떨치고 있다. 그 중에는 90명의 원로와 2천6백 명의 기사가 포함되어 있었다. 이러한 사실의 정확한 의미는 아피안의 《시민 전쟁의 역사(History of the Civil War)》에 잘 설명되어 있다(i, 95).

"이러한 희생자들 가운데 몇몇은 집이든 거리든 사원이든 눈에 뜨이는 대로 죽임을 당했다. 설사 현장에서 죽이지 않은 사람이라 할지라도 손발을 묶어서 술라 앞으로 데려가곤 했다. 혹은 술라 앞으로 질질 끌려가 던져지는 사람도 있었다. 그때마다 그 장면을 목격한 사람들이 숨조차 제대로 쉴 수 없을 정도의 잔혹한 일들이 벌어지곤 했다."

술라의 이러한 성격이 다양한 특징들과 결합되어 네로 황제에게까지 이어졌다고 할 수 있다.

플루타크는 술라의 전기(2)에서 이렇게 말하고 있다.

"술라는 노는 것을 무척 좋아했기 때문에 젊었을 때는 곧잘 광대들과 어울려 음란한 짓들을 하곤 했다. 후일 절대적인 권력을 움켜쥐게 된 그는 사방에서 저속한 광대나 배우들을 불러모아 그들과 함께 술을 마시며 즐기곤 했다. 이러한 행동은 그의 나이나 지위와도 전혀 걸맞지 않는 것이었을 뿐 아니라 그것 때문에 자신의 책무를 방기하는 경우도 많았다. 그가 만찬을 즐기고 있을 때는 아무리 중요한 일이 있어도 그에게 말을 꺼낼 수가 없었다. 평소에는 누구보다도 사무적이고 진지한 태도를 가지고 있던 그였지만, 일단 술자리에 어울리고 나면 전혀 딴 사람이 되어버리는 것이었다. 코믹한 가수나 무희들에게는 사족을 못쓰고 아무도 거절하지 않을 만큼 관대한 태도를 보였다. 그의 이런 습관에서 비롯되는 또 하나의 결점은 사랑을 지속적으로 이끌어가지 못하고 방탕한 쾌락을 즐겼다는 점이다. 그는 나이가 들어서도 그런 습관을 버리지 못했다. 젊었을 때 그는 메트로비우스라는 희극 배우와 꽤 오랜 시간 동안 사랑을 나누었다. 그러다가 그는 또 니코폴리스라는 이름의 부유한 매춘부와 사랑에 빠지기도 했다. 그녀 역시 젊음의 아름다움을 간직한 그를 사랑했다. 그래서 그녀는 세상을 떠날 때 자신의 모든 재산을 그에게 물려주었다."

이 전기의 또 다른 대목에서는 술라의 변덕스러움을 강조하기도 한다. 선천적으로 성격이 급하고 변덕이 심해서 툭하면 눈물을 흘리곤 했다는 것이다.

타키투스와 마찬가지로 플루타크 역시 이러한 사실을 발견했다.

"권력 의지는 사람을 꾸준하고 일관된 성격으로 가꾸어 가기보다는 변덕스럽고 야만적인 성격으로 만들어 간다."

그는 술라의 지나칠 정도로 강렬한 복수심을 몇번이고 지적하고 있다. 하지만 그렇다고 해서 우리는 이런 사람이 대다수 로마인들에 의해 '위대한' 사람, 훌륭한 전사라고 생각되었다는 사실이 모순된다고 받아들이지는 않는다. 막시무스 같은 사람조차 이러한 모순을 고작 이렇게 설명할 뿐이다.

"그의 덕은 자신을 둘러싸고 있는 악덕의 굴레를 깨뜨렸다. 만약 이러한 거대한 차이점과 대비점을 신중하게 비교해 본다면 두 사람의 술라가 한 사람으로 통일되어 있다는 사실을 발견할 것이다. 방종한 젊은이와 진정으로 용감한 남자라는 두 사람의 술라가 한 몸에 존재했던 것이다."

요즘의 우리라면 이러한 사실을 보다 정확하게 설명할 수 있을 것이다. 그의 강력한 힘은 여자를 사랑하는 것만큼이나 아무렇지도 않게 남자를 사랑할 수 있게 했을 것이며, 수천 명의 반대파의 딸들을 농락하는 것만큼이나 광대들의 익살에서 쾌락을 느꼈을 것이다. 또한 그것은 가장 다양한 방식으로 스스로를 충족시켰다. 그러나 그것은 현대의 도덕적 제한과는 아무런 상관도 없는 것이다. 따라서 술라는 권력 의지가 잔혹한 행동으로 충족된다는 사실을 극명하게 보여주는 좋은 예가 될 것이다.

시간이 흘러 전쟁의 범위가 한층 더 확대되자, 이제 포로들을 죽일 때도 옛날처럼 간단하게 죽이지 않게 되었다. 여기저기 도시를 끌고 다니며 각종 게임에 포로들을 이용했다. 클라우디우스 치하인 기원후 44년에, 몇몇 생포된 브리톤의 예에서 그런 사실을 엿볼 수 있다. 그 후 티투스가 예루살렘을 공격했을 때도 유대인 포로들을 그와 비슷한 방법으로 처리했다. 콘스탄티누스 역시 그런 게임을 즐겼다. 그를 찬미하는 사람들은 "그는 적들을 완전히 전멸시킴으로써 백성들을 기쁘게 했다—그보다 더 좋은 승리가 어디에 있겠는가?(Panegyric xii, 23, 3)"라는 글을 남기고 있다.

형법 제도

고문의 목적과 방법

적들을 이토록 잔혹하게 대했던 풍습은 기본적으로 군사적인 행동이었을 뿐이다. 그러나 그것을 차치하더라도 고대 로마의 형법 역시 잔혹한 면에서는 그에 뒤지지 않았다. 몸젠은 형법에 대한 자신의 저서에서, 로마의 입법가들이 고문을 가하지 않는 몇 가지 전통적인 처벌 형태를 도입했다는 사실을 생각해 볼 필요가 있다고 말하고 있다. 그러나 전후 사정을 살펴보면, 이러한 언급은 필수적인 제한 내에서만 타당하다는 사실을 알 수 있다. 로마의 형법 체계의 역사를 자세하게 고찰해 볼 수는 없지만, 대표적으로 드러나는 몇 가지 잔혹한 행태들을 살펴보는 것으로 만족하기로 하자.

고대 — 고대란 원래 신빙성 있는 자료에 근거하기보다는 후대와의 관계 속에서 추론을 통해 얻을 수 있는 사실이 더 큰 비중을 차지하는 시대이게 마련이다 — 의 로마법으로부터 알려진 처벌은 단한 가지밖에 없었다. 사형이 그것이다. 법을 지키지 않은 범죄자는 사형을 통해서만 영원히 그 사회에서 격리시킬 수 있다. 이것이 사형 제도의 궁극적인 목적이다.

그러나 그에 대해서는 무언가 신성불가침한 측면이 언제나 남아 있게 마련이다. 어쩌면 사형은 신에 대한 제물로써의 의미를 가지고 있었을지도 모른다. 몸젠은 범법자들이 제물로 바쳐지는 동물과 같은 방법으로 죽임을 당했다는 사실에서 원시적인 처형에 따르는 이러한 제의적인 측면을 이끌어내고 있다.

이와 관련하여 그는 이렇게 말하고 있다.

> "처형을 당하는 사형수의 손을 등 뒤로 묶는다. 그런 상태로 기둥에 꽁꽁 묶어 무자비한 매질을 한 다음, 땅바닥에 눕혀놓고 도끼로 목을 자른다. 이러한 과정은 제물로 바쳐지는 동물을 죽이는 방식과 완전히 동일하다."

이러한 원시적인 처형 방법으로부터 우리는 단순히 목숨을 빼앗는 것만으로는 충분한 처벌이 되지 않는다고 믿었던 로마인들의 생각을 엿볼 수 있다. 죽이기 전에 반드시 무자비한 매질을 먼저 해야 했다. 죽음이란 일종의 해방을 의미한다는 의식이 지배적이었기 때문에 범죄자는 엄청난 고통을 느낀 후에야 죽음을 맞이할 수 있었다. 죽음은 지극히 짧은 순간에 끝나 버린다. 그러나 처벌은 구경꾼들을 잔뜩 불러모아 놓고 마치 극장에서 연극을 공연하는 것처럼 오랫동안 지속되는 고통을 안겨주어야만 의미가 있는 것이다.

이러한 매질과 고문은 모든 종류의 처형에 앞서 필수적인 전주곡 역할을 했다. 살루스트의 《카틸리네(Catiline)》에서도, 모든 저주를 최대한으로 증폭시키는 방법으로 매질을 꼽고 있다. 카틸리네의 추종자들이 체포되었을 때 어떻게 처형되었는지, 또한 그들에게 벌을 내린 카이사르의 연설을 상기해 볼 수 있을 것이다.

"그들에게 벌을 내림에 있어서 우리는 무엇이 진정한 진리인지를 말할 수 있다. 불운과 슬픔 속의 죽음은 순교가 아니라 해방인 것이다. 그렇다면 당연히 죄인들에게 먼저 매질을 가해야 하지 않겠는가?"

따라서 카이사르 역시 죽음 그 자체는 결코 처벌이 될 수 없다는 입장을 가지고 있었다. 진정으로 벌을 주기 위해서는 죽이기 전에 혹독한 매질로 최대한의 고통을 안겨주어야 한다는 것이다.

수에토니우스는 잔혹한 칼리굴라에 대해서 이렇게 말하고 있다 (Calig., 30).

"그는 먼저 매질을 하지 않고는 누구도 처형할 수 없도록 했다. 그는 또 '스스로 죽어가고 있다는 느낌이 들 때까지 몹시 쳐라.'라는 유명한 명령을 내리곤 했다."

우리는 칼리굴라의 악명 높은 사디즘을 익히 알고 있다. 그러나 그것이 고대 로마의 기본적인 입장이었다는 사실까지는 잘 몰랐을 것이다. 죽음 그 자체는 처벌이 되지 않으므로 모든 처형은 사전에 가혹한 매질로 뜸을 들여야 하는 것이다. 하지만 이것은 우리가 어디서나 만날 수 있는 로마의 잔혹함일 뿐이다.

비교적 초창기의 이러한 형태의 처벌이 전쟁에 진 적군뿐만 아니라 일반 로마 시민에게까지 적용되기 시작한 것은 지배 계급인 자유로운 로마인에게는 별로 가치가 없는 것이었다.

키케로는 라비리우스에 대한 연설에서 이렇게 말하고 있다(3, 10).

> "이것의 영광을 먼저 우리 선조들에게 돌려야 할 것이다. 왕을 추방하고 나자 그들은 자유로운 사람들에게서 고귀한 잔혹함의 흔적을 잃어버렸다. 그대의 자비롭고 민주적인 생각 속에 품고 있는 이러한 고문 공식은 그 천박하고도 잔인한 타르퀸 왕을 상기시킬 것이다.
> '그의 머리를 가리고 저주받은 나무에 매달도록 하라.'
> 이 말은 오래 전부터 자유의 빛과 고대의 그림자 속에 가리워 사라져 버렸다."

어떤 경우든 공화국 초기부터 모든 로마 시민들은 관리가 선포한 사형 선고에 대해 상고를 할 수 있는 권리를 가지고 있었다(Cic., de Rep., ii, 31). 공화적인 옛 법률집에서, 키케로가 체포된 카틸리나리안들을 처형함으로써 규정을 어긴 대가로 추방당한 사실만 봐도 충분히 짐작할 수 있다.

물론 우리는 이러한 공화적인 법률이 인간적인 감정으로 뒷받침되지 않았음을 비판해야 한다는 사실을 잊어서는 안 된다. 그것은 공화정의 지배 계급에 의해서 통과된 법률로서, 그 계급의 자치와 개별 총독 혹은 관리에 대한 독립을 규정하는 내용을 가지고 있었다. 따라서 대중 집회는 언제나 사형 선고를 내릴 수 있었다. 또한 자유 시민을 제외하면 아무도 항소의 권리를 가지지 못했다. 법은 애당초 장군이 매질을 할 수 있는 권한을 금지하지 않았으며, 적 앞에서 비겁한 태도를 보인 사람은 누구든지 처형할 수 있도록 허용했다(e.g. Livy, ii, 59). 장군이 로마 시민과 관련된 이러한 권리를 빼앗긴 것은 그 후의 법에서 제정된 조항이었다.

죽음을 부르는 십자가

또 다른 형태의 사형 — 아마도 로마에서 가장 흔히 찾아볼 수 있는 형태일 것이다 — 은 죄인을 십자가에 못박는 것이다. 그것은 아주 오랜 전통을 가지고 있으며, 처음에는 노예를 처형하는 데 흔히 사용된 방법이었으나 처음부터 그들에게만 한정되지는 않았다. 설사 그 이야기가 오랜 풍습을 설명하기 위해 만들어진 것이라 할지라도, 리비우스(i, 26)는 그 풍습 자체가 그 전 시대부터 존재했었다는 사실을 명확히 밝히고 있다. 그 이야기는 호라티우스가 쿠리아티우스의 죽음을 애도했다는 이유로 자신의 여동생을 영웅적으로 살해했다는 내용을 담고 있다. 그녀는 자기 오빠의 손에 의해 살해된 애인의 죽음을 크게 슬퍼했다고 한다.

"피끓는 젊은이는 한창 자기가 승리를 거두고 있는 와중에 여동생이 애인의 죽음을 슬퍼하는 울음소리를 내자, 당장 칼을 뽑아들어 그녀의 가슴을 찌르며 이렇게 쏘아붙였다.

'가라, 너의 그 철없는 사랑을 품고 신랑에게로 가라. 너는 너의 오빠가, 심지어는 너의 조국이 죽었는지 살았는지조차 모르고 있다. 그러니 로마의 모든 여자들이 사랑 때문에 원수의 죽음을 슬퍼하는 것 아니겠는가.'

원로들은 그의 이러한 행동에 커다란 두려움을 느꼈지만, 그것은 호라티우스가 그때까지 보여준 영광과도 어울리는 것이었다. 그러나 결국 그는 왕 앞에 불려가 심판을 받아야 했다. 왕은 이 재판에 따르는 책임을 지고 싶지 않음은 물론이고, 그 후환이 두려웠기 때문에 국민회의를 소집한 다음 이렇게 말했다.

'법에 따라 나는 호라티우스의 반역죄를 심판하기 위해 두 사람으로 만들어진 위원회를 구성할 것이다.'

그 법은 대단히 잔인한 규정을 담고 있었다.

'두 사람으로 구성된 위원회에서 반역자를 심판한다. 피고는 단 한번밖에 항소를 할 수 없다. 항소가 기각되면 피고의 머리를 천으로 가린 다음, 저주받은 나무에 매단다. 그리고는 정도를 넘어서는 무차별 매질을 가한다.'

이 법에 의해 지명된 두 사람은 설사 피고가 결백하다 할지라도 무죄를 선언할 수가 없다. 어떻게든 죄를 찾아내고야 마는 것이다. 그들 가운데 한 사람이 입을 열었다.

'호라티우스, 나는 그대에서 반역죄를 발견했소. 릭토르(Lictor, 옥리, 교도관), 그의 손을 묶으시오.'

교도관은 이미 목에 올가미를 걸어놓고 있는 호라티우스에게 다가갔다. 이때 그는 항소를 하겠다고 말하는데, 이는 보다 큰 자비심을 발휘한 툴루스의 충고 때문이었다. 사람들은 그의 항소를 들었다. 호라티우스의 아버지는 자신의 딸이 죽은 것은 정당하다고 생각한다는 말을 함으로써 청중들에게 커다란 영향을 미쳤다. 만약 호라티우스가 그런 행동을 하지 않았다면, 자신이 아버지로서의 권위를 이용하여 대신 아들에게 벌을 내렸을 것이라는 이야기였다. 그런 다음, 그는 한때 고상한 자녀를 둔 아버지였던 적도 잠시 있었지만, 지금은 자녀 없는 사람이 되어버린 자기에게 자비를 베풀어 달라고 간청했다. 그러면서 그는 젊은 남자를 껴안으며 전리품처럼 걸려 있는 쿠리아티우스의 갑옷을 가리켰다.

'바로 이 사람이 승리의 영광과 함께 행진해 온 로마인이다. 그가 기둥에 묶인 채 고통받고 있는 것을 어찌 눈뜨고 볼 수 있단 말인가? 교도관이여, 로마를 위해 싸운 그의 손을 칼과 방패로 묶으라. 가서 도시의 해방자의 머리를 가려라. 그를 저주받은 나무에 매달고, 그가 적군에게서 빼앗은 창과 전리품들이 쌓여 있는 성 안에서든 성 밖의 쿠리아티우스의 무덤에서든 마음껏 매질하라. 당신은 이 젊은이를 그의 영광이 그토록 수치스러운 처벌로부터 손상받지 않는 곳으로 데려갈 수 있겠는가?'

그리하여 호라티우스는 석방되었다. 하지만 그의 아버지는, '가문의 명예를 회복하기 위해 대대로 전해 내려오던 제물을 바쳤다. 그는 거리를 가로지르는 막대기를 설치하고는 젊은이를 그 밑으로 지나가게 했다. 마치 멍에를 진 가축처럼.'"

이 이야기는 살인을 저지른 로마 시민들이 도시 한복판에서 처형당하는 굴욕의 처벌을 받았다는 사실을 입증한다. 이것은 범법자를 십자가에 못박아 서서히 숨이 끊어지게 하는 방식과는 다르다. 어쩌면 네로 황제 시절까지 이어져 내려온 가장 잔혹한 처형 방법 가운데 하나일지도 모른다.

　범죄자들을 발가벗긴 채 천으로 머리를 가리고 목덜미에는 '푸르카(furca, 교수대)'를 갖다대게 한다. 이 푸르카에 대해서는 여러 가지 견해가 있다. 어떤 사람들은 푸르카는 그저 범죄자의 팔을 묶을 수 있도록 옆으로 가로지른 막대기에 지나지 않는다고 해석하기도 한다. 또 어떤 사람들은 나무로 날을 만들어서 범죄자의 어깨에 갖다댐으로써 그의 팔이 두 개의 갈고리에 묶여 있는 동안 머리를 고정시켜 꼼짝도 하지 못하게 하는 것이었다고 생각하기도 한다. 사형 전의 고문은 언제나 이런 방식으로 행해졌는데, 그것은 범법자가 죽음에 이를 정도까지는 아니었다.

　키케로는 푸르카를 맨 채 계속 매질을 당하며 광장을 돌아야 했던 노예에 대한 이야기를 전하고 있다(De div., i, 26, 55). 만약 고문이 죽음을 포함하는 것이었다면 범법자의 숨이 끊어질 때까지 쉴새없이 매질이 이어졌을 것이다. 이러한 유형의 처형 방법은 후에 '모레 마이오룸(more maiorum)', 즉 '선조들의 관습에 따라' 라는 말로 묘사되었다. 그러나 제국의 초창기까지는 그것이 일반적인 관행이 아니었기 때문에, 네로는 원로원에서 그런 방식으로 처형할 것이라는 이야기를 듣고도 그게 무슨 뜻인지 몰랐다고 한다(Suet., Nero, 49).

　죽을 때까지 고문을 하는 방법의 일환으로 십자가에 못박는 것은 역사를 통해 흔히 찾아볼 수 있다. 베스타 여신을 섬긴 처녀를 유혹하는 사람이 생긴 시대에까지도 마찬가지였다. 리비우스는 한니발 전쟁 시대에 어떤 칸틸리우스가 베스타 여신 플로로니아를 능멸했다는 사실을 기록하고 있다. 그는 결국 그 죄로 인하여 사람들로 둘러싸인 광장에서 고위 성직자들에 의해 목숨이 끊어질 때까지 매질을 당해 죽었다(Livy, xxii, 57).

그러나 만약 이러한 매질이 우리가 흔히 십자가형이라고 부르는 처형 방식의 전주곡에 지나지 않는다면, 무언가 다른 방법이 더 있어야 할 것이다. '파티불룸(Patibulum, 교수대)' 이라고 하는 것이 바로 그 방법을 의미하는 말이었다. 이것은 널판지의 중간을 쪼개서 틈을 벌린 다음, 범법자의 목을 그 사이에 집어넣고 조이는 것이다. 때로는 이러한 도구가 희생자를 질식사시키는 경우도 있었다. 그러나 대개의 경우에는 틈을 조금씩 조이기 때문에 법법자가 질식할 정도는 아니었다. 손은 묶여 있거나 못에 박혀 고정되어 있다. 땅바닥에 박은 말뚝 위로 걸쳐놓은 막대기에 매달리는 형국이 되는 것이다. 그 막대기가 십자가의 가로막대 역할을 한다. 마지막으로, 범법자의 발이 못으로 기둥에 고정된다. 그렇게 공중에 매달아 조금씩 숨이 끊어지도록 하거나, 혹은 넓적다리를 부러뜨려 죽인다.

'파티불룸' 과 진짜 십자가의 차이점을 이시도레는 이렇게 규정하고 있다(orig., v, 27, 34).

> "고문을 위해 '파티불룸' 을 이용하는 것이 십자가를 이용하는 경우보다 더 적었다. 십자가는 못박힌 사람이 오랫동안 고통에 신음하며 서서히 죽어가게 만들지만, 파티불룸은 단번에 숨을 끊어놓기 때문이다."

그리고 '아피게레(affigere, 못박다)' 라는 단어가 자주 나오는 것을 보면, 남자들의 경우 파티불룸에 묶이는 것보다 십자가에 못박히는 경우가 더 많았음을 분명히 알 수 있다.

그것은 처형 방법 중에서도 대단히 끔찍한 것들이다. 그러나 때로는 그것만으로도 부족한 경우가 있었다. 너무나도 끔찍한 사디즘 때문에 한층 더 특별한 고문 방법을 생각해 내는 사람들이 어느 시대에나 있게 마련이다.

베레스는 로마 시민들이 아무 죄도 없이 얼굴을 회초리로 얻어맞는 일이 있었다고 기록하고 있다. 키케로의 말에 의하면, 노예들을 벌거벗긴 채 벌겋게 불에 달군 펜치 같은 것으로 온몸을 찢어 죽일 수도 있었다고 한다. 어떤 경우이건 간에 처형자는 죄를 지은 노예를 어떻게 처리할지 자기 마음대로 결정할 수 있었다.

세네카의 다음과 같은 문장에서도 위에서 말한 사실이 입증된다 (Ad Marciam, 20, 3).

"거기서 나는 보통의 평범한 십자가가 아니라 다른 사람들이 다르게 만들어놓은 십자가들을 보았다. 어떤 희생자들은 고개를 축 늘어뜨린 채 매달려 있었고, 또 어떤 사람들은 음부에 막대기가 꽂힌 채 일그러진 표정으로 죽어 있었다. 또 어떤 사람들은 교수대 위에 사지를 축 늘어뜨리고 있었다. 회초리와 채찍은 물론, 희생자의 사지와 모든 관절에 고통을 가하기 위해 특별히 고안된 기계들도 눈에 띄었다."

죄값에 따른 여러 가지 형벌

그러나 로마의 다양한 처형 방법들은 목을 매달거나 십자가에 못 박는 것만으로 끝나지 않았다. 12동판법에는 사형수를 산 채로 태워 죽이는 화형도 나와 있다. 그 후 이 방법은 전투에서 낙오하거나 동료를 배신한 병사를 처형하기 위해 군대에서 광범위하게 이용되었다(Digest, xlviii, 19, 8, 2).

이 잔혹한 처형 방법은 카이사르 시대에 유난히 널리 이용되었으며, 네로의 그 유명한 "살아 있는 횃불"이라고 하는 것도 여기에 포함되는 처형 방법이다. 여기에 대해서는 다양한 기록이 남아 있다. 세네카는 "불꽃의 먹이가 된 겉옷(Ep., 14)"이라는 표현을 한 바 있으며, 마르티알은 "투니카 몰레스타(tunica molesta)" 즉 "골치 아픈 겉옷"이라는 표현을 썼다. 유베날리스(i, 155)는 시인들에게 "숯검댕이가 된 말뚝에 묶인 채 불꽃과 연기의 먹이가 되고 싶지 않으면" 유명한 네로 찬미자인 티겔리누스를 공격하지 말라고 경고하기도 했다.

설혹 유명한 철학자 드루 학파의 견해를 추종하여 네로가 그리스도교 신자를 박해한 것은 후대에 들어서 조작된 사실이라고 하는 타키투스의 주장을 그대로 믿는다 할지라도, 이른바 "네로의 횃불"이라는 개념의 화형이 존재했었다는 사실까지 의심할 수는 없다. 물론 이러한 처형 역시 다른 방법들과 마찬가지로 죄인에게 혹독한 고문을 한 후에나 이루어지는 것이었다.

또한 사람을 자루에 넣어서 죽이는 방법도 그냥 넘어갈 수 없는 문제이다. 그것은 자유민을 처형할 때 사용된 형벌 가운데 하나였다. 12동판법에 의하면, 곡물을 훔친 자는 십자가형에 처하고, 살인자는 자루에 넣어서 죽이라고 되어 있다. 먼저 사형수에게 혹독한 매질을 가한 다음에[Digest, xlviii, 9, 9에, '상귀네이스 비르기스(sanguineis virgis)' 즉 피로 얼룩진 몽둥이로 매질하는 장면이 나온다], 뱀, 닭, 개, 또는 원숭이와 함께 황소가죽 자루에 넣는다. 그런 다음, 이 자루를 티베르나 바다에 던져 버린다.

키케로의 연설(Pro Roscio, 25)에는 이 형벌의 근거와 관련된 묘한 생각이 기록되어 있다.

"우리의 선조들은 무의식적인 공격으로부터 보호받을 만큼 신성한 것은 아무것도 없다는 사실을 이해하고 있었다. 따라서, 그들은 자연적인 유대에 의해서 임무를 수행하지 못한 사람들을 범죄로부터 격리하기 위해 부모를 살해한 자에게는 예외적인 형벌을 내려야 한다고 생각하고 있었다. 그런 자들은 자루에 넣고 봉한 다음, 산 채로 강물에 던져 버려야 한다고 선언했던 것이다. 이 얼마나 **훌륭한 지혜인가!** 그런 흉폭한 죄를 저지른 자라면 더 이상 단 한 순간도 공기와 빛과 물과 땅을 허락하지 않도록 이 세상에서 격리시켜 버려야 한다. 자신에게 생명을 부여해 준 사람을 죽이는 것은 삶의 모든 원칙을 부정하는 것과 다를 바 없다.

만약 부모를 살해한 자의 시체를 짐승들에게 던져 주었다가는 짐승들의 야만성만 한층 더 증폭될 것이다. 그렇다고 맨 몸뚱어리만 바다에 던져 버리면 다른 모든 것을 정화해줄 물을 오염시키는 결과를 낳을 것이다. 그는 호흡을 하지 못하는 고통 속에서 마지막 순간까지 살아 있어야 한다. 결국 숨을 거두겠지만, 땅에는 그의 뼈가 놓일 자

리가 없다. 파도 속에 던져져서 두번 다시 깨끗해질 수 없는 존재가
되어야 한다. 급기야 바위에 부딪혀 죽는다고 해도 그는 안식을 가질
수 없을 것이다."

까마득한 옛날부터 남의 물건을 훔친 노예와 반역한 자유민들을
타르페이안 바위 위에서 아래로 던져 버리곤 했다. 리비우스(xxiv,
20)는 적의 포로가 되었던 370명의 낙오병이 광장에서 매질을 당
한 다음, 그 바위에서 던져졌다고 한다. 머릿속으로 그 많은 사람들
이 절벽에서 떨어지는 장면을 생각해 보라. 얼마나 참혹한 풍경이
연출되었을지 쉽게 짐작할 수 있을 것이다.

요즘 같은 시대에 이러한 처형 방식이 도입된다는 것은 도저히 상
상도 하지 못할 일이다. 그러나 이것들을 보다 자세히 살펴보기 전
에, 우리는 사디즘이 언제 어디서나 자유롭게 괴롭힐 수 있었던 계
층, 즉 노예 계층에 대해서 간단히 짚고 넘어갈 필요가 있을 것이
다.

노예 제도

노예에게 가해지는 사디즘

쇼펜하우어가 과거나 현재에 있어서 "사람이 그 잔인성과 무자비함에 있어서 결코 호랑이나 하이에나에게 뒤지지 않는다."는 것을 확신할 수 있는 많은 증거가 있다고 했을 때(Parerga, xi, 217), 고대 로마 사람들이 노예를 다루는 방식에 관한 자료로부터 그 내용을 얻었을 것이라고 추측된다. 뛰어난 고전학자 버트는 로마 노예의 전체적인 생활이 그토록 비참하지는 않았다는 것을 증명해 보이는 데 많은 노력을 기울였다. 그러나 비록 그것이 어느 정도 맞는 부분이 있다 하더라도, 그의 견해는 일면적이라고 단언할 수 있다. 그러나 우리는 또한 그 정반대의 실수도 범해서는 안 될 것이다. 따라서 로마 노예 제도의 긍정적인 면에 대해서 이야기되는 것 가운데 올바른 측면에 대해서는 받아들이는 자세를 견지해야 한다.

여기서 우리는 때때로 안락해 보일지도 모르는 로마 노예 생활의 다른 측면들을 조명해 볼 것이다. 물론 각자가 몇 안 되는 노예를 소유하고, 짧은 기간이라도 그들과 함께 지냈던 고대에서 매우 가치 있는 재산인 노예를 아무런 이유 없이 학대하거나 고문하지 않았다는 것은 쉽게 이해할 수 있을 것이다.

로마 최초의 노예는 전쟁 포로들로 구성되었다. 아마도 몸젠이 주장하는 것처럼, 이는 주인과 노예 사이의 충실한 의무 관계의 최초의 기원이었을 것으로 보인다. 이러한 주종 관계의 정서로 보았을 때, 노예는 결코 자기 주인에 반대되는 행위를 할 수 없었을 것이다. 다른 측면에서 국가는 항상 노예에 대한 주인의 보호자로서의 역할을 자처하였으며, 도망간 노예를 붙잡는 공공기관을 설치함과 동시에, 노예 중 한 명이 그의 주인을 살해했을지라도 집안 노예 전체를 사형에 처하는 엄벌을 부과하였던 것이다.

이것을 보여주는 유명한 실례가 타키투스(Annals, xiv, 42)의 글에 나타나 있으며, 그것은 어느 특정한 주인이 노예를 보다 온화하게 다루었다 하더라도, 노예에 대한 제 법률의 실제적 관계를 보여주고 있기 때문에, 우리는 이것을 보다 깊이있게 다루어야 한다.

타키투스는 이렇게 쓰고 있다.

"도시의 책임자인 페다니우스 세쿤두스는 노예가 계약금을 다 갚은 후에도 그 노예를 해방시키지 않았는데, 사랑하던 젊은 여인을 주인이 찬탈하는 것을 막지못했던 그 노예는 주인을 살해하였다. 고대인의 관습에 따라 사형에 처해질 운명에 놓인 그 집안의 식솔 노예들은 회의를 열었으며, 그들의 구원을 요구하다가 거절당하자, 그것이 폭동으로 발전하게 되었다. 원로원에서는 다수의 사람들이 엄격한 법 집행을 요구하고 나섰지만, 그 안에서도 지나치게 가혹한 것이 아니냐 하는 목소리도 상당수에 이르렀다."

유명한 법률가인 카시우스는 그 잔인한 법에 대한 옹호의 열변을 토하였다. 타키투스는 계속해서 이렇게 쓰고 있다.

"어느 누구도 감히 카시우스에 대하여 반론을 펴지 못하였다. 그러자 낭패라는 듯이 노예들에 대한 동정을 요구하는 한숨소리만 흐르게 되었다. 그들의 수가 너무 많다는 것과 그들의 나이가 어리고, 여자도 끼어 있다는 것 등의 이유 때문이었다. 그럼에도 다수의 의견은 사형을 집행해야 한다는 쪽으로 기울었다.
그러나 그 명령이 돌과 횃불을 내던지며 항의하는 다수의 군중으로 인해서 집행되지 못하는 사태가 벌어지게 되었다. 그러자 황제는 명령에 불복종하는 그들을 비난하는 포고령을 내리고, 사형 집행장으로 향하는 길목마다 무장한 경비병을 배치하고서 끝내 사형을 집행했다."

재치있는 학자 스타르는 그의 유명한 타키투스 번역문에서, 부자들과 고상한 원로원들의 야만적인 행위에 반대하여 4백여 명의 선량한 사람들에 대한 야수적 처형을 저지하려 함으로써 스스로의 비겁을 극복한 하층민들의 용감한 행위를 정확하게 지적하고 있다.

이와 같은 무서운 형벌을 그들이 주장한 것은 다름아닌 그들 밑에서 고통받는 노예 군중에 대한 공포의 반증이었던 것이다.

경직된 법률은 로마에서 노예의 지위를 최악의 상태로까지 하락시켰다. 노예는 인간으로서가 아니라 주인의 의지에 의해서 마음대로 사용할 수 있는 하나의 물건으로 취급되었다.

《제도(Institutions)》를 저작한 카이우스(i, 8, 1)도 노예에 대해 언급한 적이 있다.

"노예는 그들 주인의 완전한 소유물이었다. 모든 국가에서 노예 소유주는 그들의 생사 여탈권을 쥐고 있었다."

따라서 병들거나 늙은 노예를 돌봐주는 주인은 거의 없었을 것이라는 사실을 우리는 쉽게 이해할 수 있을 것이다. 카토는 다음과 같이 이야기한다.

"당신은 낡은 성들과 늙은 동물, 병든 양과 양털, 오래된 마차와 고철, 그리고 늙고 병든 노예, 또 남아도는 모든 것을 팔아치우려고 할 것이다."

키케로는 배가 위급한 상황에 처했을 때, 무게를 줄이기 위해서는 훌륭한 말을 버리는 것보다 늙은 노예를 바다에 던지는 것이 더 좋은 방법이라고 말하고 있다. 점차 후대로 오면서 시민들이 많은 양의 가축들을 소유하게 되면서 노예들에 대한 가혹한 착취는 더욱더 극도로 발전하게 된 것 또한 사실이다. 당시의 다음과 같은 속담

이 이를 반증한다.

"수백의 노예를 갖는다는 것은 수백의 적을 갖는 것과 같다."

또한 기원전 2세기경에 살았던 플라우투스는 노예 생활의 전체적인 모습이 채찍질과 십자가 형벌에의 위협이 항상 따라다니는 것이었다고 증언하고 있다.

노예 반란

기원전 38년경의 페르시아에 대한 설명에서 아피안(Civil War, v, 35)은 포위된 도시에서의 노예의 처지에 대하여 서술하고 있다.

> "루키우스는 남아 있는 식량을 다 긁어 모았으며, 노예에게는 식량을 제공하지 않았다. 대신 노예가 탈출하여 도시의 궁핍한 상태에 대한 정보를 적에게 알리지 못하도록 철저히 감시했을 뿐이었다. 그들은 도시의 어느 구석에 마련된 집단 수용소에 강제 수용되거나 도시 내부와 성벽 사이에 있는 푸른 초원이나 나무숲이 있는 아무 곳에나 내버려져 초근목피로 연명해 나가도록 방치되었다. 루키우스는 그 방어선 속에서 죽어간 노예들을 적에게 들키지 않게 처리하고, 그들의 육체가 썩어갈 때 악취와 질병의 전염을 막기 위하여 태우기보다는 매장하는 방법을 이용했다."

만일 노예들이 일반적으로 인간적인 대접을 받았다면, 전쟁으로까지 발전된 노예들의 반란은 일어나지 않았을 것이다. 디오도루스

(Diodorus)는 이러한 폭동을 보고 이렇게 말했다.

> "보다 잔인하고 난폭하게 노예를 다루는 권력의 타락은, 착한 백성들을 광범위한 절망의 상태로 빠뜨렸다. 남들보다 열등한 인생을 타고난 사람들은 그들의 상관에게 자신들의 인간으로서의 존엄과 명예를 바쳐야 했다. 그러나 한 인간으로서 그러한 노예적인 처우를 받아들이지 못한다면, 그는 결국 비인간적인 주인에 대하여 저항할 수밖에 없었다."

이러한 노예 반란은 가학적인 잔인성에 대한 반대급부로 일어난 것이었다. 이 노예 혁명의 여러 유형 중에 몇 가지 재미있는 사례에 대하여 언급해 보기로 하겠다. 기원전 240년경 시칠리아에서 발생한 노예 전쟁에 대한 디오도루스의 언급은 다음과 같다(xxxiv, 2).

> "카르타고의 지배에서 벗어난 이후 60여 년 동안 시칠리아는 점차적으로 번창했다. 그러자 바로 그 번영의 결과로서 노예 전쟁이 일어나게 되었다. 그들은 그들의 재산과 사회적 부가 막대하게 증가하게 되자 많은 수의 노예들을 구입하였다. 노예 상인들로부터 노예들을 사는 즉시 그들의 몸에 노예 소유주의 낙인을 찍었다. 젊은 노예들은 가축 몰이용 목동으로 이용되었고, 그외의 노예들은 각각 특성이 맞는 곳에 배치되었다. 그들의 노동은 매우 고되었으며, 생명을 유지할 수도 없을 만큼의 빈약한 옷과 음식이 제공되었다. 그들의 대부분은 강도나 약탈자가 되는 것 이외는 자신의 생명을 달리 보존할 수가 없었다.
>
> 마침내 이러한 약탈자의 군대가 온 나라를 돌아다니게 되고, 살인과

방화가 빈번하게 일어났다. 정부는 이들을 제지하려고 하였으나 약탈자의 무리가 너무 강대해져 그들을 응징할 수가 없었고, 온 나라를 들쑤셔놓는 것을 그저 바라볼 수밖에 없었다. 정부는 로마의 기사를 보내 대다수의 관리, 즉 노예 소유주들에 대해 도망치게 한 노예의 수가 너무 많다는 이유로 고발하고 탄핵하기 시작했다. 이렇게 되자 노예들의 상태는 더욱더 악화되었으며, 별다른 이유 없이 구타, 폭행 당하기가 일쑤였다. 그들은 더 이상 참을 수가 없었다. 노예들은 가능한 한 모든 기회들을 활용해서 동조 세력을 규합하고, 반란을 일으킬 준비를 조직적으로 전개하기 시작했다.”

이 같은 노예 반란의 역사는 절대적인 공포에 의한 것이었다. 디오도루스(loc. cit.)는 반란을 일으킨 노예들의 난폭한 행동을 다음과 같이 서술하고 있다.

“그들은 주인의 집에 침입하여 모든 가족을 살해했다. 그들은 심정적으로 어린아이까지도 용서할 수 없었으나, 실제로는 아이들을 어머니로부터 따로 떼어내어 광장으로 모이게 했다. 그들은 이루 말할 수 없을 정도로 무지하게 행동했으며, 심지어는 남편이 지켜보는 앞에서 여자들을 강간하기까지 했다.”

다모필루스라고 불리는 로마의 지주와 그의 아내 메갈리스는 특히 잔인하기로 유명했다(이것은 여성들도 노예에 대해서 잔인한 행위를 했다는 우리의 설명에 증거가 되는 중요하고도 재미있는 사실이다).
디오도루스는 다음과 같이 이야기한다.

"다모필루스는 자신의 노예들을 극도로 잔인하게 다루었다. 뿐만 아니라 그의 아내 역시 노예들을 잔인하게 다루는 데 있어서 남편 못지않았다."

"다모필루스는 교육을 받거나 교양을 쌓은 사람이 아니었고, 따라서 그는 그의 재산을 무절제하게 사용할 수밖에 없었으며, 그의 무례한 난폭성은 결국 그 자신과 나라를 파괴하는 재난을 초래하게 되었던 것이다. 즉 지나치게 많은 노예들을 사들이고 그들을 광폭하게 다루었기 때문에, 그는 전쟁 포로뿐만 아니라 자신의 나라에서 평민으로 살고 있는 사람조차도 낙인을 찍어서 노예로 만들었다. 일부는 족쇄를 채워 노예굴에 가두었으며, 다른 일부는 필요한 음식과 옷을 충분히 주지 않은 채 가축 몰이 목동으로 만들었다. 여러 가지 불합리한 이유를 들어 — 그의 천성 자체가 무자비했다 — 그의 노예를 혹사하지 않은 날이 없을 정도였다. 그의 아내 메갈리스는 자신의 몸종과 자기 권한 밑에 있는 노예들을 가혹하게 혹사시키지 않고서는 즐거움을 느낄 수가 없었다."

반란을 일으킨 노예들의 증오는 제일 먼저 다모필루스와 메갈리스에게 집중되었다. 그녀는 여성 노예들에게 넘겨져 가혹한 고문을 받고 절벽 아래의 낭떠러지에 떨어져 죽음을 당하였으며, 다모필루스는 도끼와 칼에 의해 난자질당하여 살해되었다. 반란은 놀라울 만큼 급속한 속도로 확산되어 많은 수의 동조자들을 규합할 수 있게 되었다. 디오도루스의 말을 빌면 그 수가 약 20만 명에 달했다고 한다. 그들은 로마의 정규 군대와 싸워 몇 번의 전투에서 승리를 거두기도 했다. 그러나 나중에는 몇 개의 도시에 포위되었으며(그들은 거기에서 극도의 굶주림에 시달렸으며, 서로를 잡아먹기도 하였다), 결국 로마의 병사들에 의해서 함락되고 만다. 잡힌 포로들은 과거의 방식대로 고문을 당하고 절벽 밑으로 내던져져 죽었다.

그 이후에 모든 사람이 알고 있는 스파르타쿠스(Spartacus)의 반란이 일어나게 되었다. 이 반란에서도 역시 우리가 이미 언급한 바 있는 공포가 그 발생의 원인이었다. 결국 이 폭동에서도 약 6천 명의 노예가 사로잡혔으며, 대부분 아피안의 방식대로 십자가형에 처해졌다.

노예들의 비참한 생활

로마의 여성들 또한 노예를 다루는 데 있어 유별나게 잔인했다는 것은 이미 언급한 바 있다. 고대의 자료 중에서 몇 가지 중요한 구절을 통해 이를 예증해 보도록 한다.

오비디우스는 다음과 같은 글을 남겼다(ars amat., iii, 235 ff.).

그러나 때때로 그대는 그이 앞에서 머리를 빗고,
머리를 가볍게 그대의 등 뒤로 펼쳐보이기도 한다.
그러나 그이가 아무런 반응도 보이지 않는다면
당신은 머리를 흐트러뜨리고,
옷을 다시 입거나, 머리를 손질한 노예를 힐책할 것이다.
나는 자신의 몸종을 머리핀이나 손톱으로 할퀴는
그런 여자를 증오한다.
가련한 몸종은 그녀가 만지는 모든 머리를 저주할 것이고,
주인의 등 뒤에서 슬픈 한숨을 쉴 것이다.

오비디우스는 그의 《아모레스(Amores)》(i, 14)라는 작품에서 자신의 아내의 머리 모양에 대해 다음과 같은 말을 하고 있다.

당신의 머리는 수없이 말아올려져 있어,
당신을 귀찮게 하거나 상처를 입히지 못할 것 같소.
그것은 빗으로도 못 빗을 것 같고,
핀으로도 만들기 어렵게 되어 있구려.
머리를 그렇게 만든 소녀를 절대 상처입히지 마시오.
그녀는 종종 내 앞에서 머리를 곱슬곱슬하게 만든다오.
아마 다시는 그 무서운 머리핀으로 몸종의 팔에 상처를 입히지 못할 것이오.

유베날리스의 언급은 이보다 훨씬 더 불쾌한 감정으로 쓰여져 있다(vi, 474 ff.).

당신은 여자가 하루 종일 집에 있을 때 무엇을 하는지 알아야 한다.
만일 그녀의 남편이 잠자리에서 등을 돌렸다고 가정해 보라.
오! 불쌍한 몸종이여!
그녀의 몸종은 발가벗겨져서 심부름을 늦게 했다는 이유로
호된 매질을 당하며(사실은 다른 이유 때문에 맞는 것이다)
막대기가 부러질 정도로 그녀의 등짝이 시달림을 당하게 된다.
어떤 여자들은 그냥 일상적으로 매질을 하기도 한다.
그녀들은 화장을 하거나, 친구와 대화를 하거나,
심지어 신문을 볼 때나 자신의 부인복을 입어볼 때도 매질을 하며
싫증이 나서야 그 짓을 그만둔다.
집에서의 그녀의 규칙은 폭군의 그것보다 훨씬 더 심하다.

그녀의 남편이 밖의 나무 그늘 아래서 기다리고 있거나
혹은 매춘굴에서 그녀들이 평소보다 멋있어 보이게 해달라고
지시를 내리면
가련한 프세카는 그 주인의 머리를 빗질하게 되고
그 주인은 어깨와 가슴을 내놓은 채 수다를 떨고 있다.
'이 파마는 너무 위로 치우쳤어.'
즉시 쇠가죽으로 만든 채찍이 그 몸종을 후려치고 만다.
단지 머리 손질이 마음에 안 든다는 이유로.

만일 한 여성 노예가 주인의 발밑에 거울을 떨어뜨렸다면, 그녀는 아마도 손을 잘리는 형벌을 받게 될 것이다. 갈렌은 자신의 논문 《열정에 대한 지식과 그 치료(The Knowledge and Cure of Passions)》에서, 노예에 대한 분노로 가득 찬 어떤 주인이 자신의 송곳으로 그 노예의 치아와 발, 주먹과 눈을 찌르거나 후벼팠다고 이야기하고 있다.

황제 하드리아누스의 어머니는 화가 났을 때마다 노예를 때렸던 것으로 보인다. 크리소스톰은 자신의 몸종을 발가벗겨 의자에 묶고 매질을 하여 길을 지나가는 사람들이 몸종의 비명소리를 들을 수 있도록 가혹하게 다룬 어느 여주인에 대해서도 언급한다. 이러한 가혹 행위를 당한 몸종은 자신의 여주인들이 목욕을 할 때 자신의 멍들은 부위를 보여주곤 했다.

특히 잔인한 주인은 실제로 자신의 노예를 자신이 기르는 칠성장어의 먹이로 내던지기도 했다. 이것에 대하여 세네카는 다음과 같이 전하고 있다(De clem., i, 18, 그리고 De ira, iii, 40).

"비록 노예에 대해서는 가능한 한 모든 종류의 형벌이 허용된다고 하더라도, 일반적으로 살아 있는 것들에게 통용되는 그러한 법칙까지도 노예들에게는 적용되지 않았다. 확실히 모든 사람들은 베디우스 폴리오의 노예가 저지른 죄보다 그가 취한 행동을 더욱더 증오하였을 것이다. 왜냐하면 그는 범죄를 저지른 노예를 뱀장어가 득실거리는 욕조에 처넣어 인간의 피를 빨아먹게 하였기 때문이다. 그는 뱀장어의 먹이로 노예를 처넣었건, 아니면 다른 목적으로 뱀장어를 키웠건 간에 약 천여 명에 달하는 노예를 죽였다."

다른 구절에는 보다 상세한 설명이 되어 있다.

"아우구스투스가 베디우스 폴리오와 저녁 식사를 하고 있을 때였다. 손님을 접대하고 있던 노예가 크리스탈 접시를 깨뜨리자, 베디우스는 화를 내며 자신이 기르고 있는 칠성장어 연못으로 당장 그를 집어던지라고 명령했다. 이것을 칠성장어의 식욕이 그만큼 왕성하다는 사실을 설명하는 것으로 이해해야 하는가, 아니면 잔인성으로 이해해야 하는가?

가엾은 그 소년은 황제의 발밑에 엎드려 빌면서 물고기의 먹이가 되는 것보다 다른 사람들처럼 죽게 해달라고 간청했다. 이러한 비상식적인 명령에 광분한 황제는 그 소년을 놓아주고 그의 앞에서 모든 크리스탈 접시를 깨뜨려 버리도록 명령했다. 그래도 분을 참지 못한 황제는 그 칠성장어의 연못을 메꿔버리라고 지시하기에 이르렀다. 황제는 오히려 자신의 친구를 벌함으로써 자신의 권력을 올바로 사용한 것이다."

그러나 인간적인 성품을 지니고 있던 세네카의 언급처럼, '노예를 부드럽게 다루는 것은 지극히 예외적인 경우에 지나지 않는다.

"노예에 대해서는 모든 것이 허용되어 있다(de plac. Hippocr. et Platon. vi, extr.)."는 갈렌의 말은 아래와 같은 것들 속에서 자주 확인될 수 있다.

> "그것은 노예의 실수에 대해 화형에 처하거나 갈기갈기 찢어버리거나 도망치지 못하게 불구로 만들거나 훔치지 못하도록 손을 자르거나 위장을 파괴하거나 잡담을 하지 못하도록 혀를 자르거나 하는 식이었다(exsecta lingua, Cicero pro Cluentio)."
> "간단히 말해서, 그가 범죄를 저지른 신체의 바로 그 부위에 대해 형벌을 가하는 것이었다."

세네카는 루킬리우스(Ep., 47)에게 다음과 같은 충고를 했다고 한다.

> "사랑과 공포는 함께 공존할 수 없다. 내가 보기에는 노예들을 공포에 떨게 하지 말고 말로 잘 타이르는 것이 올바른 것 같다. 때리는 것은 짐승들에게나 어울리는 것이다."

콜루멜라와 바로 역시 유사한 이야기를 한 바 있다. 그러나 노예들을 잔인하게 다루었다는 보고는 수도 없이 많다. 확실히 노예의 수가 늘어남에 따라 노예 소유주의 의심과 가혹성도 점차로 강화되었으며, 민감한 고문의 방법 또한 계속적으로 개발되었다.

로마에서 노예의 수가 점차로 증가하는 추세를 보이자, 마리우스

시칠리아의 피아자 아르메리나 저택의 모자이크 투기장에 쓸 동물을 아프리카에서 잡아 운반하는 과정을 담은 모자이크로 동물을 싣고 내리는 과정에서 노예를 때리는 장면.

가 6천 명의 킴브리안족과 9천 명의 테우튼족을 수입한 것을 아이밀리우스 파울루스가 다시 구입하였다. 요세푸스는 서기 1세기경 로마에서의 노예의 숫자가 약 백만 명에 이르는 것으로 우리에게 전하고 있다. 대규모의 노예 교역이 지중해에서 이루어졌으며 해적들이 창궐하여 해안가의 주민들을 잡아다가 노예로 팔기도 했다.

결국 로마의 법률은 자유로운 시민에 대해서는 고문이 허용되지 않았던 반면에 노예에 대해서만 잔혹한 고문이 자행되었다는 사실을 확인할 수 있다. 노예들에 관한 자료 속에는 잔인한 고문에 관한 것 이외에는 그 어떤 내용도 찾아볼 수가 없다. 거의 모든 조사 연구에서 로마의 중반기 이후 수세기 동안 노예들에게 끔찍한 고통을 안겨주는 거의 모든 수단과 방법들이 사용되었음을 볼 수 있다.

즉, 이 시기에 사용되었던 방법 가운데 '피디쿨로이(fidiculoe)'는 사지를 갈기갈기 찢는 것이었으며, '에쿨레우스(equuleus)'는 다리 모양의 구조물 위에 노예를 앉히고, 그의 사지를 뒤틀어버리거나 다리를 감아올려 체중의 힘으로 자신을 압박하게 하는 고문 방법이었다. 또한 붉게 달궈진 쇳덩어리를 노예의 맨살에 대고 지지거나, 말뚝에 노예를 묶어놓고 채찍질을 가하거나, 손가락 관절을 부숴버리는 등의 잔혹 행위를 더욱더 많이 개발해냈다. 심문관은 노예의 자백을 받아내기 위해서라면 비록 여자나 어린아이라고 할지라도 이처럼 잔인한 방법을 총동원했다.

타키투스는 네로에 반대하는 모반을 알고 있었다는 죄로 벌을 받게 된 여자 노예가 고문을 당하는 상황을 다음과 같이 설명하고 있다(Ann., xv, 5 7).

> "네로가 볼루시우스 프로쿨루스의 정보에 의해 에피카리스를 체포하였고, 그가 여자이므로 고문에 약할 것이라는 생각에 잔인한 고문을 지시했다. 그러나 매질이나 불고문, 고문자에 대한 복수심 등 그녀의 조소적인 태도를 누그러뜨리고 고발된 내용을 시인하도록 하는 어떠한 노력도 소용이 없었다. 이런 의미에서 조사가 이루어진 첫째날은 헛되이 낭비되었다.
>
> 다음날 그 여자는 의자에 앉혀져 끈으로 의자의 뼈대와 함께 가슴부터 묶여져서 올가미가 씌워지게 되었다. 그 여자는 목 부위에 고리를 덮어씌우고 그 작은 구멍으로 몸 전체를 통과시키는 끔찍한 고문으로 결국 인생을 마감하게 되었다."

발레리우스는 "심지어 어린이조차도" 채찍질하고 달구어진 쇠로 지지고, 사지를 찢어발기는 끔찍한 고문의 대상이 되었다고 우리에게 전하고 있다. 발레리우스는 노예는 충실해야 한다는 사실에 대한 하나의 예로써 그런 이야기를 들려주고 있는 것이다. 이러한 이야기로부터 타키투스의 의견과 마찬가지로 자유로운 계급으로 태어나지 못한 사람들에게 고문을 가하는 데는 성별이나 나이가 별로 영향을 미치지 못했다는 사실을 알 수 있다. 군주정 시대 이래로 로마 사람들이 어떻게 해서 노예에 대하여 이러한 잔혹한 행위가 나쁜 것이라고 판단하게 되었는가를 추적해 보는 것은 매우 재미있는 일일 것이다. 확실히 이는 부분적으로는 사회 경제적 상태의 변화에 영향을 받은 바 크다. 그러나 다른 한편으로는 세네카의 경우에서나 혹은 이후에 그리스도교의 저작에서 볼 수 있는 것처럼 인도주의적 사상의 광범위한 유포 또한 영향을 미쳤을 것이다. 로마 제국(군주정)의 초기에 포악한 맹수들과 노예들의 싸움을 조장하는 것을 금지하는 관습이 있었는데, 이후 그것은 법령으로 교체되었다 (Digest, xlviii, 8, 11, 2).

안토니우스 피우스 시대에는 노예가 자신이 부당한 처우를 받고 있다고 생각되면 관청에 심판을 청구할 수 있었으며, 어떤 특수한 상황에서는 다른 주인에게로 팔려갈 수도 있었다. 클라우디우스는 노예들이 병에 걸려 자기 주인이 그를 내버렸을 경우, 자유를 누릴 수 있었다고 설명하고 있다. 하드리아누스는 자신의 노예를 죽이거나 투기장에 팔아넘길 수 있는 권리를 선택적으로 허용하였으며, 콘스탄티누스는 의도적인 노예의 살해를 살인 행위로 간주했다 (Digest, i, 12, 1 ; Spartian. Hadr. 18 ; Cod.Fust., ix, 14). 하드리아누스 시대 이래로 시사적인 구절이 전해져 내려온다.

"partria potestas in pietate debet, non atrocitate consistere." 이것은 "가부장적 권위는 잔인성에 의해서가 아니라 사랑에 의해서 이루어진다."라는 의미다.

우리는 이러한 관점의 변화가 이루어지게 된 요인 가운데 적지 않은 부분이 순전히 사회 경제적인 변화에 기인한다는 것을 잊어서는 안 될 것이다. 로마인들은 자신의 영토를 최대한 넓히는 정복 전쟁을 마치고 나자 그러한 노력을 자신들의 제도를 개량하고 거대한 제국을 경영하는 데 제한하였으며, 이로써 노예 수입의 제1의 원천(전쟁과 납치를 통해 수입된 노예)이 사라지게 되었다. 즉 노예 인구는 제국 시대의 초기에 가장 극도로 증가되었던 것이다.

공식 사형 집행

대중의 욕망을 자극하는 황제

　노예들에 대한 사적인 형벌이 점차 누그러짐에 따라 잔인한 공적 형벌이 반대급부적으로 발전했다. 즉 공화제의 마지막 시기에는 자유로운 로마 시민에 대한 사형 집행이 가급적 자제되는 경향이 있었다. 그러나 군주정 시대가 시작되면서 아우구스투스 시대 이래로 범죄에 대한 형벌, 특히 사형의 집행이 현저하게 증가했다. 시대가 흐를수록 형벌은 보다 자유롭게 부과되었으며, 난폭한 행위가 증가하게 되자 예전에 비해 훨씬 가벼운 범죄에 대해서도 보다 엄격한 법의 집행이 이루어지게 되었다. 그리스도교적인 통치가 이루어졌던 콘스탄티누스 황제 시대에 있어서도 잔혹한 행위, 즉 혀를 뽑거나 뜨거운 쇳물을 범죄자의 입속에 부어넣는 행위가 발생하기도 했다. 제국적인 군주정의 전체 기간 동안, 몸젠이 "관례적인 처형"이라 부르는 잔혹 행위가 항상 있어왔다.

우리는 제일 먼저 범죄자들에 대한 응징의 수단으로 항상 사용되지는 않았던 검투사들의 경기와 다른 한편 죽음에 대한 형벌로써 거친 맹수에게 던져지는 것의 차이점을 드러내 보일 것이다. 그러므로 서로를 죽이거나, 혹은 가학적인 욕망의 충족을 위해서 죽을 때까지 게임을 하는 이 두 가지 종류의 쇼를 서로 구분해서 다룰 생각이다. 오늘날 투우 경기에 해당하는 것과 비슷한, 실제로 야수들을 투기장에 데려오기 위해 사냥을 하는 과정은 생략할 것이다. 우리는 죽음의 형벌을 가하는 데 있어서 더 이상 잔인할 수가 없는 최악의 사냥 방식에 대해서 설명하려고 한다. 공화정 시절에도 재판이라는 절차를 거친 후에 사형을 언도받은 범죄자(그는 자유로운 시민 계급이 아니다)들은 이른바 '베스티이스 다리 (bestiis dari)'라고 하여, 원형 경기장에 넘겨져 맹수에게 뜯어 먹히는 것이 공개적인 쇼로서 공연되는 형벌이 있었다. 이러한 형벌의 존재는 막시무스가 최초로 언급한 바 있다(ii, 7, 13).

> "카르타고가 붕괴된 이후에 어린 아프리카누스가 로마에서 만들어진 공개적인 쇼에서 맹수의 우리 속으로 던져졌다. 루키우스 파울루스는 페르시아에 대한 승리의 축하로 페르시아인들을 광장에 눕혀놓고 코끼리로 하여금 짓밟게 했다."

잔인한 방법을 이용하여 사람을 처형하는 이런 종류의 쇼는 원래 법률적 발전의 가장 기초 토대가 되는 전쟁의 법칙에서 유래한 것이다. 제국주의 시대의 로마의 타락을 증명하는 것은 무엇보다 먼저 이러한 잔인한 공연으로부터 즐거움을 찾았다는 것을 첫번째 증거로 제시할 수 있을 것이다. 이것을 정신분석학자 스테켈은 "인간의 정신 속에는 언제라도 뛰어오를 준비를 하고 있는 잔인성이 웅크리고 있다."라고 솔직하게 표현하였다.

만일 로마가 발전하기 훨씬 더 이전 시기에 맹수 앞에 범죄자를 내던질 수 있었다면, 제국주의 시대에는 많은 수의 맹수들이 수입되어 훨씬 더 자유롭게 활용될 수 있었을 것이다. 로마 사람들이 천성적으로 잔인하다는 사실을 다시 한번 반복할 필요는 없을 것이다. 아우구스투스 시대에 있어서 맹수 앞에 내던져지는 처벌은 법률로 정해져 있었다. 몸젠은 그 처벌에 대해 "그것은 합법적인 형태로 일반화되었다. 그것의 법률적 질서에 대해서는 논쟁 이전의 것으로 되었다."라고 말했다.

클라우디우스 황제의 전기를 집필한 바 있는 수에토니우스는 "중대한 사기범에 대해서는 법률적 형량을 뛰어넘는 판결을 통해 맹수와 싸우도록 하는 벌을 주곤 했다."고 기록해 놓았다. 이는 형량이 주로 재판관의 의지에 따라 좌우된다는 것을 보여 주는 예이기도 하다. 또 다른 구절에서 수에토니우스는 이러한 재판의 성격을 보여 주고 있다. 클라우디우스에 대한 언급 중에는 다음과 같은 대목이 있다.

"그는 반역죄에 대한 고문과 처형은 그의 눈앞에서 직접 이루어지도록 지시했다. 또 어떤 경우에는 티부르 도시에서 고전적인 방식의 처형을 보고 싶다며 범죄자를 말뚝에 묶어 놓았는데, 마침 집행관이 한 사람도 나타나지 않자 클라우디우스는 사람을 로마로 보내 밤까지 기다리자고 주장하기도 했다. 그가 직접 개최하거나 다른 이가 주최한 검투사들의 경기에서 실수로 넘어진 자들까지도 목을 베도록 명령한 다음, 그들의 죽어가는 얼굴을 들여다보곤 했다(Suet., Claud., 34)."

하지만 이러한 잔혹 행위에 대해 그다지 좋은 감정을 갖고 있지 않은 사람도 ― 대다수가 그러한 충동이 잠재되어 있지만 ― 직접 그런 장면을 보면 볼수록 잠재의식 속의 욕망이 솟아오르게 된다. 아우구스티누스(Confessions, vi, 8)는 다음과 같은 이야기를 전하고 있다.

"어떤 그리스도교 신자 학생이 로마에 살고 있었다. 그는 원형 경기장을 싫어하였으나 친구들에 이끌려 어쩔 수 없이 따라가게 되었다. 그는 눈을 감고 앉아 있을 것이기 때문에 친구들이 자신의 육체는 데리고 갈 수 있어도 정신은 데리고 갈 수 없을 것이라고 장담했다. 처음에는 정말로 눈을 감고 있던 그도 커다란 함성이 일어나자 상황이 궁금해서 견딜 수가 없었다. 그의 육체보다 정신이 충격을 받아 더욱 그 광경이 보고 싶어졌으며, 함성에 의해 일어나게 되는 슬픈 감정보다 더욱더 슬픈 생각이 그의 몸속에서 일어나는 것이었다. 그러한 피의 광경을 목격하고 나서 그는 잔인한 향락에 심취하게 되었으며, 스스로 빠져나올 수가 없을 정도로 매우 열정적으로 탐닉하게 되었고,

잔인한 향락에 매료되어 버렸던 것이다. 더 이상 어떤 설명이 필요하겠는가? 그는 그의 가슴에 피가 끓어오르는 것을 느꼈으며, 꼭 다시 찾아와야겠다는 열정을 품은 채 돌아갔다."

현대의 심리 분석가들은 무수히 많은 사람들이 이와 유사한 경험들 속에서 가학적인 상태로 변모해 간다고 말하고 있다. 즉, 학교에서 채찍질하는 것을 보거나, 그와 유사한 내용의 글을 읽거나, 또는 피학과 가학이 뒤엉켜 있는 그림을 보는 것 등을 통해서 말이다. 이미 우리가 확인한 것과 마찬가지로, 대다수 사람들의 정신 속에는 이러한 잠재의식이 살아 있다.

수세기 동안 투기장에서 벌어졌던 극도의 잔인성으로 이루어진 다양하고 수많은 공개 처형은 감수성이 예민한 로마 사람들의 정서에 무서운 영향을 끼쳤음이 확실하다. 심지어 경범죄를 범한 자들이나 아무런 죄가 없는 노예들도 죽음의 고통을 즐기는 로마 군중들을 위해 투기장으로 끌려가야 했다. 물론 그 군중들은 수도원의 수녀를 포함한 모든 계층의 사람들로 이루어져 있었다. 이런 사디즘의 희생자들은 각기 다른 방식으로 죽음을 맞이했다. 아마도 이것보다 더 두려운 방법은 없었을 것이다. 범죄자는 무기도 없이 발가벗겨진 채, 즉 아무런 방어 수단을 가지지 못한 채로 특별히 훈련된 사나운 짐승들에 의해 갈기갈기 찢어발겨졌다.

마르티알의 시(De Spect., 7)에는 이러한 일이 자주 일어났음을 암시해 주는 구절이 있다.

영원의 새가 스키티안 산의

프로메테우스를 조금씩 뜯어먹고 있는 것처럼,

라우레올루스는 십자가형을 받고 있지도 않은데,

칼레도니안의 곰에게 자신의 살을 파먹히고 있다.

그의 모든 사지가 찢어졌음에도 불구하고

몸통은 아직까지 살아 있었으며,

그 형체를 알아보기 힘들 정도였다.

그의 범죄는 다름이 아니라

부모를 칼로 찔렀거나,

신전의 물건을 훔쳤거나,

로마의 명예를 더럽히기 위해서 방화를 했거나 하는 정도일 것이다.

그가 저지른 범죄는 고대인의 것보다 훨씬 가볍지만

그 형벌은 마치 신화에서나 볼 수 있는 방법으로 다루어졌다.

위의 시는 공개 처형에서 이루어진 죽음의 광경에 대한 극적인 묘사를 하고 있는 것 중 하나다. 이 라우레올루스는 마치 바위에 묶여 독수리에게 뜯어먹히는 상황과 비교되도록 연출된 것이다. 말뚝에 묶여 있고 곰에게 당한다는 것만을 제외하고는 다를 바가 없는 상황이다. 이와 유사하게 황제를 살해한 메네스투스라는 사람도 맹수에게 뜯어먹히는 형벌에 처해졌다고 한다. 암미안(xxix, 3, 9)에 따르면, 황제 발렌티니아누스는 죄수들을 먹어치우는 두 마리의 맹수를 기르고 있었다.

"그는 자신의 침실 가까이에 동굴을 만들어 놓고 그 맹수들을 키웠다. 그리고 충실한 부하로 하여금 맹수가 가장 난폭한 상태로 있도록 항상 돌보게 하였다[《순교자의 활동(Acts of the Martyrs)》이라는 책에는 이러한 잔혹 행위의 사례가 무수히 많이 적혀 있다]."

다시 말하자면 이러한 처형은 항상 신화적인 장면과 연결되어 집행되도록 연출되었다. 아티스의 자해나 헤라클레스의 화형(아니면 그의 복장을 하게 하거나), 맹수에 의한 오르페우스의 죽음(Tertullian, apol., 15 ; Martial, de Spect., 21 ; 기타 등등) 등도 모두 그런 경우다. 버트는 이러한 광경에 대해 다음과 같이 쓰고 있다.

"박애주의자인 황제 티투스조차도 이 같은 잔혹 행위를 직접 지시하거나 최소한 방조했다. 콜로세움의 투기장은 범죄자들을 처형하는 사냥터로 변해 버렸다. 강도질을 한 죄로 이 사냥터에 끌려나와 서정시인 오르페우스처럼 옷을 입힌 채 그의 서정시를 감미롭게 읊는다. 마치 그 모습에 매혹된 것처럼 훈련된 맹수가 춤을 춘다. 오래 전의 전설이 눈앞에 펼쳐진 것처럼 느껴지는 순간이다. 그때, 맹수가 달려들어 오르페우스를 공격하여 갈기갈기 찢어놓는다. 신성한 죽음과 정의로운 형벌에 대한 기가 막힌 왜곡이 이루어지는 것이다! 처형은 하나의 연극처럼 묘사되고, 사형수는 그가 알지도 못하는 사이에 비극 배우가 된다. 어중이 떠중이 같은 로마의 하층민들은 이를 무척이나 재미있게 여겼을 것이다."

바로 이 점이 로마와 그리스의 정신 세계의 기본적인 차이점을 구성하는 내용이다. 그리스의 극장은 비극적인 운명의 전율을 느낄 수 있는 오이디푸스의 연극을 정확히 이해하고 감명받는 수준 높고 교양 있는 청중들에 의해 항상 갈채를 받고 있었다. 그러나 로마의 원형 경기장에서는 가학적인 처형과 연극에 의해서 수세기 동안 길들여진 잔인한 국민성의 정신병적인 욕망을 채우기 위한 고문과 살인의 모든 수단이 활용되었던 것이다. 그리스인들은 심오한 소포클레스의 언어를 감동적으로 듣고 이해한다. 로마인들은 인간을 죽이는 전율적인 열정에 스스로를 내던진다. 이들 두 민족의 내부적인 성향에 대해 이보다 더 감각적인 묘사를 할 수 있겠는가?

투기장

고통과 쾌감이 공존하는 원형 경기장

오늘날까지도 거대한 모습으로 남아 있는 원형 경기장은 또 다른 목적으로도 사용되었다. 이전에 그들의 잔인성을 설명하면서 언급했던 맹수의 공연과 같은 수준의 검투사 시합이 열렸다. 이러한 시합은 자신들의 살인 경력과 기교를 쌓기 위해 두 사람, 혹은 그 이상의 사람들과 결투를 벌이는 것 이외에도 죄수를 죽이는 형벌로써도 사용되었다.

이러한 경기의 발전사에 대해서 두 가지의 흥미로운 기원설이 있다. 그 첫째는 아우구스투스 시대에 살았던 다마스쿠스의 니콜라우스의 역사적 서술에 바탕을 두고 있는데(ap. Athenaeus, iv, 153f,

154) 그 내용은 다음과 같다.

"에트루리아의 풍습을 물려받은 로마인들은 축제 기간이나 극장에서
뿐만 아니라, 자그마한 연회에서도 이러한 검투사의 경기를 즐겼다.
그들은 친구들을 저녁 식사에 초대해 놓고도 놀이 중의 하나로 둘 혹
은 세 쌍의 검투사 경기를 관람하기도 한다. 즉, 만족스럽게 먹고 마
시는 도중에 이러한 검투사들을 부르는 것이다. 그리고 어느 한쪽이
목이 잘려나가 쓰러지면 박수를 보내면서 매우 즐거워한다. 어떤 로
마인은 그가 소유하고 있는 가장 아름다운 여성을 결투의 상품으로
놓고 경기를 벌이기도 하였으며, 자기가 아끼는 두 소년에 대해 충성
의 뜻으로 결투를 시키기도 했다. 그러나 일반적으로는 이러한 범법
행위가 자주 일어나지는 않았으며, 자유롭게 발생할 수도 없었다."

이것은 검투사 경기가 에트루리아에서 유래되었다는 것을 보여주
는 최초의 언급이다. 그러나 이것은 자신들은 연회에서 마음껏 즐
기고 마시면서, 마치 하나의 양념과 같이 사람들을 죽이는 가학적
인 즐거움을 추구하는 로마인의 야비한 성격의 일면을 보여주기도
한다. 결국 이 언급은 막시무스의 설명과 묘하게 일치하는 구석이
있다고 할 수 있다. 그는 이렇게 말하고 있다(ii, 4, 7).

"아피우스 클라우디우스와 마르쿠스 풀비우스의 집정관 시절에 로마
의 가축 시장에서 최초의 검투사 경기가 열렸다. 그것은 마르쿠스와
데키무스 브루투스가 자신의 아버지의 영혼을 달래기 위해 장례식에
서 개최한 것이다. 이러한 검투사 경기의 참가 선수는 마르쿠스 스카
우루스의 지원으로 보내지게 되었다."

콜로세움

이상의 두 가지 설명이 일치하는 것으로 미루어보아도, 이 언급이 역사적으로 정확하다는 것은 틀림이 없을 것이다. 따라서 이는 죽음의 경기로서 어둡고 침침한 에트루리아의 관습에서 유래된 것이 확실하다. 아마 이것 외에도 죽은 사람이 생전에 소유했던 모든 것, 심지어 자신의 부인과 사랑했던 어린 아이까지도 무덤 속으로 순장하는 풍습 등 여러 민족의 관습을 물려받았을 것이다. 이러한 검투사 경기로부터 우리는 여러 가지 암시를 받을 수 있다. 덧붙이자면, 에트루리아의 죽음의 신의 분장을 한 노예에 의해서 패배한 검투사의 시신을 질질 끌고 나오는 에트루리아의 풍습도 경기 속에서 나타나고 있다. 결국 검투사의 경기는 에트루리아의 풍습으로부터 유래되었다고 단정지을 수 있다. 로마인의 가슴속 깊이 자리잡고 있는 가학적인 충동은 이러한 풍습을 점차로 대중화시켜 나갔던 것이다.

역사가들에 따르면 최초의 검투사 경기는 기원전 264년에 개최되었다고 한다. 리비우스(xxiii, 30, ; xxxi, 50 ; xxxix, 46, xli, 28)에 따르면, 이 경기는 엄청난 돈을 투자해 가며 위대한 인물의 장례식에서 그의 영혼을 기리기 위해 사용되면서 로마인의 관습으로 넓게 자리잡았다고 한다. 예를 들면, 기원전 174년에, 티투스 플라미니우스는 죽은 아버지의 영혼을 기리기 위해 74명의 사람들로

하여금 3일 동안이나 결투를 벌이도록 했다.

공화제의 마지막 시기에 다다르면서 검투사들의 경기는(이때까지는 개인들에 의해서 주로 개최되었지만) 국가의 인정을 받고 국가가 직접 조직하고 규칙화할 정도로 광범위하게 확산되었다. 수에토니우스는 우리에게 다음과 같은 사실을 전해주고 있다.

> "율리우스 카이사르는 조영관 시절에 자기가 원했던 것보다 훨씬 적은 규모의 검투사 경기를 개최한 적이 있었다. 그러나 그의 정적들이 굉장한 규모의 검투사들을 모아 사병화하자 로마에서 개인이 모집할 수 있는 검투사들의 숫자를 제한하는 법률을 제정하도록 제안하였다."

플루타크에 따르면 그 숫자가 약 320쌍 정도였다고 한다(Caesar, 5). 카이사르같이 원대한 야망을 품고 있는 사람은 이러한 경기를 통해 대중의 관심을 사로잡았다. 이러한 야심가는 사람들에게 곡식을 분배하고 잔치를 베풀면서 그것의 결과를 이미 다 계산하고 있는 것과 마찬가지다.

플루타크는 같은 구절에서 다음과 같이 서술하고 있다.

> "그는 조영관 시절에 320쌍의 결투를 개최하고, 웅장하고 값비싼 극장에서 매일같이 공연을 개최하는 등의 방법을 통해서 상관에게 야심에 찬 봉사를 끊임없이 제공함으로써 많은 대중들을 즐겁게 할 뿐더러 자신에게 새로운 명예나 직책이 주어지도록 많은 사람들을 세뇌시켜 갔다."

검투사

이러한 호사스러운 연회가 계속되면서 국가도 점차로 이것을 직접 개최하게 되었다. 한편, 아우구스투스 황제는 이러한 공공연한 경기의 제한을 주장하였으며, 티베리우스 역시 사사로운 개인들의 경기를 제한하도록 하였다. 그러나 이러한 규칙이 거의 지켜지지 않았음을 우리는 쉽게 확인할 수 있다. 많은 사례들을 다 열거할 수는 없지만, 타키투스의 문장 한 구절을 인용하는 것으로 충분할 것이다(Histories, ii, 95).

"카이키나와 발렌스는 엄청나게 많은 비용을 들여 비텔리우스의 생일을 축하하는 경기를 도시의 모든 지역과 구에서 개최하였다."

몇 세기가 지나면서 이러한 검투사 경기는 엄청나게 증가하였으며, 원형 경기장이 없는 도시를 찾아보기가 힘들 정도였다. 폼페이에서 발견된 비문에 의하면, 부유한 개인들에 의해서 경기가 매우 자주 열렸음을 쉽게 확인할 수 있다. 마르티알은 이것에 대해 다음과 같이 야유를 보내고 있다(iii, 59).

"어느 도시에서는 구두 수선장이와 천을 다듬는 직공,

심지어는 여관 주인까지도 이 경기를 개최했다!"

검투사들의 운명

다른 한편으로 식민지나 자치 도시의 시장들은 법령으로 이러한 경기의 개최를 강제하기도 했다. 대략 기원전 44년경에 공포된 스페인의 우르소 헌장으로부터 이 사실을 알 수 있다(cf. Friedlander's History of Morals, ed. 8, vol. ii, p.427). 그러나 로마에서 개최되는 경기가 가장 규모가 컸다고 할 수 있다. 플라비아누스 황제 시대 이래로 거대한 플라비아누스 원형 경기장에서 그런 경기를 개최했다. 그리고 그 큰 경기장을 투사들이 거의 가득 메웠다. 서기 107년에 트라야누스가 다키아를 정복한 후, 만 명의 검투사가 4개월 동안 싸우는 경기가 개최되기도 했다(Cassius Dio, 68, 15).

그토록 거대한 경기를 개최하기 위해 투사들을 도대체 어디에서 조달했을까 하는 의문을 갖는 것은 자연스러운 일이다. 많은 자료에 의하면, 그 경로가 대단히 다양하다는 사실을 알 수 있다. 그 검투사들은 전쟁 포로나 투기장으로 보낼 것을 명령하는 법률적 판결(서기 100년 이후에)이나, 혹은 카이사르의 포고령에 의해서 죄수들로 충원되었다. 후자는 주로 사디스트인 칼리굴라나 그의 계승자 클라우디우스 같은 황제에 의해서 행해지는 경우다(Dio, 69, 10 ; Sueton., Calig., 35 ; Claud., 14). 다시 말하면 노예들은 검투사로서도 사용되었던 것이다. 키케로의 친구인 아티쿠스는 검투 경기

네로시대 폼페이에서 시민과 방문객 누체리아주민들 사이에 발생한 사소한 시비가 투석전으로 확대. 이 집단 패싸움은 품페이시민의 승리로 끝났고 많은 누체리아시민들이 부상을 입거나 죽었다. 이후 10년 동안 폼페이에서 검투사경기가 중지됨.(폼페이벽화)

를 즐기기 위해 일단의 노예들을 구입하였다. 결국 많은 수의 남자들이 이러저러한 이유로 검투사로 양성되었다. 티베리우스 시대의 한 시인은 많은 수의 남자들이 전쟁이 일어난 것이 아님에도 불구하고, 죽음의 제물로 투기장에 팔아넘겨졌다고 말하고 있다.

　어떤 강력한 동기가 있지 않은 이상에는 스스로의 자유 의지로 이러한 검투사 생활에 뛰어들지는 않을 것이다. 그리고 검투사들은 "곤봉으로 맞고, 불로 태워지며, 쇠로 죽임을 당하는" 서약을 하게 된다. 검투사들은 폼페이에 있는 토굴처럼 특수한 막사에서 생활한다. 연대를 확인할 수 있는 것 중에서 가장 오래된 것은 기원전 2세기 정도의 것이 있으며, 가장 규모가 큰 것은 로마에 있는 플라비아누스 원형 경기장이라 할 수 있다. 이러한 막사 안에서의 생활은 힘들고 거칠고 잔인하게 죽음에 이르는 것 외에는 아무것도 없었다. 훈련은 혹독한 매질과 달구어진 쇠로 낙인을 찍거나 족쇄를 채운 상태에서 이루어졌다. 탈출은 거의 불가능했고 따라서 강제로 이곳에 끌려온 사람에게 있어서 자살이 일반화되어 있었다는 사실은 전혀 놀랄 만한 일이 아니다. 때때로 어떤 노예가 생활에 싫증을 느껴 도망쳤다가 다시 잡혀 들어왔다면, 그는 아마 검투사의 연습 상대나 훈련장으로 팔려갔을 것이다.

수에토니우스는 그 밖에도 다른 여러 가지 사례들을 소개하고 있다(Vitell., 12).

"비텔리우스는 그가 열었던 사치스러운 행사에서 만난 아시아티쿠스라는 남자 노예를 상대로 사랑에 빠지게 되었다. 그러나 아시아티쿠스는 금방 싫증을 느끼고는(아마도 그는 다른 성적인 자극을 발견했을 것이다) 주인을 버리고 도망을 쳤다. 비텔리우스는 그를 붙잡아와서는 다시금 그를 즐겼으나 그의 완고함과 반역성에 싫증을 느껴 유랑 검투사들에게 팔아버렸다. 그러다 다시 그를 데리고 돌아와 노예의 신분에서 해방시키고, 그 첫째날에 정분의 표시로 금반지를 주었다."

세네카는 검투사의 경기에 대하여 생생한 묘사를 하고 있다(Ep., 7).

"나는 어제 정오에 경기를 보러 갔다. 유혈이 낭자한 모습에 웃고 떠들고 유희를 즐기는 사람들의 눈동자를 보았다. 이전의 경기는 매우 자비로웠으나, 이것은 차원이 달랐다. 완전히 살인이었던 것이다. 그 사람은 아무런 방어 수단도 갖고 있지 않았다. 그들의 신체는 모든 수단의 공격에 속수무책이었다. 공격은 모두 적중했다. 많은 관중들은 각본화된 결투보다 이것을 훨씬 더 좋아한다.

세상에! 방어자는 자신을 보호할 만한 투구나 방패 등을 하나도 갖고 있지 않았다. 무슨 보호 장비나 연습이 필요하겠는가? 이것들은 단지 죽음을 조금 미루는 수단에 불과한 것을. 아침에는 사자와 곰에게 살해당하고, 낮에는 관중들에 의해서 죽어간다. 살인자가 그들을 죽이기 위해서 나타나며, 승자는 또 다른 살인을 위해서 대기한다.

모든 경기자는 한번은 죽음을 맞이하게 된다. 경기장이 텅 빌 때까지 불과 칼에 의한 싸움은 계속된다. 그러나 당신은 그들(검투사의 무리) 중 한 명은 산적이라고 말하면서, 그게 뭐냐고 물어볼지도 모른다. 그가 바로 사람을 죽이는 장본인이다. 그가 나타나면 사람들은 무엇인가 자신의 욕망을 자유롭게 발산하게 된다.

'때려라, 때려! 찌르고, 불로 태워버려! 칼날을 왜 세우지 않는 거냐? 좀더 격렬하게 두들겨야지! 좀더 잔인하게 죽일 수 없냐?'

그들은 서로 격렬하게 상처를 입힌다. 그들은 서로의 가슴을 치고 받으며 싸운다. 이러한 것들이 경기 사이 사이에 일어나는 광경이다. 나쁜 사례는 그것을 보게 된 사람들의 정신을 보다 사악하게 만든다는 것을 사람들은 왜 이해하지 못하는 것일까?"

세네카의 생생한 증언은 별다른 설명 없이도 충분히 이해할 수 있을 것이다. 그것은 훈련된 검투사들의 경기(그것은 항상 죽음으로까지 이어지는 것은 아니다) 사이에 일어나는 상황을 설명한다. 그렇다면 이러한 게임은 어떻게 해서 결정되는 것인가? 로마에서의 방식은 판결이 확정된 죄수들을 아무런 방어 수단 없이 끌어다 놓고 죽을 때까지 서로 싸우게 하는 것이었다. 세네카에 따르면 로마의 대중들은 훈련된 검투사의 규칙적인 결투보다 이것을 더욱 즐겼다고 한다.

마지막으로 하나의 질문이 있다. 로마는 키케로나 타키투스, 세네카같이 자신을 품위 있게 하고 철학적인 민족으로 만들었던 많은 사람들을 배출했다. 그렇다면 이러한 가학적인 열정에 반대하는 논지를 펼친 사람은 아무도 없었는가? 가학성은 로마 사람들의 천성에 박혀 있는 성질이라는 우리의 의견에 동조하는 조사자라면 로마 민족의 가장 훌륭한 사람이라도 검투사의 경기 메카니즘에 반대하지 않았다는 사실을 알아도 전혀 놀라지 않을 것이다. 군주정 치하에서 그들의 사회는, 오늘날 우리가 복싱 경기나 영화를 보는 것과 같은 즐거움을 검투사의 경기를 보면서 누렸던 것이다. 이런 종류의 경기를 보면서 느끼는 즐거움의 기본 바탕은 예나 지금이나 별다를 바가 없다고 할 수 있다. 우리는 어린아이들이 서로 칼싸움을 하는 것을 볼 수 있으며, 더 어린 세대들은 가장 유명한 지역의 주먹 세계에 대해 매우 깊은 관심을 보이기도 한다.

　철학자 에픽테토스(Epictetos)는 그의 추종자에게 검투사의 경기에 대해서 쑥덕공론을 하는 진저리나는 취미에 대해서 경고한 적이 있으며, 호라티우스는 그것이 지루한 대화의 주요한 대상이라는 것을 이미 알고 있었다. 세상이 다 아는 것처럼, 여성들 중의 상당수는 마치 우리가 유명한 가수나 연극 배우에 대해 관심을 갖는 것처럼 유명한 검투사에게 굉장한 관심을 갖고 소문을 퍼트리곤 했다. 폼페이의 벽에서 발견된 비문, 혹은 그 외의 어느 곳에서나 트라시안 검투사에 대해 다음과 같은 낙서가 발견되곤 한다. "여성들의 영웅이자 축복자" 또는 "소녀들을 낮게 하는 치료자".

많은 수의 궁중 여성들이 이러한 검투사들과 스캔들을 일으키기도 했다. 마르쿠스 아우렐리우스의 부인인 파우스티나도 이러한 밀애 사건으로 비난받은 적이 있었으며, 그녀의 잔인한 아들 코모두스는 바로 이러한 불륜의 관계로 인해 태어나게 된 자식이라고 전해진다(Juliis Capitolinus, M. Ant. Phil., 19).

뛰어난 검투사는 여러 시의 대상이 되기도 했다(Mart., v, 24). 또한 그들의 그림이 등잔이나 접시 그리고 주전자에 자주 등장한다. 그러나 이러한 경기에 대하여 식자층들은 보다 현대적인 감각으로 비이성적이라는 생각을 가지고 있었다.

키케로는 다음과 같이 이야기한다.

"많은 사람들이 검투사들의 경기를 잔인하고 비인간적이라고 생각하는 경향이 있다—이것은 현재로서는 아마도 정확한 표현일 것이다—죄수들이 자신의 생존을 위해 손에 칼을 들고 싸울 때, 우리의 귀는 고통과 죽음에 대하여 보다 훌륭한 교훈을 얻을 수 있지만, 우리의 눈은 그렇지 못하다."

그리고 다른 편지에서는 이렇게 쓰고 있다.

"포악한 맹수에게 유약한 사람이 난도질당하는 모습을 보거나, 거대한 맹수가 창에 찔려 사냥당하는 모습을 보면서 교육받은 사람이 도대체 어떠한 기쁜 감정을 가질 수 있겠는가?"

이는 키케로가 야수의 이빨과 발톱에 의해 잔인한 처형을 하는 것을 싫어했음을 나타내주는 유일한 표현이다. 그리고 타키투스—매우 인간적이고 그 당시의 모든 선입관으로부터 자유로웠던—는 편견과 곡해로 서술했던 황제 티베리우스 시대의 검투사들의 경기에서 일어나는 그 증오를 도저히 이해할 수 없었다고 한다.

그는 다음과 같이 적고 있다(Ann., i, 76).

"드루수스(티베리우스의 아들)는 동생과 그 자신의 이름을 붙인 경기를 개최하였다. 그는 아무런 문제가 없는 사람이었지만 경기장으로 보내져 죽이는 학살에 거의 미쳐 있었다. 이로 인해 일반인들 사이에서 반감이 싹트게 되었으며, 그의 아버지조차도 힐책하는 바람에 그 자신은 그러한 경기에 참석하지 않게 되었다. 이것에 대하여 많은 소문이 일어났다. 어떤 이는 그가 많은 군중들이 모여 있는 것을 싫어한다고도 하였으며, 또 어떤 이는 아우구스투스가 이러한 경기에 매우 자주 참석했던 것과 비교하여 그가 천성적으로 내성적이거나 무서움을 많이 탄다고도 했다. 이미 사람들에게 공개되었을지라도 그가 자식의 천성적인 잔인성과 공격성을 보여주는 그런 경기를 갖게 하는 기회를 주었다는 것을 믿을 수가 없다."

세네카는 이런저런 문제에 대해서 오늘날 문명화된 우리가 갖고 있는 관점과 가치관을 소유한 유일한 작가라 할 수 있다.

그는 다음과 같이 쓰고 있다(Ep., 95, 33).

"남성은 인류에게 있어서 매우 신성한 것이다. 그러나 오늘날 그는 공연에서 재미로 죽어나가고 있다. 인간에게 상처를 입히는 방법과 받아들이는 방법을 가르친다는 것은 죄악이다. 그러나 현재 남성은 발가벗겨진 채 아무런 방어 수단도 없이 죽음에 이르는 공연에 내던 져지고 있다."

프리틀란더는 정의감에 불타서 검투사의 경기에 관한 전반적인 문제에 대해 다음과 같이 이야기하고 있으며(loc. cit., p. 420), 우리는 이에 전적으로 동의하는 바다.

"로마는 전쟁의 시기에 에트루리아의 풍습을 받아들였다. 처음에 이 것은 매우 드물게 시행되었으나 점차로 발전하여, 몇세기가 지나는 동안에 대중화되어 버렸다. 즉 이것은 가족에서 가족으로 천천히 전 해 내려오면서 점점 더 뿌리깊이 박히게 되었으며, 저항할 수 없는 관습의 힘으로 변하게 된 것이다. 그 힘은 막대해서 원래 존재했던 잔인성에 대한 증오의 감정을 그것에 대한 즐거움의 감정으로 바꾸 어 놓았다. 이렇게 시대를 통해서 전해져 내려온 정신의 영향력을 피 할 수 있는 사람은 아무도 없을 것이다. 더구나 이러한 고문과 공개 처형은 매우 매혹적인 방법으로 치장된 채 시행되고 있다."

그러나 프리틀란더는 사람들이 잔혹함 속에서 기쁨을 얻는 것은 단순한 습관의 힘만이 아니라, 모든 사람들의 가슴속에 어느 정도 씩 잠자고 있는 가학적인 충동으로부터 비롯되기도 하는 것이라는 사실을 덧붙이지 않고 있다. 일단 이러한 충동이 한번 바깥으로 이 끌려 나오면, 그때부터는 언제나 더 강한 자극과 더 큰 만족을 갈구 하게 되는 것이다.

이제 우리는 로마의 사디즘에 대한 이 장을 마무리할 시점이 되었다. 우리는 로마인들의 가슴속 깊숙이 숨겨져 있는 욕망을 들여다 보았다. 그 결과는 무엇인가? 스스로 잔혹한 행동을 하고자 하는 "자유 의지"의 무제한적인 충동을 발견한 것이다.

그러나 다른 한편으로, 일체의 선입견을 갖지 않고 연구한다면 여기에서 또 다른 무언가를 발견할 수 있을 것이다. 즉 증오의 관점과 투기장에서 흔히 일어나는 격분과는 비교되지 않을 만큼, 잔인성에 대한 분노의 격정으로부터 벗어난다면 가장 우아한 종교적인 언어를 발견할 수 있을 것이다. 그것은 마치 로마 사람의 천성에서는 발견할 수 없었던 것처럼 보였던 그런 것들이 촉촉히 젖은 대지의 어둠 속에서 우아하게 피어오르는 한송이 꽃 같은 것으로서 말이다.

"신은 사랑이다."

오늘날까지 많은 저술가들은 몰락하는 고대 세계의 타락한 인간성 속에서 무시되거나 신기한 것으로 치부되어 왔던 기적적인 그리스도교의 탄생과 같이 현재의 사회적인 활동의 결과로서 전체적인 사랑의 찬양을 가져오게 한 새로운 종교를 보여주기 위해서 노력해왔다.

그러나 그것은 더 이상 기적이 아니었다. 잔인하고 증오에 가득 찬 향연 속에서 바로 사랑에 대한 찬양이 탄생되었던 것이다. 그것은 그들에 대한 반대급부로 탄생된 것이었다. 더구나 개인적인 생활의 측면에서는 인간에 대한 순수한 사랑으로부터 종종 잔인하고 비참한 충동이 일어나기도 한다. 이러한 관점에서 본다면, 로마인의 사디즘은 고상하고 순결한 인간성의 탄생을 위해서 필요했던 것이라고 할 수 있을지도 모르겠다.

종교와 성생활 3

성에 대한 오해

민족간의 상이한 성 인식

다음 장에서 철학이 로마인들의 성생활에 어떠한 영향을 미쳤는지, 그 영향은 얼마나 컸는지에 대해서 논의하기에 앞서 여기서는 로마의 종교에 반영된 성생활에 대하여 고찰해 보자.

원시인들이 생식력에 대해서 신비하고 신성한 그 무언가를 발견해 냈다는 것은 전혀 놀라운 일이 아니다. 쇼펜하우어는 성적 자극은 "자연의 가장 내밀한 존재, 그리고 삶에 대한 가장 강력한 의지"를 분명하게 드러내 준다고 말한 바 있다. 헤시오도스(Hesiodos)나 파르메니데스(Parmenides) 등과 같은 그리스의 시인과 사상가들은 에로스를 모든 현상이 나타나게 하는 원천이며 조물주이고 주재

자라고 부르기도 했다. 그 밖에 많은 민족들이 성적 자극을 이런 식으로 정의했으며, 로마인들도 예외는 아니었다.

고전적 성생활과 그리스도교적 성생활의 가장 커다란 차이는 이와 같은 식으로 확연하게 관찰할 수 있다. 고대 사회, 특히 그리스와 로마에서는 생식력이 곧 새로운 생명의 창조자이며, 따라서 숭배하고 존중해야 할 가치가 있는 것으로 솔직하게 인정되었다. 그러나 그리스도 신자들은 성과 관계되는 모든 것들을 비영혼적이고 무의식적인 것으로 보았으며, 그것이 너무 풍부해져서 영적인 것과 관련되는 모든 표현들을 압도하지 않도록 영혼에 의해 다스려져야 할 것으로 간주했다. 이 점에 있어서 그리스인들은 플라톤의 영향을 받았다. 나중에 살펴보게 되겠지만, 플라톤은 감각을 신뢰하지 않았으며, 감각과의 거룩한 전쟁을 호소한 최초의 인물 중 하나였다.

우리는 '타락' 이란 바로 감각에 대한 위와 같은 복잡미묘한 태도에서 비롯되었다는 니체의 후기 견해에 동의할 수 있을 것이다. 이러한 견해의 변화는 '문명 진보' 의 일부라고 말할 수도 있다. 그것은 어쨌든, 궁극적으로는 개인적 견해의 문제다. 적어도 고대 사람들은 그들이 플라톤의 교리나 그와 유사한 주장들의 영향을 받지 않았다면, 성에 대해 솔직하고 원초적인 방식으로 접근했을 것이 분명하다. 성에 대해서 그들은 무언가 본질적으로 자연스러운 것으로 보고 있었으며, 그것은 신에 의해서 주어진 힘을 포함하고 행사하고 있는 것이었다.

이와 관련하여 우리는 이 주제와 관련된 많은 저술들에서 나타나는 오해들에 대해 언급할 수 있다. 그것은 고대 예술에서 끊임없이 나타나는 성적 상징주의와 일부 고대 축제들에서 보이는 성에 대한 찬양으로부터 특수한 '비도덕성' 또는 '음란성' 등을 추론함으로써 일어나게 되는 잘못들이다. 부르크하르트 같은 학자조차도 콘스탄티누스 시대에 대한 그의 저술에서 "악명 높은 제례"에 대해 언급하고 있다. 이 진술은 그가 그리스도교적 가정을 받아들임으로써 제례 의식에 대해 진실로 공정한 자세로 임하지 못하고 있음을 보여 주고 있다. 초대 그리스도교 저술가들은 그들이 이해할 수 없는 제례 의식들에 대해서 정확하게 위와 똑같은 방법으로 비판했다.

예컨대, 아우구스티누스는 그의 위대한 저술, 《신국론(De Civitate Dei)》에서 자신의 관점에 입각하여 로마의 모든 결혼은 성과 관련된 관습이라고 비판하면서, 다소 우스꽝스럽고, 다소는 두려운 진술을 하고 있다(vi, 9). 특히 그는 자신에게 충격을 줄 정도로 "결혼한 여성들의 관습 중에서 가장 명예롭고 근본적으로 종교적인" 관습에 대해서도 언급하고 있다. 그러나 타락한 민족들 사이에서 발견되는 결혼의 양태들 중에서도 외설적이고 혐오스러운 것이 아닌 것도 있다는 점은 그 자신도 인정하고 있다. 물론 모든 원시적 종교 관습은 갈수록 순수한 육욕적 행위로 발전해 나갔으며, 천박한 욕구에 대한 뚜쟁이 노릇에 의해서만 보상받을 수 있었다는 것은 당연한 일이다. 우리가 다른 곳에서도 인용하게 될 저술에서 블로흐는 이 문제에 대해 대단히 정당한 평가를 내리고 있다.

"이러한 제례 의식은 단지 성적 원리를 찬양하기 위한 원시적 방식일 뿐이었으며, 따라서 생식력에 대한 신성시에 수행되는 원시적인 성적 행위였다. 그러나 그것은 자주 바뀌어 나중에는 정말로 **퇴폐** 행위가 되었다. 그런 경우에는 기괴하고 부자연스러운 형식을 가정하고, 그 자체를 외설적인 언어와 퇴폐적인 행동, 그리고 음란한 성적 행위로 표현하기 쉽다."

그러나 그와 같은 타락은 관습의 진정한 특질이 아니라는 점을 우리는 결코 잊어서는 안 된다.

로마의 토속 신과 성

신들이 주관하는 결혼과 성

좀더 상세하게 들어가 보기로 하자. 우리는 먼저 성생활과 관련된 수많은 신들이 원래는 로마의 것이 아니었지만, 나중에 외국에서 유입되어 로마에 소개되었다는 원칙을 부인할 수 없다. 그렇다면 대체 로마 고유의 신은 무엇인가 하는 의문을 품을 수도 있을 것이다.

거의 대부분의 고대 로마의 신들은 근면한 농사일과 저축, 그리고 이웃 나라들과의 끊임없는 전투에 몰두하며 살아가는 초기 로마 국가 생활의 일부분을 이루고 있었다. 예를 들면 하늘의 신인 주피터는 비와 태양에 의해 곡물의 성장을 도와주었다. 또한 집의 신인

사투르누스 바엘에게 바친 제단(튀니지)

야누스(Janus), 씨앗의 신인 사투르누스(Saturn), 성장의 여신인 케레스(Ceres), 숲의 신인 파우누스(Faunus), 연례적으로 벌어지는 전쟁으로부터 공동체를 보호해 주는 마르스 등이 있다. 그리고 테르미누스(Terminus)는 들녘에 있는 경계석의 수호자였다.

이러한 신들에 대한 종교적 믿음의 전개 과정에는 각각 상이한 단계가 있었을 것이다. 그러나 위의 신들은 우리가 알 수 있는 한 가장 오래된 로마의 신들이다. 그들 중에서 로마인의 애정 생활과 관련이 있는 신들은 거의 찾아볼 수 없다. 비너스라는 이름조차도 가장 오래된 사제의 기록에서는 등장하지 않을 정도다. 반면에 우리는 이들 고대의 신들 중에서 결혼에 관한 부분에서 언급했던 성과 관련된 신을 발견하게 된다. 이 신은 무투누스 투투누스(Mutunus Tutunus)라는 이중의 이름으로 알려져 있다. 페스투스에 따르면, 고대 로마에서 이 신은 지성소에 모셔졌으며, 면사포를 쓴 여인들이 그곳을 찾았다고 한다. 이 신은 모든 결혼 예식에서 커다란 역할을 차지했던 것이 분명하다. 학자들은 남성의 생식기인 '멘툴라(mentula)'로부터 비롯된 무투누스라는 파생어를 언급함으로써 신의 이름으로부터 성적 신격의 의미를 도출해 내려 하고 있다. 그러나 이러한 유추는 확실하지가 않다.

결혼 관습에 대한 수많은 정보를 전해주고 있는 아우구스티누스는 무투누스 투투누스를 나중에 들어온 프리아푸스(Priapus)와 연관시키고 있다. 그러

주피터 · 주노 · 미네르바 3신의 신전을 카피톨리움이라고 함.–로마 및 전식민지에 신전이 있었음.

나 라크탄티우스의 말이 좀더 진실에 가까워 보인다(i, 20, 36).

> "투티누스(Tutinus) 또한 섬김을 받았다. 신부들은 자신들의 처녀성을 처음으로 바치기 위하여 이 신의 생식기 위에 앉곤 했다."

이것은 그 밖의 많은 원시 부족들 사이에서도 찾아볼 수 있는 관습이다. 모든 여성들의 처녀성은 신에게 바쳐졌으며, 그렇지 않으면 그것을 의미하는 상징적 행동을 취했던 것이다. 이러한 관습의 기초에는 다가올 결혼을 다산성으로 만들기 위해서는 신이 주술적 도움을 내려주어야 한다는 원시적 관념이 깔려 있다. 원시인들은 동침과 임신과의 사실상의 연관성을 짐작하지 못했으며, 적어도 그에 대해 매우 공허한 생각을 지니고 있었기 때문이다. 이러한 점들을 고려해 볼 때, 우리는 이러한 성과 관련된 신들이 오랜 연륜을 가지고 있음을 추론해 낼 수 있을 것이다. 물론 로마의 모든 결혼

양태에서 이러한 오랜 관습이 수행되었다는 것은 확실치 않다. 또한 그리스도교 계통의 여러 작가들도 그러한 관습에 대해서 언급하고 있는데, 이는 그 관습이 여전히 존재하고 있는 것으로 인식했음을 의미한다.

결혼에 있어서 보다 진전된 동거 생활과 관련되어 있는 신들도 역시 마찬가지의 신성한 존재의 부류에 속한다. 그 신들에 대해서 아우구스티누스는 다음과 같이 말한다(de civ dei, vi, 9)

"여신인 비르기니엔시스(Virginiensis), 그리고 신성한 아버지와 같은 존재인 수비구스(Subigus), 어머니인 프레마(Prema)가 있었다. 여신으로는 페르툰다(Pertunda)와 비너스, 그리고 프리아푸스도 있다. 이것의 의미는 무엇인가? 인간이 이러한 과제에 있어서 신들로부터 정말로 도움을 필요로 했다면, 하나의 남신 또는 여신이면 충분하지 않았겠는가? 비너스 하나만으로도 충분한 효과를 얻을 수 있지 않겠는가? 여성은 힘에 의해서 처녀성(virginity), 즉 '비(vi)'를 잃어버리기 때문에, 여신의 이름이 비너스가 되었다고 사람들은 말한다.
신들은 겸손함에 대한 감각이 없다. 그러나 인간은 그러한 감각을 지니고 있고 또한 수많은 남신과 여신들이 신랑은 덜 열정적이고 신부는 좀더 저항적일 때, 흥미를 느끼고 관심을 갖는다고 신랑과 신부가 믿는다면, 그들이 부끄러움을 극복하지 않아도 되지 않겠는가? 그리고 분명히 여신 비르기니엔시스가 신부의 거들을 풀었다면, 남신인 수비구스가 그녀를 신랑에게 양도해 주었다면, 신부가 양도된 뒤에 저항 없이 포옹당할 수 있도록 프레마 여신이 개입한다면, 페르툰다 여신이 하는 일은 무엇이란 말인가? 신부는 얼굴을 붉혀야 한다. 신부는 방을 나서야 한다. 남편은 무엇인가 해야 한다. 신부라는 이름이 붙여진 뒤에 그가 아닌 다른 사람이 어떤 의무를 수행한다는 것은 부당한 일이다."

이 재미있는 단락은 성과 관련된 신들의 이름과 기능을 보여줄 뿐만 아니라, 아우구스투스 시대에는 이 모든 신들이 실제로 오해를 받았다는 중요한 사실을 가르쳐 주고 있다. 사람들이 내밀한 문제에 대해서도 신들의 도움이 필요하다고 믿었던 옛시절에는 신들에게 결코 순수한 인간성이 부여되지 않았다.

신들은 그들의 출현이 결혼의 중요한 행동을 방해하고, 분개와 야유를 받을 만한 호기심이 강한 사람들의 무리라고는 생각하지 않았다. 그리스도교 계통 저자들의 악의에 가득 찬 비판은 이것을《신들의 대화(Dialogues of the Gods)》를 쓴 익살맞은 루키안(Lucian)의 수준으로 올려놓았다.

우리는 아우구스티누스의 저술에 나오는 다른 단락들로부터, 아주 오랜 고대 로마에 있었던 그 밖의 다른 결혼의 신들의 이름을 알아낼 수 있다. 유노는 여인의 성기능의 수호자다. 그러나 그 여신은 특수한 경우에는 결혼의 여신이 되기도 하며, 그에 따라 각각의 기능에 대해 다른 이름을 갖는다.

이테르두카(Iterduca)라는 이름으로는 신부를 집으로 데려온다. 운크시아(Unxia) 혹은 킨크시아(Cinxia)라는 이름으로는 신부에게 기름을 붓는 일을 감독한다. 프로누바로서는 신부의 들러리 노릇을 한다. 루키나(Lucina)가 되면 아이의 탄생에 관여한다.

여성의 삶에 있어서 유노는 남성의 삶에 있어서 게니우스

(Genius)에 상응한다. 어떤 학자는 그에 대해 "게니우스와 유노는 생식력과 임신에 있어서 같은 방식으로 연관되어 있다."라고 적절하게 언급을 한 바 있다.

게니우스라는 말은 '번식하다' 또는 '생식하다'를 의미하는 '겐 (gen)'이라는 어원으로부터 직접 유래했다. 물론 게니우스의 의미는 모든 남성의 전반적인 인간성과 영혼을 수호하는 신이라는 의미로 점차 확장되기에 이르렀다. 여기서 우리는 모든 남성은 그 자신만의 특별한 게니우스를 갖는다는(모든 여성들이 자신만의 유노를 갖는 것처럼) 잠재적인 관념을 발견하게 된다. 그러한 관념은 집의 신, 특히 하나의 특별한 가정에 마찬가지 방식으로 얽혀 있었던 '라르(Lar)'라고 하는 신의 경우에서만 되풀이된다. 그러나 이것이 아무리 흥미있는 것일지라도, 여기서 더 이상 들어갈 수는 없을 것이다.

아우구스티누스에 따르면, 실제로는 성기능과 연관되어 있지 않은 다른 신들의 경우도 어떤 측면에서는 다소간의 관련이 있는 것으로 여겨졌다고 한다. 예컨대 문지기의 신인 야누스는 "열매의 몸체가 수태를 하려고 할 때, 씨앗이 수정되는 길을 열어주기 위한" 기능에 관여한다. 그리고 씨를 뿌리고 밭을 가는 일을 주관하는 사투르누스는 남편의 씨앗을 보호해 준다. 아우구스티누스는 로마의 이러한 신들에 대해 "그다지 중요하지 않은 기능들이 수많은 신들에게 한 가지씩 할당되어 있다."라고 적절하게 표현한 바 있다. 이것은 전체 로마 신학의 특징이기도 하다.

따라서 우리에게 알려진 가장 오래된 로마의 신들의 아주 많은 수가 성생활과 관련되어 있다고 할 수 있을 것이다. 우리는 이미 로마의 애정 생활의 발전에 대해서 행했던 진술을 그들에 대해서도 적용할 수 있다. 옛 고대 로마인들의 애정 생활은 원시적인 것이었음이 분명하다. 결혼은 성적 만족의 중심으로서 크게 존중받았다. 그러나 후기 로마인들에 의해 행해졌던 우아하고 섬세한 에로티시즘은 초기 로마인들에게는 거의 알려지지 않았을 것이다. 특히 주신제에 의해 주도되었던 디오니소스, 비너스, 그리고 프리아푸스 등에 대한 제례 의식은 전적으로 결여되었다. 그러한 제례 의식이 없었다고 해서 남성의 성생활에 있어서 그 자신이 지탱해 나가는 일부일처제에 의해서만 성적 만족을 구했다고 단정적으로 말할 수는 없다. 우리는 로마 초기에도 도처에서 매춘의 흔적을 발견할 수 있다. 더욱이 남자와 여자 노예들은 우연히 노예가 되었을지라도 모두 주인의 성적 필요를 만족시키기 위해 봉사해야만 했다.

다른 종족들과의 접촉을 통해 로마인들은 점차 다른 신들을 알기 시작했으며, 그 신들은 로마인들의 종교적 이상에 도입되었다. 로마인들이 새로운 영향에 그토록 민감하게 반응했다는 것은 놀라운 일이다. 만일 이것이 진지한 학문의 소산이라면, 어떤 신들이 이탈리아의 여러 종족들과 그리스로부터 로마에 도입되었는가를 밝혀 주어야만 할 것이다.

어떤 특정한 신이 이탈리아 원래의 것인지, 궁극적으로 그리스에 귀속되는 것인지에 대해서는 훨씬 더 많은 논쟁이 필요하다. 우리는 여기서 이런 종류의 문제들에 대해 학문적으로 세부적인 부분까지 다룰 수는 없다. 로마 신화와 관련된 모든 방대한 저작에서 이러한 주제가 논의되고 있기 때문이다[예를 들어 파울리와 위소바가 함께 쓴 《고대 세계 입문(Handbook of Classical Antiquity)》에 나오는 위의 주제와 관련된 위소바의 깊이있는 접근을 참조하라. 우리도 어느 정도는 그 설명을 따라야만 할 것이다]. 시간이 흘러감에 따라 성과 관련된 신으로 로마인들에 의해서 도입된 중요한 신들의 형상을 정확하게 그려내는 것은 매우 의미 있는 일이다.

비너스

사랑과 미에 대한 숭배

먼저 적어도 대중적인 개념에 따라서 사랑의 여신에 대해 다루는 것이 순서일 것이다. 다름아닌 비너스는 베르길리우스가 《아이네이드》에서, 수많은 전설들을 민족적 서사시로 형상화한 이후로 커다란 명성을 얻게 된 여신이다.

오래된 신화적 기록에는 이상하게도 이 여신의 이름이 빠져 있지만, 근대의 학자들은 다른 많은 신들이 그렇듯이 이 여신도 농업 생활과 관련된 로마의 원시적인 신들 중 하나라고 생각하고 있다. 여신은 처음에는 문자 그대로 정원과 꽃의 수호신으로 나타났다가 나중에 사랑과 미의 여신이 되었다. 그리고 결국 그리스에서 도입된

황금망사옷을 걸친 비너스와 흥분한 프라이아포스가 자신의 상징을 과시하고 있다.(나폴리 국립박물관)

아프로디테와 융합하면서 로마의 아프로디테로 불려지게 됐다. 시칠리아에 있는 에릭스 산에서 벌어지는 아프로디테 숭배 의식은 매우 오래 되었다. 이 의식은 후대 로마인들이 행한 아프로디테 숭배의 원천이다. 제국 시대에도 티베리우스와 클라우디우스 치하에서는 에릭스의 신전이 복원되었다. 그곳이 로마인들의 비너스 제례가 행해진 성소로 여겨졌기 때문이다(Tac., Ann., iv, 43).

제2차 포에니 전쟁이 일어난 시대와 같은 초기에도 로마의 주피터 신전에서는 비너스 에리키나(Venus Erycina)의 최초의 지성소가 나타난다(Liv., xxii, 9, 7).

비너스에 대한 숭배는 몇 가지 상이한 의미를 지닌다. 여신은 명예로운 결혼의 수호자며, 그런 점에서 가문의 부인들에게 존중을 받았다. 반면에, 그녀는 '메레트리케스(Meretrices)' 즉 매춘부의 여신이기도 했다. 또한 비너스는 어떤 측면에서는 로마 민족의 어머니로 여겨지기도 했다. 술라는 그녀를 비너스 펠릭스(행운)이라는 이름으로 부르면서 자신의 수호여신이라고 찬양했다.

폼페이에서는 비너스 빅트릭스(승리)를 위한 신전을 장식하기도 했다. 무엇보다도 카이사르는 파르살루스에서 유명한 승리를 거둔 뒤에, 비너스를 위한 신성화된 성역을 만들었으며, 여신에게 비너스 게네트릭스(어머니), 즉 율리우스의 가족이 속한 아이네이스 후손들의 신적인 어머니라는 영구적인 칭호를 부여해 주었다. 카이사르는 자신이 비너스의 혈통이라는 것을 자랑으로 여겼으며, 그 스스로 "나의 집안이 속해 있는 율리우스 문중은 비너스로부터 유래했다."고 말하기도 했다(Suet. Jul., 6). 벨레이우스 파테르쿨루스는 카이사르가 "안키세스와 비너스에게서 유래한 유력한 가문 출신이며, 고대의 모든 학도들이 그와 같은 사실에 동의하고 있다."고 말했다(ii, 41).

이윽고 아우구스투스는 낡은 제례 의식을 재편함으로써 로마의 종교를 개혁하기 위해, 율리우스 왕조를 찬양하려고 비너스 숭배 의식을 차용하는 것을 금하기에 이른다. 그 이후로 비너스와 마르스는 특히 로마 민족의 조상신으로 받아들여지게 된다. 그들은 아우구스투스 휘하의 유명한 장군인 아그리파가 지은 판테온 신전에서 그들보다 덜 중요한 다른 신들에 비해 두드러지는 모습을 띠고 등장한다. 마르스와 비너스의 결합은 사실상 이보다는 훨씬 더 오래 전의 일이다. 두 신은 고대 로마의 신탁 예언집의 충고에 따라 신성한 연회를 열어 즐기다가 트라시메네 호수에서 치명적인 패배를 당한 해인 기원전 271년에도 나란히 함께 나타나고 있다.

비너스가 베르티코르디아(Verticordia)라는 이름으로 나타나는 경우에는 그 여신에 대한 특히 흥미있는 숭배 형식에 주목해 볼 필요가 있을 것이다.

기원전 114년, 베스타 신에게 바쳐진 세 명의 처녀들이 로마의 기사들과의 성행위를 금하는 엄격한 법률을 위반했다는 죄목으로 처형당할 운명에 놓이게 되는 일이 벌어졌다. 그들의 죄를 씻기 위하여, 사람들은 비너스 베르티코르디아에게 성묘당을 지어 바쳤다. 그 여신이 여인과 소녀들의 마음을 돌려 음란함을 버리고 순결한 마음을 지닐 수 있도록 해주리라는 희망 때문이었다. 이로부터 여신의 이름은 마음을 돌이키게 하는 사람을 의미하게 된다. 이러한 명칭에 따라 그녀는 특히 결혼한 여성들의 숭배를 받게 된다.

비너스 게네트릭스에 대한 축제가 벌어지는 4월 1일에는 베르티코르디아를 위한 축제도 열렸다. 루크레티우스가 '볼기바가(Volgivaga, 거리의 매춘부)'라고 불렀던 매춘부의 수호여신을 위한 제례는 4월 23일에 치뤄졌다(Ovid, Fasti, iv, 863 ff.). 카이사르 시대 이후에는 남창들도 그들만의 사랑 축제를 4월 23일에 열었다.

로마 문학에 관한 장에서 우리는 특히 그리스 시인들의 증폭된 영향을 받아 비너스가 로마 문학에서 차지한, 보다 중요한 역할에 대해 살펴보게 될 것이다.

초기 로마 시대에 속하는 것처럼 보이는 성과 관련된 독특한 신이 있지만, 그 기원에 대해서는 아직 알려져 있지 않다. '포르투나 비릴리스(Fortuna Virilis, 남자의 재산)'가 이 여신의 이름인데, 많은 학자들은 선사 시대의 라틴계열의 신일 것으로 추정하고 있다. 그 이름이 비너스의 동의어라고 생각하는 사람들도 있는데, 동의를 구하기는 어려운 견해이다. 빈곤한 계급의 여인들이 특히 이 여신을 숭배했으며, 남자들의 목욕탕에서도 충분히 의미 있는 존중을 받았다. 들리는 바에 따르면 "목욕탕에서는 남성이 신체 일부분을 가리지 않은 채, 여인들의 호의를 구했기" 때문이다(Fast. Praen., 1st April).

"남성들과 함께 목욕하는 것은 간부(姦婦)의 특징이다."라는 로마 수사학자들의 진술에서 볼 수 있는 것처럼, 이 여신은 결코 여성의 조신함의 수호자일 수는 없다. 이와 같은 이유 때문에 그녀의 그림은 비너스의 제단 옆에 걸리게 되었다.

그 여신과는 대조적인 것으로(비너스 숭배 의식 내에 존재하는 것과 마찬가지로) '포르투나 비르기날리스(Fortuna Virginalis)'라는 여신이 있다[처녀의 재산이라는 뜻으로, 처녀들이 결혼 예식에서 그들의 옷을 이 여신에게 바친다. 포르투나는 마침내 포르투나 물리에리스(Fortuna mulieris, 부인의 재산)의 모습으로 나타나게 되는데, 이 여신은 엄격한 일부일체제의 결합 속에서 살아가는 아내들을 위한 여신이다. 그녀의 신전에는 첫번째 부인으로 결혼한 여자만 출입할 수 있다(Dion.Hal.viii, 56,4)].

리베르 · 팔루스 · 프리아푸스

외설미가 넘치는 리베르 축제

리베르(Liber) 신은 원래 성장과 생식, 그리고 동물과 식물의 씨앗을 주관하는 고대 로마 고유의 수호신이었다. 또한 그는 그리스에서 전래된 디오니소스와 동일시되기도 한다. 이탈리아 각지에서는 리베르 — 분명히 진짜 이탈리아의 생식의 신인 — 를 위한 남근 숭배 의식이 벌어진다. 이러한 의식에서는 나무로 깎은 것으로 여겨지는 거대한 남근을 수레에 싣고 들판 주위와 도시 한복판을 돌아다니다가, 결국 한 기혼 여성이 그 위에 올라앉는다. 아우구스티누스의 《신국론》에는 이에 대한 매우 재미있는 글이 수록되어 있다 (vii, 21).

"바로는 여러 가지 이야기를 하면서, 이탈리아의 도시 한복판에서 벌어지는 리베르 신에 대한 제례 의식은 음란하고 외설적이어서 남자의 생식기를 신과 같은 존재로 숭배할 정도였다고 말하고 있다. 그리고 그것은 비밀스럽고 신중하게 행해지는 것이 아니라 공공연하고 음란하게 행해졌다. 리베르 축제 기간 동안에는 몸의 치부를 수레 위에 화려하게 올려놓고 들판을 돌아다니다가 마침내 마을 안으로 들어온다. 라누비움이라는 마을에서는 한 달 내내 리베르를 위한 축제가 벌어졌다고 한다. 축제 기간 동안 모든 시민들은 남근이 저잣거리를 가로질러 가다가 다시 멈출 때까지 온갖 상소리를 늘어놓는다고 한다. 기혼 여성들 중에서 가장 존경받는 사람이 공개적으로 그 상스러운 생식기 위에 화환을 걸어주어야 했다. 미래의 수확을 확실히 하기 위해 리베르 신의 비위를 맞추어 주어야만 했으며, 매춘부들조차도 결혼한 여성들이 보는 앞에서 감히 행할 수 없는 음란한 행동을 기혼 여성에게 공공연히 행하도록 강요함으로써 밭으로부터 악마의 눈길을 몰아내야만 했다."

아우구스티누스에 따르면 위와 같다. 그러나 우리가 볼 수 있듯이, 존경받는 여인에 의해 수행되었다는 사실은 그것이 단순히 난잡한 행동이 아니라 '마법의 영향'을 파괴하기 위해 치뤄지는 종교적 의미를 갖는 오래된 관습임을 밝혀주고 있다.

악귀를 물리치는 남근

사실 팔루스(남근 신)는 마법을 피하기 위한 모든 의식에 등장했다. 프렐러는 《로마의 신화(Roman Mythology)》에서 "마법에 대

베티우스 집 벽화로 남근을 저울로 재고 있다.

항하는 부적의 역할을 하는 '파스키눔(fascinum, 남근상)'이 이탈리아 전역에 걸쳐 빈번하게 등장했으며, 이것은 신이 부여해 준 영원한 생식력의 보호 능력에 대한 믿음을 표현하는 것"이라고 적절하게 언급하고 있다. 바로 이러한 이유 때문에 다양한 모양의 생식기를 아이들의 목에 걸어 주었으며, 가게의 문 위에 올려놓거나, 장군의 위풍당당한 마차에 달아두기도 했던 것이다.

플리니우스는 이 문제와 관련하여 다음과 같이 말한다[N. H., xxviii, 4 (7)].

"남근은 어린아이들뿐만 아니라, 장군들의 보호자이기도 했다. 이 신은[남근은 정확하게 '데우스(deus)'라는 이름의 신으로 불려졌다] 로마에서는 베스타 신에게 바쳐진 처녀들에 의해 숭배를 받았다. 그리고 장군의 전차 밑에 걸려 있는 동안에는 장군이 악마의 시기를 모면하는 데 도움을 주었다."

남근은 때때로 불운을 쫓는 방어물로써 도시의 성문 위에 걸리기도 했다. 그 남근 밑에 이러한 비문을 새겨두는 경우도 종종 있었다.

"행복이 여기에 머물다."

물론 이것의 의미는 그 도시에서는 온갖 성적 쾌락이 보장된다는 의미가 아니라, 단지 남근이 마법이 가져오는 불행을 쫓아 준다는 주술적인 의미였다.

이런 종류의 남근 부적은 유럽 전역에 걸쳐 거의 모든 고대사 박물관에서 찾아볼 수 있다. 그러나 오늘날의 사람들은 이러한 물건들을 아우구스티누스와 같은 시각으로 바라보기 때문에, 일반적으로 대중의 눈길이 닿지 않는 곳에 보관해 두고 있다. 그리하여 우리가 이제 이해하게 된 것과 같은 그러한 상징에 담겨 있는 원래의 깊은 의미를 정당하게 바라보지 못하고 있는 것이다.

남근의 상징 프리아푸스

이와 유사한 또 다른 존재는 정원의 신인 프리아푸스다. 프리아푸스는 사람의 얼굴과 어떤 식으로든 관련이 있는 그야말로 거대한 생식기에 지나지 않는다. 자연히 헤르메스에 대해 적당한 장소, 즉 신의 머리를 좌대로 삼아 그 위에 남근을 올려놓는 경우도 자주 있었다. 현대인들은 이것이 외설의 극치라고 순진하게 짐작하고 있다. 조각가가 머릿속에 있는 그의 관심을 강조하고 싶어서 생식기를 발기시켜 세워놓았다고 생각하고 있는 것이다. 그러나 우리의 설명을 충실히 따라온 독자라면, 여기서의 남근 조각상은 전적으로 다른 의미를 지닌다는 것을 알 수 있을 것이다.

학자들의 일반적 관점은 프리아푸스라는 신이 그리스나 소아시아에서 로마로 도입되었으리라는 것이다. 그러나 나는 남근을 종교적 상징으로 활용한 것은 이탈리아 고유의 관습이라고 감히 주장하고자 한다. 사실 그것은 다른 종족들 사이에서 발견되고 있으므로, 모든 원시 부족들의 관습이라고 할 수도 있다. 더욱이 남근상은 로마인들이 아시아의 여러 인종들과 접촉하게 된 이후로, 즉 한니발과의 전쟁을 치른 이후로 소아시아의 남근 신인 프리아푸스와 결합하게 된다. 어쨌든 후기의 로마인들은 프리아푸스가 일종의 허수아비처럼 도둑이나 새들로부터 정원을 지켜주는 정원의 신이라고 여겨왔다.

호라티우스는 《풍자시(Satires)》에서 프리아푸스의 모습을 묘사했다(Satires i, 8).

> 한때 나는 무화과 그루터기, 쓸모 없는 나무였네.
> 쓸 만한 그루터기나 나무가 없었던 한 목수는
> 나를 프리아푸스로 택했다네.
> 그리하여 나는 새들과 도둑을 막는 거룩한 파수꾼이 되었지.
> 나의 힘센 왼손, 허벅지 사이에 있는 튼튼한 밑둥은,
> 도둑을 쫓는다네(이와 관련된 거의 모든 조각상은 거대한 크기의 남
> 성 생식기를 지니고 있다. 이는 자연의 무궁한 생식력을 상징한다).

남근은 그것을 가지고 행하는 거친 성행위를 통해 형벌을 가하는, 일종의 무기나 처벌 도구로 등장하기도 한다. 《프리아페이아(Priapeia)》라고 불리는 이와 관련된 유명한 라틴시의 모음이 있기

도 하다. 이 시들은 무명의 시인들에 의해 쓰여진, 외설적이며 운율을 무시한 시들이다. 시인들은 프리아푸스의 위와 같은 쓰임새에 대해 재치있게 다루고 있다. 이 시들을 읽은 사람들은 내가 암시하고 있는 강력한 사디즘적 어조와 서술을 기억하게 될 것이다.

프리아푸스는 단순히 정원의 신만이 아니다. 생식의 수호신인 그는 또한 인간의 다산의 수호자이기도 하다. 따라서 결혼 생활을 통해 아이가 없는 사람들은 프리아푸스 신에게 특별한 도움을 구하게 된다. 그와 마찬가지로 성적으로 곤란한 모든 문제에 처했을 때도 그의 도움을 구한다.

고대 미술에서는 남근의 신을 원초적이지만 미적으로 정교하게 다듬어진 헤르메스의 형태나 다양한 형태의 부적의 모습으로 형상화하는 경우가 자주 있었다. 유베날리스는 '유리로 만들어진 프리아피' 즉, 남근 모양의 그릇에 대해 언급하고 있다(ii, 95). 때로는 금이나 은과 같은 재료로 만들기도 했으며, 페트로니우스에 따르면(Sat. 60) 오늘날의 사람 모양의 생강빵이나 초콜렛으로 장식한 부활절 달걀처럼, 남근 모양의 프리아피 과자가 있었다고 한다.

앞에서 언급한 바 있는 남근을 묘사한 시는 사람들의 조잡한 상상력이 원래는 코믹하지도 외설스럽지도 않은 신의 모습 위에 덧씌워졌으며, 그렇게 되는 과정에서 그 신에 대해 순전히 성적인 측면만을 강조하게 되었음을 밝혀주고 있다. 이것에 대해서는 로마 국가를 다루는 장에서 좀더 상세하게 언급할 것이다.

후대에 접어들면서 프리아푸스를 숭배하는 축제 의식은 지극히 대담하고 야하게 치루어졌음이 분명하다. 페트로니우스의 서술 (Sat. 26 ff.)은 의도적으로 과장된 것일 수도 있지만, 그 축제가 치뤄지는 동안에 그 신이 어린 소녀의 몸을 범한다고 쓰고 있다.

아우구스티누스는 다음과 같이 말한다.

> "광대들뿐만 아니라 사제들도 프리아푸스에게 그처럼 거대한 생식기를 달아주지 않았는가? 그를 숭배하는 거룩한 장소에 나타나는 그의 모습과 그를 우스갯거리로 만들어 버리는 극장에 나타나는 모습은 다른 것인가?
>
> 과거에는 연극 배우들이 관객들에 대해서 관대하게 다루고 또한 거룩한 지성소의 벽 뒤편에 감춰져 있는 모든 것들에 대해서 연극을 통해 낱낱이 폭로하지 않는 것에 우리가 감사해야 할 합당한 이유가 있었다. 폭로되는 것이 그토록 저주할 만한 것이라면, 어둠 속에 은폐되어 있는 의식에 대해 우리가 좋게 생각해야 할 것은 무엇이란 말인가? 숭배자들이 경건하게 접근하지만, 가장 음란한 단계는 인정되지 않는 것은 어떤 종류의 예식인가?"

우리는 1834년에 라인 지방의 크산틴 근처에서 남근 형상 부적, 남근 모양이 그려진 악기, 그 밖의 유사한 물건 등이 다량으로 출토된 사실을 통해 이러한 물건들이 보통 사람들 사이에 얼마나 널리 퍼져 있었는지 짐작할 수 있다. 로마 군단의 병사들이 이 모든 물건들을 크산틴으로 가지고 온 것이 분명하다.

바카날리아

바카날리아의 의미와 기원

바카날리아(Bacchanalia)는 리베르 신과 밀접하게 연관되어 있다. 그것은 남부 이탈리아에서 기원한 숭배 의식이 분명하며, 로마로 도입하려는 시도가 있었다. 그리스의 영향 하에서 남부에서 발전한 것처럼 보이며, 북부에서는 에트루스칸에 의해 장려되었음이 분명하다. 이 제례 의식에서는 성적인 표현이 빈번했으므로, 당연히 우리의 연구 대상에 포함시켜야 한다.

프렐러의 《로마의 신화》를 다시 인용해 보자.

"포도밭과 포도 수확의 신에 대한 단순한 숭배에는 또 다른 제례 의

제3장 | 종교와 성생활 __ 243

식이 연결되어 있다. 이 숭배 의식은 원래 인간과 자연의 유한한 죽음과 순환의 상징인 세멜레(Semele)나 페르세포네의 아들, 트라키아와 테베의 디오니소스와 관련되어 있는 열광적이고 신비한 바쿠스(Bacchus)의 종교였다. 디오니소스에 대한 비밀스러운 축제와 숭배 의식은 일반적으로 한밤중에 열리며 열광적인 종교적 광기 속에서 행해졌다."

이 제례 의식은 한니발과의 전쟁 직후에 아마도 자연의 위급 사태에 대한 안식으로써 로마에 도입되었던 것이 분명하다. 리비우스는 이 제례 의식이 처음에는 관용적이었다는 것을 분명히 밝혀주고 있다.

그는 다음과 같이 말한다(xxxix, 15, 6).

"원로원 여러분, 여러분들은 이탈리아에 오랫동안 널리 퍼져 있던 바카날리아가 이제 로마에서도 융성하고 있다는 것을 잘 아실 것입니다. 여러분들은 이것을 귓속말에 의해서뿐만 아니라, 한밤중에 온 도시에 울려퍼지는 소음과 소란에 의해서 분명히 알게 되셨을 것입니다."

이 제례 의식은 진지한 정신을 지니고 있었던 모든 로마인들을 고뇌와 공포로까지 몰아넣으면서 어느 정도까지는 일정한 세력을 형성했던 것이 분명하다.

리비우스는 이와 관련된 유별난 이야기를 들려주고 있는데(xxxix, 9 ff.), 이제 그것을 요약해 보기로 하자.

"아이부티우스라고 불리는 한 젊은이는 히스팔라라는 해방된 여자 노예이자 악명 높은 매춘부와 간통을 했다. 젊은이의 재산을 부정하게 관리하고 있었던 그의 계부는, '그를 없애버리든가 아니면 그를 지배할 수 있는 힘'을 얻기를 원했다. 더구나 젊은이의 어머니는 계부의 지시를 받고 있었다. 그를 파탄시키는 유일한 방법은 바카날리아를 통하는 것이었다. 어머니는 아들을 불러, 그가 병에 걸려 있는 동안에 그 병에서 회복되면 바쿠스의 예식에 그를 데려가겠노라고 맹세했다는 얘기를 들려주었다. 그러기 위해서 아들은 열흘 동안 순결한 몸가짐을 지녀야 했다. 마지막 날 저녁 식사를 끝낸 그가 목욕을 하고 몸을 정결하게 하자 어머니는 그를 데리고 신전으로 갔다.

그 젊은이의 정부는 어머니의 의도를 알고 있었다. 왜냐하면 며칠 동안 그녀를 멀리하더라도 놀라지 말라고 젊은이가 농담처럼 얘기한 적이 있었기 때문이다. 그는 바쿠스의 제례 의식에 참여할 예정이라는 것이었다. 젊은이에게서 그 얘기를 듣자마자 그의 정부는 속상해하며 소리쳤다.

'신이여, 절대로 그럴 수는 없습니다! 차라리 우리 둘 다 죽어버리는 것이 낫겠습니다! 이 사악한 음모로 인한 모든 위험이 당신을 설득하려는 사람들의 머리 위에 고스란히 떨어지기를 간절히 기원합니다.'

그녀의 절규를 듣고 놀란 아이부티우스는 그녀에게 물었다. 그녀는 젊은이에게 자신이 노예 신분이었을 때에는 주인 마님을 모시고 바쿠스의 신전에 간 적이 있지만, 해방된 이후에는 결코 그곳에 가지 않았다고 말해 주었다. 그곳에서는 온갖 종류의 추잡한 행동이 벌어진다는 것을 알고 있기 때문이라는 것이었다.

그녀는 말하기를 지난 2년 동안 스무 살을 넘은 사람은 어느 누구도 그 제례 의식에 참여하지 않은 것으로 알려져 있다고 말해 주었다. 남자가 그 신전 안으로 들어가면 언제든지 마치 맹수가 먹이를 낚아

채는 것처럼 사제들의 손에 끌려가게 된다는 것이었다. 그들은 남자를 비명소리와 신음소리, 그리고 북과 심벌즈를 두드리는 소리가 소란스럽게 메아리치는 곳으로 데려간다. 그리하여, 희생자가 폭행을 당하는 동안 도와달라고 비명을 지르는 소리를 아무도 들을 수 없다는 것이다.

정부는 젊은이에게 제례 의식과 관련된 일은 아무것도 하지 말라고 젊은이를 설득했다. 그가 집에 도착하자, 어머니는 제례 의식에 참여하기 위하여 그가 매일 준비해야 할 일들을 상기시켜 주었다. 그러나 그는 아무런 준비도 하지 않을 것이며, 제례 의식에도 참석하지 않겠다고 말했다. 그 자리에 함께 있던 계부도 그 젊은이의 말을 듣게 되었다.

어머니는 당장에 젊은이가 히스팔라와 떨어져서는 도저히 열흘 밤을 그냥 보낼 수 없기 때문에 그러는 것이라고 생각했다. 그 뱀같이 교활한 계집에게 홀려 눈이 먼 아들이 더 이상 어머니도, 계부도 그리고 신들도 존중하지 않게 되었다며 악을 써댔다. 마침내 어머니와 계부는 그를 학대하며, 네 명의 노예들과 함께 그를 집에서 몰아냈다.

그는 누이를 찾아가, 그의 어머니가 그를 집에서 억지로 쫓아낸 까닭이 무엇인지 물어보았다. 고모의 충고에 따라 젊은이는 다음날 집정관인 포스투미우스를 찾아가 사연을 이야기했다. 사연을 들은 집정관은 젊은이를 신뢰할 만하다고 확신하게 되었다. 그리고 다른 사람들과 함께 히스팔라를 심문하기 시작했다. 그녀는 처음에는 겁에 질려 모든 것을 부인했지만, 결국 그녀가 알고 있는 모든 것을 털어놓았다."

타락과 범죄의 온상이 되는 제례 의식

리비우스의 이야기는 계속 이어진다.

"그녀는 신전이 처음에는 어떤 남자도 받아들이지 않는, 여인들만 들어갈 수 있는 곳이었다고 말했다. 그곳에서는 입교식이 치뤄지는 특별한 날이 매년 사흘씩 있었다. 결혼한 여인들이 교대로 여사제가 되어 그 의식을 주관했다. 그러다가 캄파니아의 여인이 표면상으로는 신들의 명령을 받아 전체 제례 의식을 바꾸어 버렸다. 그녀가 자신의 두 아들을 제례 의식에 불러들인 것이다. 그후로 제례 의식은 모든 사람들에게 개방되었으며, 여성들뿐만 아니라 남성들도 참석하게 되었다.

밤의 어둠이 깔리면 그들의 음란한 행동은 더욱 극에 달했다. 그들이 행하기를 주저하는 수치스럽거나 범죄적인 행동은 아무것도 없었다. 남자들은 여자들보다도 그들끼리 있을 때 더욱 부도덕한 죄를 범했다. 추악한 일에 대해 저항하거나, 다른 사람들과 좀처럼 어울리려 하지 않는 사람들은 마치 맹수에게 당하는 것처럼 희생을 당했다. 그들의 신앙에 있어서 가장 거룩한 신조는 범죄적인 것은 아무것도 없다고 생각하는 것이었다.

남자들은 마치 미친 사람들처럼 그들의 몸뚱이를 광적으로 비틀어대면서 예언을 내뱉었다. 바칸테처럼 옷을 차려입은 여자들은 머리를 풀어헤치고 타오르는 횃불을 들고 티베르 강으로 달려갔다. 여자들은 횃불을 강물 속에 쳐넣었다가 아직 타오르는 상태에서 다시 꺼냈다. 횃불에는 썰파와 라임이 칠해져 있었기 때문에 횃불은 쉽사리 꺼지지 않았다.

그들은 밧줄에 묶인 어떤 사람이 권양기에 의해 들어올려져 비밀스러운 동굴 안으로 사라져버리면 이렇게 말했다.

'신이 그 사람을 데리고 갔다.'

그렇게 끌려가는 사람들은 범죄적 행위나 폭행에 가담하기를 거부했던 사람들이었다. 그 모임은 거의 인구의 절반을 차지할 정도로 거대한 규모였으며, 그들 중에는 귀족 태생의 남자와 여자들도 있었다. 지난 2년 동안 스무 살이 넘지 않은 사람은 그 제례 의식에 참여하지 않는 것이 관습이었다."

"집정관은 두 증인을 안전하게 보호한 뒤, 그 사건을 원로원에 보고했다. 원로원 의원들은 당혹스러워했지만, 집정관에게 감사를 표하며 추가 조사를 그에게 위임했다. 그리고 증인들에게는 죄의 면책과 보상을 약속했다. 이윽고 남자나 여자를 막론하고 이 제례 의식과 관련된 모든 사제들을 추적해야 한다는 결정이 내려졌다.

'심문을 위한 특별 법정에서 부도덕하고 범죄적 행위를 결의하고 실행한 사람들을 처벌하기로 한다.'

로마 전역에 걸쳐 경비병이 선발되었다. 그들은 밤중에 벌어지는 음란한 남녀들의 회합을 막고 방화를 감시하는 특별한 임무를 부여받았다."

드디어 집정관은 시민들 앞에서 연설을 했으며, 리비우스는 다음과 같이 그 내용을 옮겨놓고 있다.

"신봉자들의 많은 수가 여성들이며, 그것이 모든 문제의 시발입니다. 그러나 여인들처럼 함께 어울려 서로를 폭행하고, 밤새도록 미친 듯이 발광을 하거나, 술을 마시고, 소리를 지르며 악을 써대는 남자들도 있습니다. 음모자들은 아직 위력을 갖고 있지는 못하지만, 그 숫자가 매일 늘어감에 따라 그 위력도 크게 증강될 것입니다. 여러분들의 조상들은 정당한 이유 없이는 그냥 모이기만 하는 것도 금했을 정도입니다. 견고한 성채 위에 군기를 게양하고 군대가 행진을 하거나, 호민관이 시민들을 모이라고 선포하거나, 그 밖의 행정 관리들이 회합을 소집할 때에만 집회를 허락했습니다. 그리고 군중들이 모이는 곳은 어디든지, 합법적으로 지명된 당국자가 입회하도록 법으로 정해 놓았습니다."

리비우스는 집정관의 연설에 동의하는 듯하다.

"그렇다면 여러분들은 밤 늦게 남자와 여자들이 무질서하게 한데 모여드는 집회에 대해서 어떻게 생각하십니까?
그 모임에 참석하는 남자들의 나이를 여러분들이 아신다면, 그들에 대한 동정심뿐만 아니라 수치심에 사로잡히게 될 것입니다. 시민 여러분들은 그와 같은 모임에서 맹세를 한 젊은이들을 군인으로 만들수 있을 것이라고 생각하십니까?
그들이 그 음탕한 신전을 떠나서 무기를 들게 되는 것을 과연 신뢰할수 있겠습니까?
그들 자신이 저지른 죄와 다른 사람들의 죄에 의해 더럽혀진 그들이 과연 여러분의 아내와 자녀들의 명예를 지키기 위하여 싸울 수 있겠습니까?
근자에 들어 범해지고 있는 음탕함과 거짓말, 폭력 등에 의해 온갖 범죄들이 횡행하고 있으며, 이것들은 모두 그 신전에서 유래한 것들입니다. 매일 악행이 늘어가고 있습니다.
그것은 이제 로마 공화정 전체에 영향을 미치기에 이르렀습니다. 만일 어떤 사람이 광기나 음탕함에 의해 그러한 악행의 수렁에 빠져들었다면, 바로 그자는 여러분이 아니라 그자와 함께 수치스럽고 온갖 범죄를 공모해온 사람들과 한 패거리라고 판단해야 할 것입니다. 미신보다 더 사악하고 기만적인 것은 없습니다. 신들의 의지가 범죄를 위한 구실이 될 때, 우리가 아무리 인류의 범죄를 옹호할지라도, 우리의 마음은 신들이 부여한 법률을 위반했다는 두려움으로 인해 유린당할 것입니다.

여러분은 대사제들의 칙령과 원로원의 포고, 예언가들의 판단 등 수없이 많은 것들에 의해 양심의 가책으로부터 벗어날 수 있습니다. 우리의 아버지와 할아버지들은 행정관들에게 외래의 제례 의식을 단속하고, 저잣거리와 마을에서 예언자들과 점쟁이들을 쫓아내며, 예언서들을 모아서 불태우고, 로마 고유의 것이 아닌 희생물을 바치는 모든 제례를 금하도록 하는 직분을 부여해 주었습니다. 우리 선조들은 인간의 법률과 신들의 법률에 동일하게 정통했기 때문입니다. 그들은 진정한 종교는 마치 낡은 의식을 버리고 새로운 외래 종교가 도입될 때처럼 그렇게 빨리 파탄에 이르는 것이 아니라고 판단했습니다.

저는 우리 행정관리들이 바카날리아를 파괴하고 그들의 불법적인 모임을 해산시킬 때, 여러분들이 그들의 미신적인 감언이설에 현혹당하지 않도록 하기 위해 미리 이와 같은 경고를 여러분들에게 해 둘 필요가 있다고 생각했습니다. 우리가 행하는 모든 일은 신들의 의지와 호의에 의해 이루어지는 것입니다. 그들의 음탕한 범죄에 의해 우리 로마가 더럽혀지는 것에 저는 분개하고 있으며, 따라서 그 모든 행각들이 처벌받지 않고 넘어가도록 방치해 두어서는 안 됩니다. 그들이 처단되고 박멸될 수 있도록 그들을 찬연한 빛 속으로 끌어내고 있는 것입니다."

원로원의 이 같은 조치는 커다란 효력을 가지고 있었던 것이 분명하다. 그 추문에 얽혀든 사람들 중에서 많은 숫자가 엄격한 금지령에도 불구하고 로마를 떠나려는 시도를 할 정도였다. 그러나 그들은 차례차례 체포됐으며, 관헌으로 끌려가게 되었다. 어떤 사람들은 스스로 목숨을 끊기도 했다. 그 사건에 관련된 사람들의 전체 숫자는 아마도 7천 명에 달했을 것으로 추정된다. 조사관들은 특별한 흥미를 끄는 한 가지 사실을 그대로 방치해 두었다. 즉 음란 행위와 살인이 행해졌을 뿐만 아니라, 증거의 인멸, 유언이나 서명의 위조 등과 같은 다른 범죄 행위들도 자행되었다는 것이다. 심각한 범죄에 연루된 모든 사람들은 사형에 처해졌다.

고대의 관습에 따르면 여성에 대한 사형 집행은 친척이 하도록 되어 있었다고 한다. 마침내 기원전 186년에 원로원의 포고령이 선포되었으며, 그 내용은 동판에 새겨져서 우리에게까지 전해져 내려오고 있다. 그 포고령은 로마와 이탈리아 전역에 걸쳐서 바카날리아를 영원히 금지하지만, 그리 중요하지 않은 일부 지방의 제례 의식과 그 밖의 소소한 예외가 있다고 집정관에게 보고된 바 있다.

위의 간략한 내용은 사건의 전말에 대한 리비우스의 설명이다. 아마도 그는 자신의 취향을 쫓아 그 사건에 로맨틱한 색채를 입힌 것 같기는 하지만, 대체로 보아 사실에 대해 공정한 설명을 행하고 있다. 그러나 우리는 한 가지 주목할 만한 점을 덧붙여야 한다. 이 제례 의식과 관련된 부도덕성이 — 그 실질적인 발생 여부에 대해 우리가 논쟁을 하거나 확증할 수는 없지만 — 관헌이 개입하게 된 주요한 원인이 아니라는 점이다. 관헌은 그들의 공모가 본질적으로 국가의 존재에 대해 모종의 위험이 될 수도 있었기 때문에 사건에 개입했던 것이다. 특히 그들이 살인과 위조 같은 본격적인 범죄를 밝혀냈을 때 그러했다. 당시에 로마 국가는 그 내부에 국가가 모르거나 지도할 수 없는 별도의 권력이 공존하는 것을 허용하지 않았다. 그러한 권력 연합이 형성되는 것을 막아낼 힘을 잃어버리는 순간, 국가는 전체적인 권위를 잃게 되고 내전이 시작되기 때문이다.

이러한 이유로 원로원과 집정관은 타락하고 범죄적인 바카날리아에 대해 영원히 소멸되어 버릴 정도로 엄격한 조치를 취했다. 카이사르가 바쿠스에 대한 새로운 제례 의식을 도입한 것처럼 보이기도 하지만, 그와 같은 조각 정보에 의존할 수는 없을 것이다. 바쿠스 집단들의 비문을 통해 우리는 후대에 접어들어 그 제례 의식이 이시스(Isis)나 미트라스(Mithras), 마구아 마테르(Magua Mater) 등과 같은 외래의 제례 의식과 결합하여 다시 등장하게 되었다는 사실을 알 수 있다.

키벨레

모든 로마인의 어머니

이 문제와 관련해서는 비록 일반적으로 학자들로부터 거의 주목을 못 받고 있지만, 우리가 지적하는 대로 바호펜에게 눈길을 돌려보는 것이 좋다. 어디에선가 그는 다음과 같이 말한 적이 있다. "동양이 서양에게 두번째로 멍에를 짊어지운 것은 바로 종교에 의해서였다." 그러나 로마가 아시아에서 유래한 이 제례 의식에 대해 강력하게 반발할 때, 로마는 보편적 역사의 운동에 대한 의식을 보여주고 있었다. 그와 관련하여 바호펜은 아시아의 쾌락지상주의에 반발하여, 로마는 보다 높은 도덕적 이상을 실현하고 표현했다고 말한다. 그리고 바로 이 점에 있어서 로마는 그 진정한 과제를 수행했던

키벨레는 종종 사자가 끄는 이륜전차를 탄 모습으로 묘사됨. 함께 있는 이는 아티스

것이라고 바호펜은 생각하고 있다. 역사에 대한 이러한 개념은 헤겔에게서 강력한 영향을 받은 섯이다. 나는 그것에 대해서 전적으로 동의할 수는 없지만, 이러한 원대한 사상은 로마의 생활과 역사에 대한 깊은 성찰을 해 보도록 우리를 자극해 준다는 점만은 확신한다. 우리는 아마도 니체에 대해 생각해 보았던 것처럼, 바호펜의 생각을 고려해 보아야 한다. 그의 사고는 전체적으로는 잘못되었지만, 수많은 세부사항에 대해서는 옳은 주장을 펼치고 있으며, 그로 인해 끊임없는 사상적 자극을 주고 있다. 그러나 어쨌든 우리의 주제로 되돌아가기로 하자.

우리는 바호펜의 또 다른 진술을 인용함으로써 그에 대한 검토를 재개할 수 있을 것이다. 그는 그의 저서인 《타나퀼의 전설》에서 다음과 같이 말하고 있다.

> "이탈리아에서 한니발로 인한 폐해를 치유하기 위하여, 형체가 없는 운석이 로마인들의 프리지아 본향으로부터 운반되었다. 아프로디테의 도시인 로마는 그녀가 오랫동안 어머니의 역할을 소홀히 여기고, 전적으로 정치적 원리에 따른 아버지의 규율에 몰두했던 것에 대해서 두려움을 느끼고 있었다."

도대체 바호펜은 무엇에 대해 말하고 있는 것일까? 그는 소아시아로부터 들어온 키벨레, 즉 로마인들에게 '전능한 어머니'를 뜻하는 '마구아 마테르(Magua Mater)'에 대한 숭배 의식에 대해서 말하고 있는 것이다. 이 제례 의식은 분명히 성적인 특징을 지니고 있었다. 비록 세부적인 것까지는 정확하게는 알지 못할지라도, 그 제례 의식에 대해서 언급 해두어야 할 것이다.

리비우스는 로마에서 이 제례 의식이 발생한 것에 대해 소박한 설명을 하고 있다. 그 제례 의식은 한니발 전쟁으로 인한 마지막 위기가 조성되기 직전, 즉 그들이 몰고온 재난과 오랫동안 계속된 험난한 전시 상황으로 인하여 국가가 피폐했던 시기인 기원전 204년에 발생했다. 우리가 세계 대전 시기에 조성되었던 유사한 상황을 기억한다면, 로마인들이 많은 신비한 관습을 지니고 있는 새로운 제례 의식에 쉽게 기울어지게 되었던 사정을 이해할 수 있을 것이다. 데켐비리, 즉 10인 평의회 위원들은 신탁 예언서들에서 그 파장에 대한 예언을 찾아냈다.

"외국의 원수가 이탈리아에서 전쟁을 일으킬 때면 언제든지, 페시누스로부터 로마로 이다이안의 어머니를 모셔오면 원수를 정복하고 쫓아낼 수 있을 것이다(Livy, xxix, 10)."

이것은 키벨레의 형상인 신성한 운석에 대해 언급하는 것이다. 이 형상은 아탈루스 왕에 의해 페시누스로부터 페르가뭄으로 옮겨졌으며, 그곳에는 메갈레시온이라고 불리는 신전이 세워졌다(Varro, de l.l. vi, 15). 그에 따라 여신의 상징은 위풍당당하게 이탈리아에 들어오게 되었다. 리비우스는 우리에게 다음과 같이 말하고 있다(xxix, 14).

"푸블리우스 스키피오는 여신을 맞이하기 위해 결혼한 여인들을 모두 데리고 오스티아로 가라는 명령을 받았다. 그는 여신을 배에 실어서 육지로 보낼 예정이었으며, 그런 다음 기혼 여성들에게 여신을 넘겨주어 옮겨가도록 할 계획이었다. 배가 티베르 강 입구에 도착하자 그는 명령을 받은 대로 배를 저어나가 사제로부터 여신을 넘겨받은 뒤, 육지로 옮겨갔다. 육지에서는 그 일을 맨 먼저 맡게 된 부인들이 여신을 인계받았다. 그들 중에서 클라우디아 퀸타라고 하는 여인이 두드러졌다. 사실, 당시 그녀의 평판은 의심스러운 것이었지만, 그 신성한 직분을 수행함으로써 대대로 그녀의 순결성이 유명해지게 되었다. 잇따라 다른 부인들이 여신을 인계받아 로마로 운반해 갔다. 그리고 전체 도시가 열렬하게 여신을 맞아들였다. 그녀가 지나가는 문 앞에는 향유를 넣은 등불을 밝혔다. 그리고 모든 사람들은 여신이 호의와 호감을 가지고 도시 안으로 돌아와 주기를 기대했다. 여신은 팔라티네 위에 있는 빅토리 신전으로 운반되었다."

다른 설명들은 여신이 티베르에 도착하자마자 기적이 일어났다고 말하고 있다. 예컨대 여신의 형상을 나른 뒤에 기슭의 바닥에 얹혀 움직이지 못하던 배를 다시 뜨게 해달라는 클라우디아의 기도가 실현된 것 등등이다.

이윽고 기원전 191년에 되자, 팔라티네에 여신을 위한 특별한 신전이 세워지게 된다. 이어서 극장에서는 여신을 찬미하는 공연이 벌어지고, 그것은 '루디 메갈렌세스(Ludi Megalenses)'라는 이름으로 로마의 정규적인 관습이 되었다. 로마의 귀족 가문에서는 일상적으로 정해진 축일에 여신에 찬미하며 화려하게 여신을 장식했다. 그러나 외래의 여신에 대한 이러한 숭배 의식은, 그녀를 로마로 받아들인 갈리(Galli)라고 불리는 성직자들에 의해서 세상에 알려졌으며, 신의 의지에 따른 것이었다. 이것은 원래 그 여신을 퇴폐 행위에 오염되어 있던 바카날리아와 같다는 혐의를 두고 바라보았다는 증거다. 확실히 그녀를 숭배하는 의식은 낯선 것이었다. 디오니시우스는 이렇게 말한다(Rom. Ant.,ii,19).

"로마법에 따르면 집정관들은 해마다 여신을 기리는 뜻으로 제물을 바쳐야 한다. 여신은 프리지아 사람들의 숭배를 받으며, 그들은 관습에 따라 도시를 가로질러 그녀를 찾아가 자선을 구한다. 그들은 가슴에 작은 여신의 형상이 그려진 옷을 입고, 행진을 하면서 북을 두드리고 피리를 불며 여신을 찬미하는 노래를 부른다. 그러나 로마에서 태어난 사람들은 어느 누구도 그 밝은 색상의 옷을 입고 피리를 불며 구걸을 하러 나서거나, 주신제의 광란적 분위기를 갖는 프리지아식 제례 의식을 통해 여신을 숭배하지는 않는다. 이것은 원로원에서 선포한 포고령과 법률에 의해 금지되어 있다."

우리는 다른 자료들로부터 이들 사제들이 거세된 남자들이었다는
사실을 알 수 있다. 이 점에 있어서 그들은 아티스의 전설을 따랐던
것이다. 아티스는 여신을 위하여 광적인 흥분 상태에서 자신의 성기
를 자르고 죽었다가 다시 살아났던 여신의 젊은 연인이다. 그의 이
야기는 전능한 어머니에 대한 초기의 숭배 의식과 일정하게 연관되
어 있지만, 그 모든 내용이 우리에게 분명하게 알려져 있지는 않다.

문학에 나타난 키벨레 신앙

우리는 오비디우스의 《파스티(Fasti)》에서 다음과 같은 이야기를
접하게 된다(iv, 223 ff.).

아티스, 프리지아 숲속의 사랑스러운 소년,
절정의 상태로 여신을 매혹시켰다.
여신은 자신을 위하여 그를 잡아두고,
자신의 신전을 지키는 사람으로 삼았다.
여신은 말했다.
"너는 언제나 소년으로 머물 수는 없는 거니?"
그는 여신에게 맹세하며 말했다.
"만일 제가 맹세를 어긴다면,
그것이 나의 마지막 사랑이 될 것입니다."
그러나 그는 맹세를 어기고,
동정을 버렸다. 물의 요정의 품에 안겨,

여신은 복수를 했다.

여신은 나무를 마구 잘랐으며,

나뭇가지를 가지고 물의 요정 나이아드를 죽였다.

나이아드는 나무와 함께 살고 나무와 함께 죽었다.

그러나 실성한 아티스는 지붕이 무너져 내리는 줄 알고,

뛰쳐나와, 딘디마의 높은 봉우리로 달려가 외쳤다.

"아, 횃불이여!" 또 외쳤다,

"천벌이여!"

광폭한 그의 맹세는 그를 죽음으로 몰아갔다.

그는 이제 날카로운 돌로 그의 몸뚱이를 찢었으며,

두껍게 덮인 먼지 속에서 긴 머리카락을 늘어뜨리고,

그리고는 외쳤다,

"나는 피 흘리고 고통받아 마땅하다!

나로 하여금 맹세를 어기게 한 나의 물건은 썩어버려라!

그것을 잘라버려라!"

그는 성기를 잘라냈다.

그리하여 그가 한때 남자였음을 보여주는 표시는 더 이상 남아 있지
않았다.

그의 광기는 아직 모방되고 있으니,

그를 섬기는 자들은

그들의 머리카락을 풀어헤치고 고약한 몸의 일부를 잘라버린다.

이상은 옛 전설에 대한 오비디우스의 기술이다. 카툴루스는 이와
는 다른 진술을 하고 있다.

큰 파도를 넘어서 아티스는 재빨리 도망쳤다.

그의 발걸음이 서둘러 프리지아 숲속으로 들어갈 때까지,

성스러운 숲속 깊숙한 곳에 있는 숨겨진 지성소를 찾기 위하여.

그곳에는 그의 마음을 후려치는 광기가 있었으니,

그곳에서 그의 영혼은 유린당했고,

그곳에서 그는 날카로운 부싯돌로 육중한 타격을 받고 자신의 남근

을 잘라냈다.

이제 그의 몸뚱이를 남자답게 만들어 주던 물건이 잘려나간 자신의

몸을 내려다보면서,

그리고 땅 위를 흠뻑 적시며 흘러내리는

신선한 피의 용솟음을 보면서,

그는 손으로(그의 손은 여자의 손이었다) 빠르게 북을 두드렸다.

북과 나팔, 키벨레에 대한 성스러운 의식은,

그의 부드러운 손길 속에서

수컷이 숨어 있던 공허한 곳을 흔들고 울려댔다.

그리하여, 그는 그의 사나운 무리들 앞에서 하얗게 질려

부들부들 떨며 노래를 불렀다.

"거룩한 키벨레의 울창한 숲으로 떠나라!

딘디마의 숙녀들의 방황하는 양떼들, 여사제들은 떨쳐버리고,

이상한 땅에 사는 이상한 사람, 도망친 족속들,

그대 남자이면서 여자인 사람들,

나를 숭배하는 무리가 되어, 나의 인도를 따르는구나.

나와 함께 그대들은 짠 바닷물의 돌진과

사나운 대양의 야만을 견뎌냈고,

나와 함께 사랑과 비너스에 대한 그대들의 증오심 속에서 그대들은

몸뚱이를 남자가 아닌 것으로 만들었다.

심벌즈 소리를 요란하게 울려대고 사방을 돌아다니며

그대들의 마음을 즐거워하라.

꾸물거리고 느려터진 마음을 버리고, 따라가라, 빠르게 따라가라.

프리지아의 키벨레의 고향으로, 거룩한 프리지아의 숲으로,

심벌즈 소리가 다시 울리는 곳,

북 소리가 요란하게 으르렁대는 곳,

프리지아의 피리 부는 사람이 맑은 소리를 내는 나팔을 우렁차게 불어대는 곳,

바쿠스의 광란하는 무녀들이 아우성치며 그들의 머리를 담쟁이 덩굴처럼 늘어뜨리는 곳,

신을 찬미하는 목쉰 소리와 함께 예식으로 몰입해 들어가는 곳,

신을 섬기는 정숙한 부인들이 경쾌하고도 재빠르게 숲속을 돌아다니는 곳,

그곳에서 빠른 발걸음을 놀려 신성한 춤을 추자.”

그렇게 그는 동료들에게 외쳤으며, 그의 거짓 여성다움을 자랑했다.

그들이 떨리는 목소리로 신을 찬미하는 소리를 부르짖는 동안,

북은 빠르게 울려댔고, 심벌즈는 요란하게 땡그렁 거렸다.

수도자의 무리들이 합창을 하고 춤을 추며 이다의 푸른 숲으로 몰려가는 동안

악을 써대고 숨을 헐떡이며 그곳에 갔을 때,

그의 심장은 사납게 두근거렸고,

그들의 지도자인 아티스는 컴컴한 숲속에서 그의 북을 요란하게 두들겨댔다.

길들지 않은 새끼 염소처럼 재빠르게, 멍에의 무게를 피하며,

거세된 사제들은 그들의 지도자의 쏜살같은 걸음을 서둘러 쫓아갔다.

이 인용문들은 신화를 분명하게 만들어 주기에 충분할 것이다.

나는 그것을 해석하는 일은 삼가고자 한다. 그것은 심리학자들을 위하여 가치 있는 연구가 될 것이다. 이 제례 의식에는 의심할 여지 없이 성적인 함축이 있다. 우리는 초기 로마인들이 그러한 문제들을 생각하는 것조차 경멸했다는 것을 이해할 수 있다. 정말로 고통을 주기 위한 수단으로 사용하기 위하여 손으로 단단히 움켜잡고 내리치는 채찍(아풀레이우스는 이와 관련된 서술을 하고 있으며, 실감이 나는 그림을 그리기도 했다)이 있다. 이것은 중세의 고문과 유사점을 나타낸다. 피가 흐르는 곳에 대고 채찍질을 하는 것은 아마도 후대에 접어들어 거세를 대신하여 행해졌을 것이다. 이 의식은 피의 날(대체로 3월 24일이다)에 행해졌으며, 죽었던 아티스의 부활을 기념하는 날이 그 뒤를 이었다.

기원 후 2세기 말이 조금 지난 뒤에, 타우로볼리움(Taurobolium) 혹은 크리오볼리움(Kriobolium)이라고 불리는 소와 양과 같은 독특한 제물이 도입됨으로써 위대한 어머니에 대한 숭배에 변화가 일어났다. 그리고 그때에 이르면 사제의 직분도 로마 시민들에게 개방된다. 피에 의한 세례는 그 숭배 의식에 있어서 신비하면서도 커다란 역할을 하게 됐다. 새로 신자가 되는 사람들은 구멍이 뚫린 덮개가 씌워진 움푹 파인 구덩이에 앉혀졌으며, 그 위에서 제물로 바쳐진 황소의 피가 흘러내려 그를 흠뻑 적셨다. 이 행위는 세례를 받은 사람이 다시 태어났음을 의미하는 것이라고 생각된다.

사제들도 동일한 방식으로 임명되었다. 제물 중에서도 황소의 고환은 특별한 의미를 지닌다. 그것은 전체 신화가 지니는 본래의 성적 특징을 나타내주는 또 다른 지표이다. 플리니우스에 따르면 [N.H.,xviii, 3(4)], 로마의 농민들은 위대한 어머니가 로마에 들어온 이후로 곡식들이 더욱 풍성하게 성장했다고 믿었다고 한다. 사실, 그 예식에 있어서 그리스도교와 일정한 유사성을 지니는 이 신화적 종교는 카이사르 말기 시대까지 매우 광범위하게 퍼졌으며, 그 동안 발견된 수많은 제단과 서술 등을 통해 그 존재가 밝혀지고 있다. 우리는 바호펜의 관점이 모든 세부사항에서 좀더 안정적으로 정립된다면, 그에 대해 고마움을 느껴야 할 것이다. 아마도 좀더 진전된 연구는 그 문제에 대해 보다 많은 확실성을 가져다 줄 것이다.

아풀레이우스는 키벨레의 사제들이 대단히 음란하고 퇴폐적이었다고 기술하면서, 젊고 힘센 농민들과 함께 음욕을 채웠다고 말한다(Metam.,viii). 그러나 이로부터 키벨레 숭배자들 전체가 동성연애를 행했다는 결론(예컨대, 블로흐가 주장하듯이)을 내릴 수는 없다는 것이 나의 견해다. 우리는 성직자 개인이 지은 죄를 가지고 그리스도교 성직자 전체의 특징을 결정할 수 없는 것처럼, 타락한 소수의 행동에 대한 멜로 드라마와도 같은 설명을 키벨레의 모든 사제들에게까지 확대 적용할 수는 없는 것이다.

이시스

풍요의 여신

일반적으로 성과 연관된 제례 의식이라고 간주되고 있는, 동양에서 로마에 도입된 또 다른 종교는 이시스(풍작을 관장하는 이집트의 여신)에 대한 숭배다.

그러나 나는 활용 가능한 증거를 통해 볼 때, 그녀의 신전에서 일어난 매음이 그녀에 대한 숭배에 없어서는 안 될 중요한 부분이며, 따라서 그것을 성 숭배라고 굳이 개념지을 수 있을 것이라고는 생각하지 않는다. 이 문제를 좀더 면밀하게 살펴보기로 하자.

프렐러에 따르면 이시스는 이집트에서는 "곡물과 경작의 여신"이었으며, 마찬가지로 오시리스-세라피스(Osiris-Serapis, 여신과 자주 결부되어 등장하는 남신)는 이집트의 "남성의 다산성의 신"이었다. 따라서 이시스는 그 동반자인 오시리스와 마찬가지로 이집트 신의 기원이다. 그러나 시간이 흘러감에 따라 그녀의 기능은 광범위하게 확대되었다. 그녀는 항해의 수호여신이며, 법률과 입법의 기초자가 되었다(e. g. Diod. i, 27). 안드로스 섬에서 발견된 찬미의 노래에서 여신은 자신에 대해 다음과 같이 말하고 있다.

> "나는 먼저 남자들에게 바다를 헤쳐나갈 수 있는 용기를 나누어 주었다. 나는 남자들에게 법을 운영할 수 있는 능력을 빌려 주었다. 그리고 나는 생식의 시작으로서, 남자에게 여자를 주었다[바호펜의 《원시 종교와 고대의 상징(Primitive Religion and Ancient Symbols)》 2권에서 인용]."

바호펜은 상당한 진실을 말하고 있다.

> "법을 주었다는 본연의 기능이 다산의 능력을 주고 항해할 때 보호해 주었다는 모성적 기능과 연관되어 있다는 점을 관찰해야 한다. 남자와 여자들을 함께 맺어주고, 그들에게 열 달 후의 수확을 통해 후손을 가져다 주는 어머니 같은 존재와 동일한 인물이 또한 법률의 기초자라는 것이다. 다산성과 법은 각각 모성의 본질의 일부분을 이룬다. 그것들은 사물에 내재하는 원리다. 어머니는 지고한 정의의 표현이며, 사랑하는 마음으로 자녀들에게 모든 것을 공평하게 나누어 준다. 여기에서 우리는 평화와 화해, 그리고 풍성한 수확을 가져다 주는 사람이라는 최고의 어머니의 면모를 다시 확인할 수 있다. 이시스는 남성들의 일인 전쟁을 종식시키는 대신에 항해와 상업을 통한 평화와

번영을 가져다 준다."

우리가 인용했던 찬미의 노래는 다음과 같이 뚜렷하게 말하고 있다.

"나, 이시스는 전쟁의 슬픔과 좌절을 몰아냈다. 나는 번영과 정의를
가져다 주는 권력의 명성을 드높였다."

이시스에 대한 숭배는 술라 시대에 남부 이탈리아(특히 푸테올리)를 통하여 로마에 도입되었을 것이 분명하다. 그러나 관헌은 그것에 대해 오랫동안 적의를 품고 있었다.

기원전 58년에 주피터 신전에 있던 이시스 제단은 포고령에 의해 철거된다. 43년에 여신을 위한 신전을 건설한다는 결정이 내려졌지만, 근대의 연구가 밝혀주듯이 그 결의가 수행되지는 않았다. 그 숭배 의식은 칼리굴라 치하에서만 공식적으로 인정되었다. 티베리우스는 이시스 신전 중에 하나를 파괴했으며, 그녀의 형상을 티베르 강에 던져버렸다. 사제들이 그곳에서 점잖은 부녀자들을 수치스럽게 하는 의식을 치렀기 때문이다(Joseph., Ant., xviii, 65). 이것은 분명히 성적인 범죄에 대한 언급이다. 그것을 통해 성적 요소가 그 제례 의식에 고유한 것이었다는 결론을 내릴 수 있겠는가? 그러한 결론은 다른 문헌들을 통해서도 확인할 수 있다.

예를 들어 오비디우스는 다음과 같이 말하고 있다(A. A., i, 76)

"이시스의 성전을 기피하지 마라. 그녀는 많은 여인들을 주피터에 대한 그녀의 관계와 같이 만들고 있다(이것은 요베의 하녀인 이오와 동일시되는 이시스에 대한 암시다)."

"'비단옷을 입은 이시스' 신전에서 무슨 일이 벌어질 수 있는지 묻지 마라."

언제나 가장 어두운 색채로 묘사를 하는 유베날리스는 이시스의 여사제들이 단순한 '매춘부'였다고 주장한다. 아홉번째 풍자시에서 그는 '나이볼루스(Naevolus, 남자와 여자들과의 부도덕한 행위를 통해 벌이를 했던)'에게 그가 가니메데, 이시스, 평화의 제단, 외국에서 들어온 성모의 비밀 신전, 그리고 케레스 등등이 "모든 신전들을 매춘굴로 만들며 부지런히 더럽혔다."고 말한 바 있다.

이러한 구절들에 대한 연구에 의해 우리가 도달하게 되는 결과는 무엇인가? 일부 학자들(부지런히 서로의 이야기를 반복하고 있는)이 단언하듯이 이시스 숭배는 성적 행위였다는 것을 믿어야 할 것인가? 나는 그렇지 않다고 생각한다. 그러나 위의 글이나 다른 글들을 통해 볼 때 신전을 남자와 여자들이 사랑의 모험을 추구하는 곳으로 사용하는 것이 관습이었던 것 같다. 그러나 유베날리스의 인용문에서 나타나듯 유독 이시스의 사원만 그러했던 것은 아니다. 우리는 상당히 많은 사원에서 그런 일들이 벌어졌다는 결론을 내릴 수는 있지만, 그 이상은 아니다. 물론 전능한 어머니를 섬기는 사제들이 성적 흥분 속에서 열정을 달랬던 것과 마찬가지로 사제와 무녀들이 그러한 애정 행각을 조장하는 경우가 대단히 많았을 것이다.

그러나 이 모든 것은 제례 의식이나 신들의 진면목과는 아무런 상관이 없다. 사실 이시스에 대한 숭배는 제국 후기에 접어들면서 대단히 광범위하게 퍼졌으며, 마구아 마테르에 대한 숭배처럼 하층 계급에 깊이 뿌리를 내렸을 것이다. 이것은 피르미쿠스 마테르누스(Firmicus Maternus)와 같은 그리스도교 계통 저자들이 지니고 있었던 무한정한 증오심을 설명해 준다.

이시스 의식의 성적 의미

우리는 이시스에 대한 정화 의식의 특징과 제례 의식의 상세한 내용, 그것의 신비한 교리의 보다 심오한 의미 등에 대한 결정적 증거를 거의 가지고 있지 못하다. 그러나 다행스럽게도 아풀레이우스가 《메타모르포세스(Metamorphoses, xi)》에서 그녀를 숭배하는 행렬에 대하여 생생하게 묘사한 글이 우리에게 남아 있다.

"구원자(이시스)에 대한 거룩한 행렬은 전방을 향하여 정렬되었다. 눈부시도록 하얀 옷을 입고 봄에 피는 꽃으로 장식한 여인들은 자랑스럽게 거룩한 형상들을 품었다. 그들은 거룩한 대열이 나아가는 땅바닥 위에 그들의 무릎 위에 올려져 있던 꽃을 뿌렸다. 등에 반짝이는 거울을 짊어지고 있던 다른 사람들은 여신이 앞으로 전진하는 동안 그녀에 대한 경의를 나타냈다. 그리고 상아로 만든 빗을 가지고 있던 다른 사람들도 경의를 표하면서 손을 놀려 이시스의 여왕처럼 머리

칼을 장식했다.

다른 사람들은 다시 길 위에 귀중한 발삼나무 향유와 그 밖의 여러 가지 향수를 뿌렸다. 그들 뒤를 따라 수많은 남자와 여자들이 등잔과 횃불, 촛불 등을 들고 하늘에 있는 별의 어머니를 찬미했다. 그리고 피리와 나팔을 든 사람들이 연주하는 아름답고 부드러운 음악소리가 울려퍼졌다. 선발된 처녀 총각으로 구성된 합창단이 하얀 예복을 입고 기쁨의 노래를 부르며 그 뒤를 따랐다. 그들은 아름다운 목소리로 위대한 시인의 시에 곡을 붙인 노래를 불렀으며, 뮤즈 신은 그들을 격려하고 영감을 주었다. 또한 그들과 함께 위대한 세라피스를 섬기는 피리 연주자들이 오른쪽 옆으로 비스듬히 기울인 횡적을 연주했다. 그들은 그들의 신전과 신에게 익숙한 선율을 연주했다. 또한 길잡이들이 앞장서서 '거룩한 분이 나가신다, 길을 비켜라.'라고 외쳤다."

"그리고 나서 거룩한 의식에 참여하려는 군중들의 흐름이 이어졌다. 지위와 나이를 막론하고 수많은 남자와 여자들은 비단으로 만든 눈부신 하얀 옷을 입고 행렬에 참여했다. 여인들은 투명한 천으로 기름을 바른 머리카락을 단정하게 묶고, 남자들은 지상의 별들이 이시스 여신을 숭배하는 듯, 반짝거리는 빛이 날 정도로 머리카락을 면도로 밀었다.

그들은 황동과 은, 심지어는 금으로 만든 딸랑이 비슷한 악기로 청아한 음악을 연주했다. 그리고 그 의식의 대사제들은 가슴에서 발끝까지 물결치듯 흘러내리는 하얀 예복을 입고 가장 전능한 신의 상징을 몸에 지녔다. 맨 앞에 선 사제는 팔을 뻗어 생명을 밝혀주는 깨끗한 램프를 들었다. 그 램프는 밤의 향연을 밝혀주는 보통의 램프가 아니라, 한가운데에서 커다란 화염이 솟아나는 금으로 만든 사발 모양의 램프였다.

이시스 의식 : 이시스 여신을 숭배하는 성수의식

두 번째 사제는 똑같은 옷을 입었지만, 양손에는 도움의 성찬대를 들었다. 그 이름은 여신이 내려주는 행운의 도움으로부터 유래했다. 세 번째 사람은 정교하게 금으로 만든 잎을 장식한 야자나뭇가지와 뱀처럼 구불구불한 머큐리의 지팡이를 치켜들고 성큼성큼 행진했다. 네 번째 사람은 정의의 상징을 보여 주었다. 그것은 손가락을 활짝 펼친 불구가 된 왼손 모양이었으며, 정교하지도 예술적이지도 않았지만, 오른손보다는 정의에 좀더 가까운 것으로 생각되었다. 같은 사제는 여인의 젖가슴처럼 둥글게 생긴 금으로 만든 그릇을 가지고 있었으며, 그것에 젖을 쏟아 제물로 바쳤다.

다섯 번째 사람은 금제 월계수 가지로 만든 부채를 가지고 있었다. 그리고 여섯 번째 사람은 단지를 지녔다. 그리고 황송하게도 인간의 발길로 걸어갈 수 있는 곧게 뻗은 길을 따라 신들에게 다가갔다. 그 길을 따라가면서, 천국과 지옥의 사자 아누비스인 첫 번째 사람은 반은 검은색이고 반은 금빛인 개의 머리 모양을 높이 치켜든다. 그는 왼손에는 구불구불한 지팡이를 들었으며, 오른손으로는 초록색 야자나뭇가지를 흔들어 댔다. 그의 발걸음 뒤에는 다산의 어머니를 상징하는 형상인 똑바로 선 암소를 사제 중에 한 사람이 어깨에 지고 당당한 걸음걸이로 그 뒤를 따랐다.

다른 사람의 손에는 놀라운 숭배의 비밀이 들어 있는 신비한 법궤가 들려 있었다. 또 다른 사람은 행복으로 가득 찬 품안에 전능한 신의 성스러운 초상화를 안았다. 그것은 짐승의 모습도, 새의 모습도 아니었으며, 사람의 모습도 분명히 아니었지만, 그 희귀한 모양 때문에 매우 성스러운 분위기를 자아내고 있었다. 말로 표현하기 곤란할 정도로 신비롭고 거룩한 그 상징은 반짝이는 금으로 만들어졌다. 그것은 일종의 작은 단지와도 같았는데, 기술적으로 속을 비워 밑 부분을 둥글게 만들었으며, 희귀한 이집트풍의 문양으로 장식했다. 짧고 불룩한 목 부분은 길고 홀쭉한 주둥이로 이어졌다. 반대쪽의 불룩한 목 부분을 높이 치켜세우고 있는 비늘로 덮인 뱀의 모양이 구불구불 매듭을 지으며 넓고 완만한 곡선을 그리는 손잡이에 감겨 있었다."

이 환상적인 의식에 대해 이보다 더 상세한 묘사를 할 수는 없다. 그러나 그 의식 속에는, 만약 이시스에 대한 숭배가 성적인 제례 의식이었다면 분명히 행해졌을 법한 성에 대한 상징은 전혀 포함되어 있지 않았다는 것을 확인하게 된다.

반면에 우리는 그 제례 의식이 매우 다양한 금욕적 규율을 요구했다는 사실을 여러 가지 경우를 통해 발견하게 된다. 특히 초심자들에게는 열흘 동안 순결한 몸가짐을 지닐 것을 요구했다. 쾌락적인 남부에서는 분명히 이것을 엄격한 규제라고 여겼을 것이다. 우리는 아우구스투스 시대의 시에서 그것에 대한 이야기를 종종 접하게 된다.

속이 상한 티불루스는 다음과 같이 불평한다(i, 3, 23).

　　그대의 손으로 그토록 자주 두드리던
　　델리아, 심벌즈, 이시스는 나에게 무슨 도움이 되는가?
　　그대의 모든 피정, 그대의 순결한 세정,
　　그 예식의 밤이 지나가는 동안에는
　　홀로 침대에서 보내야 하는가?

그리고 프로페르티우스는 다음과 같이 말한다(ii, 33, 1).

　　아뿔싸, 또 다시 악마의 의식이로구나!
　　킨티아가 열흘 동안 여신을 섬긴다니.
　　그렇게 열렬한 연인을 너무도 자주 나누어 가지는 여신은 참으로 질
　　투심도 많구나.
　　이집트의 황갈색 아이들에게 만족할 것을.
　　어찌하여 로마까지 그 먼 길을 달려왔느냐?
　　여자들이 혼자 잔다면,
　　대체 당신에게 뭐가 이익이란 말인가?

그리고 여성의 심리에 대한 탁월한 감식가였던 오비디우스는 남자에게 몸을 허락하는 것을 자주 거부하여 연인의 열정을 고양시키라고 부인들에게 충고한다. 그는 그럴 때마다 이시스를 구실로 삼을 수 있을 것이라고 말한다(Am.,i, 8,73).

자주 밤을 거부하라.
골치를 아프게 만들어라.
이시스가 때때로 좋은 구실이 되어줄 것이다.

이 책이 다루는 과정 속에서는 이시스의 제례와 종교의 역사에 있어서 그것이 지니는 의미에 대한 더 이상의 고찰은 포함되지 않는다. 우리는 그 의식이 비록 성적인 제례 의식일 가능성도 없잖아 있지만, 그렇지 않을 개연성이 더욱 크다는 것을 보여주기만 했을 뿐이다.

보나 데아

종교와 제례의 결합

뚜렷하게 유사한 종교 의식으로는 '보나 데아(Bona Dea, 좋은 여신)'에 관한 제례 의식이 있다. 많은 학자들은 이 신을 고대 로마의 여신인 파우나(Fauna)와 동일시하고 있으며 일부 학자들은 그녀가 그리스에서 들어왔다고 생각하고 있다. 분명히 이 보나 데아 여신은 여성들이 섬기는 신이었으며, 많은 여성들은 병에 걸리고 곤경에 처할 때마다 그녀의 도움을 구했다. 그녀는 타렌티네 전쟁(B. C. 272)이 벌어졌을 때 이미 로마에 알려져 있었다. 따라서, 로마인들은 마구아 그라이키아(Magua Graecia)와의 접촉에 의해 그 영향을 받아 그녀를 받아들였다고 할 수 있다.

이 문제와 관련된 많은 부분을 여기에서 더 깊숙이 논의할 수는 없다. 이미 말했듯이 여성들만이 보나 데아를 숭배했던 것이 분명하다. 플루타크에는 다음과 같은 글이 나온다(Caesar, 9)

"로마인들에게는 '착한 여신'이라고 부르는 여신이 있다. 그리스인들은 그 여신을 '여자의 신'이라고 부른다. 프리지아 사람들은 그녀가 원래 프리지아의 신이며, 그들의 왕인 미다스의 어머니였다고 말한다. 로마인들은 그녀가 파우누스와 함께 살았던 숲의 요정이라고 생각하고 있다. 그리스인들은 다시 그녀가 이름을 말해서는 안 되는 바쿠스의 어머니들 중에 한 명이었다고 말한다.

따라서 그들이 그 여신을 위한 축제를 열 때면, 여성들은 포도 덩굴로 지붕을 만든 텐트를 세웠으며, 전설을 따라서 여신의 옆에 성스러운 뱀을 놓아두었다. 아무나 그 축제에 참여하거나, 또는 축제가 벌어지는 장소에 들어가는 것은 불법이었다. 여성들이 그곳에 머물면서 매혹적인 오르페우스의 신비한 의식과 같은 많은 예식들을 행했다고 한다. 축제의 시기가 다가오면, 축제가 자신의 집에서 열리는 집정관이나 호민관은 집 안에 있는 모든 남자들을 데리고 그곳을 떠난다. 그의 부인은 집 안을 돌아다니며 의식을 관장한다. 최대의 행사는 한밤중에 벌어지며, 음악과 왁자지껄한 소리가 온 집 안에 울려퍼진다."

이상은 이 숭배 의식에 대한 플루타크의 간단한 설명이다. 이 인용문을 유베날리스의 유명한 여섯 번째 풍자시의 설명과 비교해보면 참으로 놀라운 일이 생긴다. 플루타크와 유베날리스는 동시대 사람이었기 때문에, 우리는 그들의 눈에 나타난 여성들이 전적으로 다른 색채를 띠고 있었거나, 아니면 그들이 완전히 다른 시대의 자료들을 근거로 글을 썼다는 결론을 내리지 않을 수 없다. 축제에 대한 유베날리스의 설명은 완전히 반대되는 내용이기 때문에 우리는 두 설명의 차이를 설명하는 것이 아니라 그대로 인정할 수밖에 없다.

다음은 모든 찬란한 색채를 사용한 유베날리스의 묘사다.

> 좋은 여신을 위한 의식!
> 날카로운 피릿소리가 여인들의 허리를 흥분시키고,
> 술과 나팔 소리는 그들을 미치게 하며,
> 시끄러운 소란 속에서 프리아푸스에 의해 넋을 잃는다.
> 그러다가, 그러다가 그들의 심장은 음욕으로 활짝 타오른다.
> 그들의 목소리는 음욕에 들떠 더듬거리고,
> 그들의 포도주는 폭우처럼 쏟아져 내려
> 그들의 허벅지를 흠뻑 적신다.
> 이것은 결코 흉내내기가 아니다.
> 모든 일은 진지하게 이루어진다.
> 프리암의 늙은 허리조차도,
> 나이 들어 싸늘해진 네스토르의 마음도
> 그것을 보면 불타오르게 되리라.
> 그들의 근질거림은 결코 참을 수 있는 것이 아니다.
> 이것이 진짜 완전한 여자다.
> 비명소리와 악을 써대는 소리가 도처에서 울려퍼진다.
> "때가 됐다, 남자들을 들여보내라!"
> 연인은 잠자코 있다가 커다란 외투를 낚아채듯이 걸치고,

황급히 여기에 온다.

안 된다? 그러면 그들은 노예들에게 돌진해간다.

노예도 안 된다? 그러면 썩은 고기라도 먹어치울 듯한 짐승들은 거리로 몰려나온다.

결국 남자를 조달할 수 없으면, 그들은 그들끼리 엉덩이만으로도 만족을 구한다!

그렇게 이 혐오스러운 설명은 끝을 맺는다.

나는 그것이 로맨틱하지만 적의가 담겨 있는 다른 많은 창작물들, 예를 들면 타키투스의 작품처럼 환상적인 것이라고 생각하고 싶은 마음이 간절하다. 이 제례 의식에서 여성들은 자주 성적으로 난폭한 상태에 이르지만, 제례 의식 그 자체는 그러한 음탕함과 아무런 관련이 없다는 것을 인정할 수도 있을 것이다. 이런 종류의 글들은 아무런 제한이 없이 다른 사람들로부터 한 도덕주의자에게 맡겨져서는 안 된다.

보나 데아 축제의 진지한 도덕적 성격에 대한 견해는 플루타크의 주장에 의해서 뒷받침될 수 있다(Cicero, 19)

"매년, 집정관의 집에서는 그의 아내 혹은 어머니가 베스타 신을 섬기는 처녀들이 참석한 가운데 이 여신에게 제물을 바치는 행사를 치른다."

유베날리스가 묘사한 그러한 음탕한 향연이 베스타의 무녀들이 참석한 가운데 로마 고위 관리의 집에서 벌어졌을 것이라고 과연 상상할 수 있겠는가? 나는 보나 데아가 모성적 특징을 갖는 여신들이 인간의 모습으로 나타난 수많은 사례 가운데 하나일 가능성이 훨씬 더 크다고 생각한다.

바호펜의 총명한 해석에 따르면 그 여신은 로마 후기 시대에 접어들면서 다양한 기회를 통해 로마의 종교에 다시 편입되었거나 다시 편입될 새로운 길을 찾았을 것이다. 이것은 또한 어머니들과 매춘부들 사이에서 벌어진 로마 여인들 간의 정신적인 전쟁의 하나의 사례 — 바호펜이 설명하듯이 — 일 수도 있다. 그 말이 사실이라면, 그것은 동일한 숭배 의식에 대한 두 가지 설명 사이의 놀라운 차이를 설명해 줄 수 있을 것이다.

이것은 성생활과 관련이 있는 범위 내에서 어디서든지 로마인들에 의해 받아들여졌던 여러 신들과 그들에 대한 설명의 결론을 내려준다. 물론 우리는 하드리아누스를 신비한 흠모의 대상으로 삼았던 안티누스의 숭배 신앙이나, 또는 자신이 섬기는 신을 따라 스스로를 엘라가발이라고 불렀던 소년 황제 바시아누스의 카이사르에 대한 야단스러운 동방 숭배 등에 대해서는 토론을 해볼 수 있을 것이다. 그러나 그러한 숭배 신앙을 창출해냈던 사람들, 즉 안티누스와 바시아누스에 대해 무언가를 알지 못한다면 그 신앙에 대해서는 아무런 이해도 할 수 없을 것이다. 따라서 우리는 다른 지면에서 그것에 대하여 다시 논의하게 될 것이다.

이 장을 마무리하면서 우리는 오랜 발전 과정 속에서 정말로 로마인의 성생활을 위하여 도입된 여러 신들에 대해 다시 한번 생각해

볼 수 있을 것이다. 아마도 이탈리아의 토양에서 태어난 수많은 신들과 외래에서 들어온 신들 중에서 그리스의 젊은 신인 에로스처럼 동성애를 대표했던 신은 하나도 없었다는 것은 주목할 만한 일이 아닐 수 없다. 그러한 신이 없었다는 사실을 통해 우리는 로마인들이 동성 연애라는 행태를 비록 초기부터 알고 있었다고 할지라도 그것을 이상화시켰던 시기는 단 한번도 없었다는 결론을 내릴 수 있을 것이다. 로마의 성과 관련된 신들은 언제나 본질적으로 여성의 성적 기능 또는 남성과 여성의 사랑과 관련되어 있었다.

철학과 성생활

4

스토아 학파의 이상

삶의 본질에 대한 의지

스토아 학파의 이상

로마와 그리스의 철학적 관계

우선 로마 성생활의 전반적 영역에 대한 묘사를 하고 있는 작품들이 그것의 발전 과정에서 고대 철학의 영향을 받지 않았는지 조사해 보는 것이 적절할 것이다. 예컨대 그리스도교적 사고방식이 중세 시대의 성생활에 얼마나 깊은 영향을 미쳤는지, 심지어 오늘날까지도 독실한 카톨릭 신자들에게 미치고 있는 영향을 우리는 분명히 알고 있다. 서문에서 말했듯이, 로마인들의 특징으로 인해서 그들은 생활에 대한 반성을 하지 않았다. 그들은 생각하는 사람이 아니라 행동하는 사람들이었던 것이다. 그러나 나는 슈펭글러의 유명한 저술인 《서구의 몰락(Decline of the West)》에 나오는 다음과 같은 말이 옳다고 믿는다.

"진정한 로마인들은 그 어떤 그리스인들보다도 더욱 엄격하게 금욕적이었다. 심지어는 스토아 철학에 반대하는 로마인들조차도 단호할 정도로 금욕적이었다."

로마인들이 그러한 신념에 대하여 매력을 느꼈던 것은 결코 우연이 아니다. 스토아 철학의 가르침에 대한 정확한 설명은 이 책 영역 밖의 일이다. 그러나 우리는 스토아 철학이 로마인들의 사상에 대하여 정말로 중요한 비중을 차지하는 한에 있어서 그 본질적 특징을 간략하게 기술할 수는 있을 것이다. 아마 쇼펜하우어보다 더 그 철학의 내면적 의미를 잘 파악하고 있는 사상가도 없을 것이다.

그는 다음과 같이 말한다(The World as Will and Idea, i, 16).

"대체로 보아 스토아 학파의 윤리는 중요하고도 유익한 목적, 즉 모든 인간적 생활이 굴복하게 되는 고통과 슬픔을 뛰어넘는다는 목적을 위해 인간의 가장 위대한 명예인 이성을 이용하고 있는 눈부시고 가치 있는 시도이다."

그리고 제2권 16장에서 다음과 같이 덧붙여 말하고 있다.

"따라서 우리는 스토아 철학을 정신의 위생학이라고 생각할 수 있을 것이다. 그 가르침에 따라 우리는 고행과 역경을 통해 폭풍우에 맞설 수 있도록 우리의 몸을 건강하게 단련하게 되는 것이다. 우리는 또한 불행과 위험, 좌절감, 불의, 악덕, 사기, 오만, 우매함 등에 대하여 우리의 정신을 단련해야 한다."

　다른 저자는 이러한 신조는 곧 로마인들의 혈액과도 같은 것이라고 말한다.

　스토아 철학은 세계는 하나의 통일체이며, 그 분리된 부분들과 현상들도 모두 필요한 것이라는 생각에 기초를 두고 있음이 분명하다. 또한 우리 각자는 그 통일체 내에서 필요한 부분을 채우고 있는 것이며, 개인적 욕구 충족에 대한 불만이 없이 자신의 그러한 역할을 실현해야 한다. 부유함이나 출세, 사치, 그리고 심지어는 기쁨이나 슬픔과 같은 외적인 것들은 우리로부터 내면의 자유를 앗아간다. 우리가 만일 우리의 이성을 정확하게 사용하기만 한다면, 우리의 모든 의지를 사물의 필연적인 추이와 조화시켜야 할 것이며, 또한 사물은 결코 스스로 우리를 만족시켜 주지 않는다는 것을 인식해야 할 것이다.

　스토아의 이상은 극단적인 행복으로부터 극단적인 슬픔에 이르기까지 그 무엇으로부터도 방해받지 않으며, 모든 사태의 여러 양상 속에서도 고요한 마음가짐을 간직할 수 있는 지혜로운 현자이다. "결코 놀라지 않는다."고 호라티우스는 그 상태를 표현하고 있다. 그리고 "우주가 파괴되고 멸망할지라도, 그 파편이 때리고 지나가는 동안에도 그는 의연하게 버티고 서 있다."라고 좀더 분명하게 현인의 모습을 묘사하고 있다. 스토아 철학은 고통과 삶의 유혹에 대한 남성적인 단호한 의지를 가르치고 있다. 그 어떤 철학이 로마인들의 견지에서 그보다 더 잘 어울릴 수 있겠는가? 그러나 로마인들의 보다 성숙한 정신은 그 철학이 두 명의 그리스 철학자에 의해 처음으로 그들 앞에 모습을 나타났을 때 초연한 자세를 취하게 했다.

플루타크는 카토의 전기에서 다음과 같이 말한다(22).

"카토가 노인이 되었을 때, 아테네에서 로마로 사신들이 온 적이 있었다. 그중에는 아카데미의 철학자인 카르네아데스(Carneades)와 스토아 철학자인 디오게네스(Diogenes)가 포함되어 있었다. 잘못으로 그들에게 부과된 500탈렌트의 벌금에 대하여 고발하는 것이 그들의 임무였다. 오로피아 사람들은 고소인이 되었고, 시키온 사람들은 사정인이 되었다. 즉시 가르침을 열망하는 젊은이들이 이들 철학자들을 방문했다. 그들은 철학자들의 말을 듣기 위해 모여들었으며, 철학자들의 이야기는 찬탄할 만한 것이었다. 수많은 청중들은 카르네아데스의 성격이 지니는 매력에 매혹당했으며, 그의 탁월한 능력과 그에 부응하는 명성에 깊은 감동을 받았다. 그에 관한 떠들썩한 이야기들이 온 도시를 휩쓸었다. 젊은이들에게 철학에 대한 영감을 불러일으켜 주고, 모든 일상적 쾌락과 과거에서 벗어날 수 있도록 해주는 그리스에서 온 놀라운 천재와 그의 매력에 대한 얘기들이 도처에서 퍼지게 되었다. 이것은 로마인들을 기쁘게 했다. 그들은 그들의 자제들이 그리스 문화와 친숙해지고, 뛰어난 인물들과 교류하는 것을 지켜보며 몹시 흡족해했다. 다만 카토는 처음부터 문학과 웅변에 대한 애호가 증대되는 것을 못마땅하게 여기고 있었다. 젊은이들의 야망이 변질되어, 행동과 전투보다는 웅변으로 명성을 얻으려 하게 될 것이 두려웠던 것이다."

"그는 자신의 아들을 그리스 문화로부터 떼어놓기 위해 애썼으며, 로마인들이 그리스의 문물에 너무 깊이 빠져들다 보면 결국 파멸하게 될 것이라고, 그의 나이로 미루어볼 때는 지나치게 과격한 예언을 하기도 했다."

이윽고 서기 150년, 원로원은 로마에서 모든 외국 철학자들과 웅변가들을 추방한다는 포고령을 통과시켰다. 그러나 이것으로 사태의 진전을 막을 수는 없었다. 우리는 특히 키케로와 호라티우스가 스토아 철학의 원리에 커다란 관심을 보였음을 알고 있다. 또한 후기 스토아 철학의 전형적인 대표자는 세 명의 유명한 로마인들, 즉 세네카, 에픽테토스, 그리고 마르쿠스 아우렐리우스였다.

물론 늙은 카토와 마찬가지로 로마인들이 생활에 대한 반성을 하면서도 정신력을 사용할 수 있다는 것은 생각하기 어려운 일이었다. 그들은 생활 속에서 아무런 문제도 느끼고 있지 않았다. 그들에게는 아무런 매개도 없었다. 그들은 단지 행동할 뿐이었다. 그들은 땅 위에서 일하는 농부였으며, 또한 군인이고 정치가였다. 그들은 강력한 본능의 지배를 받으며 생활했다고 말할 수 있다. 그런 그들이 어떻게 생활과 행복에 대한 반성에 이를 수 있겠는가?

로마의 야망과 박애주의 사상

그러나 후기 로마인들이 그러한 신조에 특별한 매력이 있다고 스스로 느꼈던 것은 매우 의미심장한 일이다. 그것은 이론적 문제 해결을 추구했다기보다는 자존심을 부정하거나 내면적 자유를 희생시키지 않고 생활의 어려움을 극복할 수 있는 방법을 찾았기 때문이다. 제국 시대의 로마인들은 스토아 철학을 실생활 속으로 끌어들였다고 말할 수 있다. 우리는 그 과정을 마르쿠스 아우렐리우스의 유명한 《명상록(Meditations)》에 실린 일기의 기록을 통해 관찰할 수 있다. 또한 우리는 제국 시대의 그리 유명하지 않았던 로마인들도 스토아적 영웅주의를 통해 생활의 위안을 얻었다는 것을 알고 있다.

그러나 스토아 철학의 원리, 특히 그것의 로마적 형태에는 다른 요소가 포함되어 있었다. 보다 고대의 스토아 철학은 무르익어 갈수록 인간은 그의 국적이 아니라 그의 덕성에 의해 평가되어야 한다고 생각하고 있었다. 따라서 모든 민족적 경계는 '부자연스러운' 것이라는 것이 스토아 철학의 기본적인 원리가 되었다. 전체 세계는 모든 사람이 그 속에서 서로를 도와주어야 하는 하나의 거대한 사회적 유기체라는 것이다. 후기의 스토아 철학자들에 의해 설파되었던 이러한 '사해동포주의'는 보편적 형제애라는 그리스도교 교리를 강하게 기억나게 한다. 심지어 스토아 철학은 원수를 사랑하라고 하기까지 한다.

우리는 그리스도교가 스토아 철학을 계승한 것인지(일부 근대 학자들이 주장하듯), 아니면 신학의 교리가 스토아 철학의 가르침과 유사한 점이 있기는 하지만, 좀더 심오한 기초에 근거하고 있는 것인지에 대하여 여기에서 토론할 수는 없다. 어쨌든 스토아 철학이 설파한 박애주의적 가르침은 세계를 지배하겠다는 로마인들의 이상을 강화하는 것은 아니었다. 스토아 철학은 로마 국가가 정복 정책을 포기하고 항구적 평화에 기초한 다민족적, 세계주의적 제국이 될 때까지는 그 내부에서 온당한 지위를 차지할 수 없었다.

아마도 스토아적 전망에 대한 가장 강력한 표현은 세네카의 저작들 속에서 찾아볼 수 있을 것이다. 그의 서간문과 논설들은 신약 성경에서 그 정신을 차용해 온 것처럼 보이는 문장들로 가득 차 있다.

"모든 미덕에는 나름대로의 대가가 있게 마련이다. 그러나 이익을 위해서 미덕을 행하는 것은 아니다. 매사가 잘되어 나가는 것이 곧 선행의 삯이다(Ep., 81. 19)."

다음과 같은 문장도 있다.

"감사를 받을 것에 개의치 않고 무언가를 베푸는 사람은 얼마나 기분 좋고 가치 있는 사람인가! 남에게 무언가를 주는 바로 그 순간에, 그는 베풀고 있다는 생각을 완전히 잊어버리는 것이다!(De ben., ii, 6, 2)"

세네카는 또 이렇게 말한다.

"그대가 신에게 바치는 제물과 같이 친절을 생각하라. 친절이 선한 마음에 따라 행해지지 않는다면, 그로 인한 좋은 일은 결코 벌어지지 않는다(Deben., vii, 29, 1)."

한 문장을 더 인용해 보겠다.

"하나님을 아는 사람은 그분을 경배한다. 그러나 하나님께서는 하인이 필요치 않다. 왜 그런가? 하나님은 곧 모든 인류의 하인이기 때문이다. 하나님께서는 모든 곳에서, 모든 사람들을 도와주실 준비가 되어 있다(Ep., 95, 47)."

물론 스토아 철학자들이 생각하는 신은 신약 성경에 등장하는 "모든 사람들의 사랑하는 아버지"가 아니라는 것을 잊어서는 안 된다. 그 신은 거의 범신론적 성격을 띨 정도로 보다 몰개인적인 존재이다.

세네카는 이 점에 대하여 다음과 같이 말한다.

"자연은 우리를 똑같은 자료를 가지고, 동일한 목적을 위해 창조함으로써 우리 모두를 하나의 형제로 만들었다. 자연은 우리 사이에 서로에 대한 사랑을 심어주었으며, 우리를 사교적으로 만들었다. 자연은 평등과 정의를 만들어 냈다. 자연이 정돈해 놓은 세계의 질서에 따른다면, 상처를 받는 것보다 상처를 입히는 쪽이 더욱 비참하다. 자연의 명령에 따른다면, 도움을 필요로 하는 사람들은 이미 예비되어 있는 도움의 손길을 발견하게 될 것이다(Ep., 95. 52)."

로마인의 금욕주의

그러나 스토아적 전망에는 또 다른, 좀더 깊은 측면이 있다. 그것을 살펴보면서 우리의 주제로 돌아가 보자.

스토아 철학자들은 그 무엇보다도 이성을 가치 있게 여겼다. 보다 나은 자아를 실현하기 위해 이성을 굳게 품었던 것이다. 그러나 그들은 인간에게는 이성 이외에도 또 다른 요소가 있다는 것을 알았다. 순수한 본능, 즉 '육욕'이 우리를 이성의 명령에 정확하게 합치하는 생활을 하는 것을 끊임없이 방해한다는 것이다. 따라서 그들은 염세주의를 거쳐서 결국은 금욕주의에 이르게 되는 추론에 빠져들 태세를 갖추고 있었다. 즉 이성을 따르는 것을 가로막는 모든 것을 경멸하거나 그에 맞서 투쟁해야 한다는 것이다. 그러한 일관된 사고는 결국 다음과 같은 진술을 낳게 하였다.

> "우리는 인생을 위해 욕망을 떨쳐버려야 한다. 또한 우리는 언젠가는 반드시 고통을 겪어야 하므로 고통받고 있는 순간도 큰 문제는 아니라는 것을 알아야 한다(Ep., 101, 15)."

또한 다음과 같은 말도 있다.

> "만일 그대가 진실을 깊숙한 곳까지 들여다볼 수 있는 사람을 믿는다면, 우리는 죽음의 형벌 속에서 살아가게 될 것이다. 우리는 태풍이 휘몰아치는 깊은 바닷속에 몸을 던지게 되는 것이다. 갑작스럽게 몰려들었다가 또 우리를 내동댕이치며 순식간에 빠져나가는 변덕스러운 밀물과 썰물에 농락당하며, 우리는 결코 안정적으로 발디딜 곳을 갖지 못하게 된다. 우리는 차례차례 몰려오듯 움직이는 파도에 몸을 내맡기고, 때로는 난파를 당하기도 하며 언제나 두려움에 떨어야 한다. 이 폭풍우 치는 바다에서, 그 모든 사나운 비바람에 고스란히 노출되어 있는 선원에게 닻을 내릴 항구는 단 하나, 죽음뿐이다(Ad . Polyb., 9, 6)."

인생을 그와 같은 식으로 바라보는 사람이라면, 그것에 대하여 신경을 쓸 것이라고는 거의 없을 것이다. 우리는 세네카의 글 어디에선가 다음과 같은 내용을 접하게 된다.

"나는 현자는 언제든지 연인이 될 수 있는 것인지 물어본 젊은이에게 파나이티우스가 멋진 대답을 해 주었다고 생각한다. 그는 대답했다. '우리는 다른 시간에 현자에 관해 이야기하게 될 것이다. 그러나 지혜와는 거리가 먼 그대와 나는 우리를 누군가의 노예가 되게 할 뿐 우리 자신을 위해서는 아무런 가치도 없는 폭풍 같은 열정에 빠져드는 실수를 범해서는 안 된다. 만일 사랑하는 사람이 우리를 거부하지 않는다면, 우리는 그녀의 친절에 의해 용기를 얻을 것이다. 그녀가 우리를 멸시한다면, 우리는 그녀의 오만함으로 인해 흥분할 것이다. 사랑은 쉬울 때만큼이나 어려울 때에도 우리에게 상처를 입힌다. 우리는 그 순탄함에 매혹당하고, 그 어려움과 씨름한다. 따라서 우리는 우리의 나약함을 알고 평화롭게 안식을 구해야 한다. 우리의 약한 마음을 술이나 아름다움이나 아첨이나 그 어떤 쾌락의 유혹 속으로 빠져들어가게 해서는 안 된다.' 이상이 사랑에 대하여 질문한 젊은이에게 들려준 파나이티우스의 대답이다. 나는 그것을 모든 종류의 감정에 적용하고 싶다. 될 수 있으면 낭떠러지로부터 물러서도록 하자. 비록 굳건하게 마른 땅이라도 우리는 지나치게 안심하고 서 있어서는 안 된다(Ep., 116, 5 ff.)."

우리는 스토아 철학자들이 '정상적'이지 않은 모든 성적 만족을 비난하고 경멸한 최초의 인물들이라는 것을 입증하기 위해 더 이상 상세한 설명을 덧붙여야 할 필요가 없다.

스토아 철학자들은 결혼까지도 그렇게 가치 있는 것으로 여기지 않았다. 다만 제논(Zenon)이나 크리시푸스(Chrysippus) 같은 초기의 스토아 철학자들은 그 문제에 대하여 좀더 긍정적인 관점을 지니고 있다. 그러나 여기서는 주로 제국 시대에 나타난 스토아 철학에 대하여 논의하고 있다. 이러한 과정에서 세상에 대한 멸시, 심지어는 세상에 대한 거부가 그들 신조의 본질적 성격이 되었던 것이다.

우리는 여기에서 인간의 사상과 감정에 있어서 매우 중요하고 재미있는 양상에 이르게 된다. 나는 그것을 가장 일반적인 견지에서 볼 때 금욕주의라고 지칭하고자 한다. 삶에 대한 이러한 금욕적 태도는 비단 그리스도교 영향을 받은 사람들 사이에서뿐만 아니라 당시의 로마인들 사이에서 전반적으로 광범위하게 퍼져 있었다. 그 점에 대해서는 특히 그러한 실천이 성생활에 대한 인간의 태도에 결정적 영향을 미치기 시작한 이후에 대해서는 좀더 상세하게 언급해 볼 만한 가치가 있을 것이다.

우리가 금욕주의의 일반적 사상을 이해하고 또한 세계에 대하여 인간의 영혼이 취하는 태도를 고찰함으로써 그것을 어떻게 설명해야 할지 알고 싶어한다면, 우리는 오늘날까지도 그 주제에 대한 쇼펜하우어의 저술을 뒤적거릴 수 있다. 금욕주의는 그의 불멸의 가르침에 있어서 결정적인 비중을 차지한다. 그러나 우리로서는 이러한 사고방식과 그에 입각한 전망이 후대의 로마인들에게 어떻게 계승되었는지 알아보는 것만으로도 충분할 것이다.

영혼이 지상의 삶 속으로 들어갈 때는 천국의 기쁨이라는 신비한 상태로부터 '떨어져 나오게' 되며, 결과적으로 현세의 삶은 처벌로 주어진 연옥으로 그 모습을 드러낸다. 영혼이 그 연옥을 성공적으로 통과한다면, 다시 '신들'에게 돌아갈 수 있다는 생각은(아마도 인도에서 도입되었을 것이다) 매우 오래된 오르페우스적이고 피타고라스적인 교리다. 이러한 관점에 따르면, 지상의 삶은 뚜렷한 단계를 거쳐간다고 할 수 있다. 이는 곧 '영혼의 방랑'이라는 생각을 설명해 준다. 인간이 이곳 현세의 삶 속에서 좀더 '순수해질수록' 그는 보다 빨리 축복의 단계로 돌아간다. 그러나 이러한 이념 속에서는 '순수한' 삶이란 쾌락적인 모든 것들을 멀리하고 오직 영적인 생활에만 주의를 기울이는 그런 삶이다.

플라톤은 《파이도(Phaedo)》에서 그러한 삶을 아름답게 묘사했다.

"육체는 우리를 정열과 욕망, 두려움, 수많은 심상들, 쓸데없는 이야기들, 그리고 실질적인 진리 속에서는 결코 허용될 수 없는 생각들로 가득 채운다. 우리가 살아가는 동안에 육체의 욕구를 가급적 멀리한다면, 또한 절대적 필요에 의해서 반드시 얽매이지 않아도 되는 쾌락을 부정하고, 우리 자신을 그러한 본능의 욕구로 채우지 않고, 다만 신이 우리를 자유롭게 할 때까지 우리 자신을 육욕으로부터 순수하게 보존한다면, 우리는 지식에 좀더 가깝게 다가가게 될 것이다. 그리하여 우리가 처음처럼 순수하고, 육체의 우둔함으로부터 자유로워진다면, 우리는 우리와 동등한 사람들을 만나게 될 것이며, 중개자 없이도 아마도 진리 그 자체일 순수한 모든 것들을 알게 될 것이다. 오직 순수한 것만이 순수한 진리에 가 닿을 수 있기 때문이다

(Phaedo, 66c).”

이러한 관념은 키케로 — 다른 측면에 있어서는 그다지 금욕적이지 않은 것으로 알려져 있는 — 에게 깊은 감동을 주어 그의 철학적 저술 중 가장 심오한 단락에서 그에 대한 동의를 표하게 만들었다[예컨대 《스키피오의 꿈(the Dream of Scipio)》(vi)].

플로티누스의 사상과 신념

그러나 그것은 이러한 관념으로부터 완전한 의식적 금욕주의—육체적 쾌락과 모든 음란한 것들, 따라서 당연히 성적 접촉을 금기시하는—의 교리로 나아가는 단계일 뿐이다. 그 단계는 후대의 학파, 즉 신플라톤주의자들에 의해 계승된다. 그들의 대표자는 고결한 사상가인 플로티누스(Plotinus)다(c. A. D. 250).

플로티누스는 진정한 인간적 삶은 모든 감각적 환영과는 동떨어진 순수한 이론적인 삶이라고 생각했다. 결과적으로 그는 사회 생활이 요구하는 범위 내에서만 음란함을 억제할 뿐인 ‘사회적’ 미덕은 최소한의 가치일 뿐이라고 생각하게 된다. 즉, 우리를 육체적 쾌락으로부터 멀어지게 하는 ‘정화된’ 미덕이 보다 지고하다는 것이다. 인간을 사상의 길로 인도하는 ‘정신적’ 미덕은 훨씬 더 지고하다. 그리고 신을 볼 수 있는 능력을 가져다 주는 ‘이상적’ 덕목은 그중에서도 가장 지고하다. 여기서 우리는 인간의 실체적 생활을 그의 영적 생활을 위해 필요한 기초로 보고 있는 것이다. 금욕주의는 보다 지고한 생활을 가능하게 하는 통로를 만들어 준다. 도덕적이라고 부를 만한 가치가 있는 모든 인간적 행동은 어떤 면에서는 쾌락적 세계에 대한 집착으로 인한 타락으로부터 벗어나는 '영혼의 정화'인 것이다. 아름다움에 대한 열광은 우리의 내부에서 에로스, 즉 우리를 육체적 쾌락을 넘어선 영역으로 인도하는 에로스를 일깨워주는 한에 있어서만 정당화될 수 있다(이러한 생각은 플로티누스에 의해 플라톤으로부터 계승된 것이다).

"육체적 사랑에 탐닉하는 것은 죄악이다(Plot., Enn., iii, 5, 1)."

플로티누스가 실제로 자신의 신념에 따라 생활했다는 사실을 아는 것은 중요하다. 그는 견유학파들이 그랬듯이 거지나 방랑 설교자처럼 나라 안을 돌아다니지는 않았지만, 사색과 문화 속에서 일생을 보냈다. 그의 전기 작가인 포르피리우스는 우리에게 다음과 같은 이야기를 들려주고 있다.

"플로티누스는 육체를 지니고 있다는 사실을 부끄럽게 여겼던 것 같다. 따라서, 그는 그의 출생에 얽힌 이야기나 부모들 또는 그의 고향에 대해서는 결코 아무런 말도 하려고 하지 않았다. 초상화가나 조각가 앞에 앉아 있다는 생각 자체를 혐오했던 그는 다음과 같이 말하곤 했다.
'자연이 우리에게 준 그림자를 짊어지고 있는 것으로 족하지 않은가? 그림자의 그림자를 그려서 그것을 고귀한 것이라고 보관하는 것이 과연 그럴 만한 가치가 있는 일인가?'"

육식을 전혀 하지 않았던 플로티누스는 몸이 아플 때에도 고기로 만든 음식은 아무것도 먹거나 마시지 않았다고 한다(그러한 금욕주의적 관점에 감동을 받은 그의 친구들 중에 원로원 의원이었던 한 사람은 자신의 유망한 앞날을 포기하고, 노예를 해방시켰으며, 모든 명예로운 관직에서 물러나 국사에는 아무런 관심도 기울이지 않았고, 하루에 한끼만을 먹는 지극히 소박하고 원초적인 생활로 돌입했다고 한다. 플로티누스는 이 친구에 대하여 대단히 높은 평가를 했으며, 다른 사람들에게 그의 삶을 하나의 모범으로 제시했다고 한다). 플로티누스는 잠을 거의 자지 않았으며, 소식을 하고 결혼도 하지 않았지만, 동료들과 대화를 나누는 것은 마다하지 않았다. 수많은 귀족 집안 사람들은 죽음이 임박하면 자녀들(아들과 딸들을 함께)을 데려가 전 재산과 함께 그에게 위탁하며, 모든 것을 관장하는 순수하고 진실한 후견인이 되어달라고 했다. 그리하여, 그의 집에는 언제나 소년과 소녀들이 가득했다. 그들 중에는 그들을 교육하는 것이 특별히 플로티누스의 관심을 끄는 경우가 간혹 있었다. 그는 그들의 재산을 정확하게 관리하며, 다음과 같이 말했다.

"이 젊은이들이 아직 철학자가 되지 않았을 동안에는 우리가 그들의 재산에 대하여 큰 관심을 기울여 주어야만 한다."

플로티누스는 그의 문하로 찾아오는 사람은 그 누구든지 언제나 기꺼이 받아들일 준비가 되어 있었다. 그리하여 그가 중재자로 나서서 수많은 분쟁을 해결해 주었지만, 원수를 진 사람은 단 한 명도 없을 정도였다. 더욱이 그는 학식이 높은 사람으로 유명했다. 그는 그의 집에 살고 있는 과부 노예들 중에서 도둑질을 한 사람이 있다면, 그가 누구인지 단번에 추리해 내기도 했으며, 그와 함께 생활하고 있는 모든 소년들이 장래에 무엇이 될지 예언하기도 했다.

플로티누스는 결코 천박한 사상가가 아니었다. 그는 금욕주의를 모든 자극과 각각의 자연적 자극을 폭력적일 정도로 과도하게 금기시하는 것이 아니라, 정신에 의한 본능, 즉 '육체'의 부단한 정복이라고 생각했다. 플로티누스가 이해하는 본능은 쇼펜하우어의 《삶의 의지에 대한 주장(Assertion of the Will to Live)》과 밀접한 관련이 있다. 그는 육체적 성질을 영혼이 그로부터 솟구쳐올라야 하는 진실한 기초라고 보고 있다. 그는 어디에선가 그것을 "결혼이라는 자연적 종착지를 향한 자연스러운 자극"이라고 부르기도 했다(Enn., iv, 3, 13).

그러한 태도는 언제나 의식적이지는 않지만, 성적 자극을 거의 죄악에 가까운 것으로 간주하는 혹독한 비난을 함축한다. 따라서, 모든 미덕은 '정화된 것'이다(Plot., Enn., i, 6, 6). 초감각적인 것들에 대한 정신적 관조의 경지에 도달하려는 모든 사람들은 오디세우스처럼 "마녀 키르케와 칼립소가 제아무리 감각적인 아름다움으로 가득 차 있고, 그들의 눈에서 쾌락의 빛이 반짝인다고 하더라도 서둘러서 그들로부터 벗어나야" 하는 것이다.

그러나 플로티우스의 사상과 정서는 진정으로 헬레네의 것이었다. 그는 세상이 극단적으로 사악하고 혐오스러운 것이라는 비난에 대하여 동의할 수 없었다. 그것은 그의 시대의 그리스도교 계열의 그노시스파 학자들이 주장하는 내용이었다(Enn., ii, 9). 그노시스파 학자들을 반박하는 그의 유명한 저술에서 그는 다음과 같이 말한다(Enn., ii, 9).

"세상이 그렇게 만들어져 있기 때문에 우리가 그 내부에서 지혜에 도달하고 신과 같은 삶을 살아갈 수 있다면, 이는 곧 그러한 삶이 전적으로 영적인 세상에 기초하고 있다는 것을 입증하는 것이 된다."

그리고 다른 지면에서는 다음과 같이 말한다.

"우리는 그노시스파 학자들이 속세의 아름다움을 멸시한 것에 대해서는 칭찬해 줄 수 있을 것이다. 다만 그것이 여인과 소년들의 아름다움을 의미하는 것일 때에만 그렇다. 그러한 경멸적 태도 덕분에 그들은 모든 사악한 퇴폐 행위에 정복당하지 않을 수 있었던 것이다. 그러나 우리는 개별적인 것은 보편적인 것보다 덜 아름답다는 것을 알아야만 한다. 또한 개별적인 것이 그 속에 포함되어 있는 감각적으로 지각되는 세상에도, 그 아름다움의 기원이 되는 그것의 창조주를 찬양하도록 우리의 마음을 불러일으켜 줄 정도의 미는 내재하고 있다. 우리는 좀더 진전된 결혼을 이끌어낼 수도 있으며, 더할 나위 없이 아름다운 것으로 묘사할 수도 있을 것이다. 다만 우리는 지상의 것을 관조하는 일에만 집착하지 않고, 거기서부터 벗어나 우리가 떠나온 지상의 세계를 경멸하는 법이 없는 영적인 세계로 우리 자신을 고양시켜 나가야 할 것이다."

그리고 또 다음과 같이 말한다.

"우리가 누군가의 얼굴에서 피어나는 아름다운 광채를 본다면, 우리
는 저절로 그 속으로 빨려들어가는 것을 느낀다. 또한 감각적 세계의
아름다움을 응시하고 있을 때면, 우리로부터 그토록 멀리 떨어져 있
음에도 불구하고 별들은 참으로 놀라운 조화와 질서를 보여준다. 창
조주가 만들어 놓은 이러한 놀라운 영광으로부터 아무런 감흥을 느
끼지 못할 정도로 우둔하고 둔감한 자, 그 누구인가?"

그러나 플로티누스가 그의 모든 선배들보다 그리스도교 원래의
개념에 보다 근접했던 점이 한 가지 있다. 그는 결코 지치는 법 없
이 아름다움을 찬미했다. 그러나 그 위에는 선(善)이 자리잡고 있었
다. 예컨대 플로티누스는 다음과 같이 말한다.

"선은 온화하고, 우아하며, 부드럽다. 그것은 모든 사람들이 원하는
모습 그대로 나타난다. 그러나 아름다움은 놀라움과 흥분, 그리고 고
통과 혼합된 쾌감을 가져다 준다. 사랑에 빠진 아들이 아버지에게서
벗어나는 것처럼, 아름다움은 그것에 대하여 인식하지 못한 채 선으
로부터 인간을 벗어나게 한다. 나이가 아니라 진실이라는 측면에 있
어서 선은 원숙한 데 비해 미는 어리숙하기 때문이다. 또한 선은 보
다 강력한 힘, 한계가 없는 위력이다. 신이 곧 선 그 자체며, 다른 어
느 누구도 선은 아니다(Enn., v, 5, 12)."

순수한 사람의 생활에 있어서 가장 지고하고 숭고한 것은 선, 즉
신과의 황홀한 결합이다. 플로티누스 자신은 이러한 거룩한 결합에

네번이나 이르렀으며, 그 경험에 대하여 신비한 언어로 표현하고 있다(Enn., vi, 7, 34)

"행운에 의해 영혼이 선한 상태에 도달했을 때, 아니 선이 나타나 영혼에 접근해 왔을 때, 영혼은 그에 따르는 부수물들을 모두 떨쳐버리고 그 자체가 선을 닮기 위하여 아름다워질 준비를 하게 된다(영혼의 준비와 치장은 이러한 경험을 스스로 준비하는 사람들에게는 잘 알려져 있다). 그런 다음에, 영혼은 그 자체에 포함되어 있던 선, 또는 신을 보게 되는 것이다. 영혼과 신 사이에는 아무것도 없다. 그것들은 둘이 아니다. 그것들은 함께하는 것, 즉 하나다. 신이 영혼 속에 머무는 동안, 그 둘은 분리될 수 없다(이러한 결합은 연인들이 하나의 육신으로 결합하고자 할 때 우리의 속세 속에서도 모방된다). 영혼은 더 이상 육체에 얽매여 있다는 느낌을 받지 않으며, 더 이상 그것이 인간인지 동물인지 개체인지, 아니면 우주 전체인지를 인식하지 않는다. 영혼은 이러한 일들을 생각하는 것과 일치하지 않는 그 무엇이다. 영혼은 그러한 것들을 생각할 의지도 시간도 없다. 그것은 다만 신만을 추구하고, 신과 정면으로 만나 그를 응시할 뿐이다. 영혼은 그러한 일을 행하는 동안에는 스스로의 모습조차 볼 수가 없다. 그것은 존재하는 그 어떤 것과도, 설령 천국 전체가 교환의 대가로 제공된다고 할지라도 이러한 경험을 바꾸려고 하지 않을 것이다."

나는 신에게 열광하는 신비한 인물 플로티누스의 작품에서, 그 시대의 가장 뛰어난 고결한 사상을 보여주기 위해 의도적으로 몇 문장을 인용했다. 우리는 그러한 인물들이 정치와 경제, 그리고 그들과는 동떨어져 있는 군중들의 일상적 욕구를 충족시켜 주는 모든 것을 고려했다는 점을 이해할 수 있다. 인간이 영원한 것에 의해서 더 많은 재능을 부여받고 단련될수록, 그는 영혼의 비밀스러운 깊이를 더욱 결연하게 다루게 되는 법이다. 이상은 아직 그리스도교에 접하지 않은 로마인들의 영적인 생활이었다. 그들은 부드럽게, 거의 관대하다고 할 정도로 삶의 불완전성과 마주했다. 그들은 그들의 내면적 경험의 완벽성을 확신했던 것이다.

삶의 본질에 대한 의지

본능으로부터의 승리

금욕주의에 대한 지금까지의 논의로 볼 때 우리는 교육받은 그리스도교인들의 태도가 이와 매우 흡사하다고 생각할 수 있을 것이다. 특히 세상이 때때로 고문과 핍박에 의해 새로운 신앙에 대하여 격렬하게 저항할 때라면, 그 세상을 '회피하기'가 훨씬 더 쉬워진다. 우리는 초기 그리스도교인들이 금욕주의에 몰입했다는 것을 상세하게 다룰 수는 없으며, 몇 개의 보기를 드는 것으로 만족해야 할 것이다.

부르크하르트는 콘스탄티누스 시대의 생활에 대하여 다음과 같이 말하고 있다.

"보다 깊은 본질에 대한 그리스도교의 도덕적 효과에 대하여 고려해 볼 때, 우리는 에우세비우스의 기준으로 그것들을 평가해서는 안 된다. 에우세비우스는 지상의 행복과 권력보다 개종에 대한 더 큰 보상은 없다고 단정지어 말했다. 그러나 보다 깊은 본질은 지상의 모든 것들에 대하여 전적으로 새로운 관계를 발견했다. 예전에 비해 일부는 보다 많이, 다른 일부는 보다 조금 그것들을 의식했다. 대부분의 경우에 있어서 개종은 그들이 사는 국가의 도덕적 감찰에 의해서 허용되는 범위 내에서 가능한 만큼 그들의 인생을 편안하게 정리하게 된다. 그러나 성실한 사람은 수많은 속세의 쾌락을 전적으로 포기했다."

그러나 콘스탄티누스 자신은 이러한 성실한 사람에 포함되지 않았던 거의 분명하다. 더욱이 부르크하르트는 이렇게 말하기도 한다.

"수많은 남자와 여자들, 때로는 가장 높은 지위와 호사스러운 생활에 익숙한 사람들, 부유한 젊은이들 중에서도 그리스도의 충고를 지키는 사람들이 있었다. 그들은 모든 재산을 팔아서 그 돈을 가난한 사람들에게 나누어 주었다. 그리하여 속세의 생활과 거대한 도시의 천둥 한 가운데에 있는 그들 자신은 가장 지고한 것에 대한 순수한 묵상 속에서 자발적인 빈곤의 생활을 하고 있다."

다른 사람들은 이집트의 사막 같은 외진 곳으로 들어갔다. 이런 방식으로 속세를 버린 은둔자들이 늘어났으며, 그것은 후에 수도회로 발전해 갔다.

나는 우리가 부르크하르트처럼 이러한 현상을 '개인과 사회 생활의 불건전성'으로 인해 야기된 체제라고 보아야 할 것인지에 대해서는 확신이 서지 않는다. 일부 비판자들은 쇼펜하우어 철학의 출현 속에서도 동일한 '불건전성'을 발견해 내고 있다. 그것의 옹호자들은 인간의 조건은 그가 인생을 아무 생각 없이 즐기며, 마치 일곱째 날에 모든 것을 둘러보며 "보기에 좋더라."라고 말씀하신 하나님처럼 모든 동포들에게 만족하지 않는다면, '불건전한' 것이 된다고 생각한다. 그러나 이 세상의 좀더 뛰어나고 깊이있는 영혼이라도 인생과 그것의 모든 양태에 대하여 점점 더, 그리하여 마침내 그들 스스로에 대하여 의문을 품게 될 때까지 질문을 던지는 것은 아니지 않은가?

　　"세상은 이성적인가? 그것이 결코 존재하지 않았던 게 더 나을 수도
　　있지 않았겠는가?"

　이러한 질문들은 인도와 그리스, 그리고 그리스도교의 신비주의 철학자들, 쇼펜하우어를 따르는 현대의 염세주의자들 등등 광범위한 시대와 장소에 걸쳐 제기되었다.

　오늘날 우리는 그리스도교의 최초의 은둔자들이 이와 같은 방식, 즉 속세를 무시하고 영적 생활을 숭상하며, 신비주의적 종교에 자신을 몰입시킨 방식으로 금욕주의를 실천해본 것에 대하여 비밀스럽게라도 감사를 드려야 할 것이다.

　부르크하르트는 이에 대하여 다음과 같이 정당하게 말하고 있다.

"우리 시대에 있어서 자유롭게 정신적 활동을 즐기고 있는 동안에는 한 가지 사실을 잊기 쉽다. 그러한 활동은 영원한 광채, 즉 중세 교회로부터 전해진 과학의 유산에 의해 빛을 발하게 된다는 점이다."

그러나 최초의 은둔자와 수도사들은 후대 유럽의 상황과는 병존하기 어려운 과격한 고행을 통해 감각적 생활과 절연했다. 그들은 신약 성서를 문자 그대로, 또한 진지하게 일종의 명령문으로 삼았다. 그들은 "적당히라는 척도로 그들이 갈 길을 포장하지 않았다."는 부르크하르트의 말처럼 타협을 거부했다. 신약 성서의 명령은 고도로 문명화된 로마의 도시들로부터 원시 상태의 사막의 쓸쓸함과 외로움 속으로 이 사람들을 인도하는 영원한 동기인지도 몰랐다. 그러나 나는 그것이 진정한 원인이 아니었다고 주장하는 바다. 진짜 원인은 냉정한 이성으로는 이해하기 어려울 수 있다. 그것은 보다 지고하고, 훌륭한 초월적 세계에 대한 갑작스러운 빛이었다. 그 빛은 모든 신비주의가 한결같이 더듬거리는 어투로 설명하려고 애쓰는 것이며, 쇼펜하우어가 삶의 의지를 포기한 어두움을 관통하는 한 줄기 여명이라고 부른 그 빛이다. 쇼펜하우어는 이러한 신비적 자극이 직관처럼 갑작스럽게 영혼 속으로 들어온다는 점을 분명히 밝혀주고 있다. 그러나 그것은 슬픔의 정화된 불꽃에 의해 일깨워지는 경우가 종종 있다.

삶의 의지에 의해서 격렬하게 충동을 받아, 영원한 즐거움과 영원의 실현을 위해 진력하다 보면, 우리는 마침내 "우리의 모든 노력이 무상하고 헛되다는 것"을 깨닫게 된다. 슬픔의 파도가 점점 드높

아지며 우리를 아우르게 됨에 따라, 우리는 갑작스럽게 무언가를 깨달은 듯 소리치게 된다.

"도대체 왜 이래야 한단 말인가? 어찌하여 나는 나의 의지의 목표를 바꿀 수 없으며, 나의 의지 그 자체를 변경할 수 없단 말인가?"

자기 실현에 대한 야만적인 갈증은 그것이 열망하던 모든 것들을 얻고 난 뒤에는 수많은 로마인들이 원형 경기장의 살육전이 진행되는 동안에 느꼈을지도 모르는 것과 같은 또 다른 고통에 의해 소진되기도 한다. 그러나 쇼펜하우어가 말했듯이 이러한 갈증은 일단 변이가 되고 난 뒤에는 더 이상 우리를 고통스럽게 하지 못한다.

"우리의 삶이 아무리 빈곤하고, 기쁨이 없고, 척박하게 보일지라도, 그것은 내면적 행복과 신이 내린 고요함으로 가득 차 있다."

대부분의 사람들이 '금욕적 생활'에 몰입한다면, 세상은 결국 부패하고 멸망하게 될 것이라는 생각에 대해 반발이 있을지도 모른다. 그러나 우리는 그것에 대하여 다음과 같이 답변할 수 있다.

"당신은 우리가 사는 이 중요한 세상의 진정한 목표가 무엇인지 아는가? 우리의 순간적인 행동이 어느 날엔가는 우리가 더 이상 통제할 수 없는 전면적인 재앙에 의해서 소멸되어 버리는 일은 단순한 가능성에 불과한 것이 아닌가?"

그러나 이 모든 것을 논외로 치더라도, 생각이 있는 모든 사람들은 우리가 윤리적 행동이라고 부르는 모든 행동, 그러한 이름에 어울릴 만한 모든 행동들은 삶의 의지를 부정하는 방향을 지향한다는 점을 이해하지 못하는 것은 아닌가? 우리는 쇼펜하우어의 진술을 통해서 이 점을 확인할 수 있다.

> "하나의 동일한 뿌리로부터 삶의 의지에 대한 단호한 주장과 외면의
> 세계, 다양한 여러 현상, 개인성, 이기주의, 증오와 사악함 등등이 뻗
> 어나온다. 그리고 또 다른 뿌리로부터 삶의 의지에 대한 부정, 실체
> 의 세계, 사물의 동일성 같은 것들, 정의, 인간적 사랑 등이 뻗어나오
> 는 것이다."

이 모든 것들이 신비주의적 결론으로 이어져야만 하는가? 윤리적
으로, 정의롭게 살아가며 그의 동료들을 사랑하는 사람은 자기 자
신을 전적으로 소멸시키기 위해 애쓰는 것과 같다는 말은 과연 진
실일까? 우리가 삶의 의지를 포기하겠다는 결정을 내렸다면, 아마
도 우리는 그것이 가장 지고한 실재이며 유일하게 진실한 사실이라
는 점을 깨닫게 될 것이다. 어쩌면 그것은 유일하게 가치 있는 인간
적 행동이 그 영속하는 힘을 이끌어 내는 비밀스러운 원천일지도
모른다. 아마도 괴테의 다음과 같은 말은 이것에 대하여 또 다른 의
미를 부여하고 있을지도 모른다.

> "아무것도 아닌 것 속에서, 나는 정녕 나의 모든 것을 발견할 수 있
> 을지도 모른다."

그러나 그러한 경험과 그것을 느낄 수 있는 사람은 모든 위대하고
고귀한 것들이 그렇듯이 지극히 드물다. 우리는 삶의 의지를 부정
하는 방향으로 개종한 모든 사람들이 흔들림 없는 평화의 상태로

진입할 것이라고 생각해서는 안 된다. 그리스도교 계통의 작가들은 육체적 욕망과의 끊임없는 투쟁을 통해 내면적 세계를 성취했다고 되풀이해서 말하고 있다.

쇼펜하우어는 다음과 같이 말한다.

> "그러한 평화와 축복은 정복된 의지 위로 피어나는 꽃일 뿐이다. 그것이 피어나는 토양은 삶의 의지와의 영원한 전쟁이다. 지상 위의 모든 사람들은 평화를 감당할 수 없다."

충분히 의미심장하게 우리는 그 저자들이 감각적 환상, 즉 여인의 벗은 몸이나 진수성찬이 차려진 식탁, 검투사의 격투, 그리고 실제로는 그들이 떠나온 도시 생활에 대한 환상 등에 사로잡혔다는 얘기를 자주 듣게 된다. 결국 세계와 그것의 유혹으로부터 해방을 추구하는 것이 '위선과 혐오'로 발전해 간다는 점을 부인할 수 없다. 쇼펜하우어는 그것에 대하여 "그러한 생활이 인류의 보다 커다란 부분을 차지한다는 것은 불가능한 일이다."라고 말한다.

우리는 이러한 사실을 강조함으로써 사디즘에 대한 우리의 진술에 보다 가깝게 접근할 수 있을 것이다. 원형 경기장에서 벌어지는 잔혹한 경기에서 그들의 퇴폐적 의지를 완벽하고도 과격하게 펼쳐 보인 사람들은 당연히 그러한 자기 포기에 대한 내면적 반발로 인해서 고통을 받는다. 그들 중 많은 사람들은 그 대신에 은폐된 방안에서 벌어지는 퇴폐적이고 내밀한 호사스러운 목욕이 가져다 주는 관능적 쾌락과, 완벽한 성적 일탈을 통한 끊임없는 성적 흥분,

굶주림과 갈증에 굴종하는 주지육림의 잔치판, 거룩한 시문들을 탐욕스럽게 먹어치우는 감각적이고 화려한 시편을 선택한다. 그러한 전면적 개종은 드문 일이기는 하지만, 어쨌든 사실이다. 이를 통해서 그리스도교는 승리에 도달했던 것이다. 그것은 로마의 권력을 대체하여 불완전함과 동의어라고 할 수 있는 국교가 됨으로써 얻어진 외면적 승리가 아니라, 삶의 의지를 부인함으로써 발현하게 되는 신비주의적 힘, 지고한 자기 만족, 압도적인 사랑, 진정한 신비주의적 교리의 승리였다.

로마를 지배한
에로티시즘

5

의상과 장식품

나체에 대한 예술적 이해

로마나 플로렌스, 나폴리에 있는 웅장한 박물관을 관람하면서 고대 예술 조각품의 아름다움에 흠뻑 취해 보는 것도 의미 있는 일이다. 현대의 비평가들에 의해서 유명해진 아폴로 벨베데레나 라오콘과 같은 후기의 예술 작품만을 골라봐서는 안 된다. 거기에는 비록 덜 알려지거나 비전문가의 눈으로 감상할 때 조금은 투박해 보일지라도, 바로 그러한 이유 때문에 진실되고 순수해 보이는 예술성이 살아 있는 다른 작품들이 풍부하게 존재한다. 예를 들자면, 테르마이 박물관에 소장되어 있는 죽어가는 오비디우스 조각상이나, 모든 여성 조각상들 중에서도 가장 영혼적 호소력을 지니고 있는 카푸아의 프쉬케 조각 같은 것 등이다. 이같이 아름다운 예술품들을 감상한다면 아마 당신은 비록 그들이 그 모든 것을 창조하지는 않았지만 인간 신체의 아름다움에 대해서 매우 심오한 이해력을 갖추고 있었다는 것에 대해서 수긍할 수밖에 없을 것이다.

그러므로 로마의 문학 전체를 통해서 누드주의에 대한 반대 의견이 지속적으로 주장되고 있다는 사실이 더욱더 이해하기 어려워지는 것이다. 루킬리우스는 이에 대해 짤막하고 직설적으로 표현하고 있다.

"다른 사람의 나체를 보는 것이야말로 바로 악덕의 원천이다."

그러나 키케로는 자신의 화려한 저택에 아름다운 예술 조각품들을 소장하고 있었음에 틀림없다. 더구나 그가 옛 시인의 격언에 전적으로 동의하고 있었으므로 우리의 놀라움은 더욱 커진다. 이것은 로마 시민이 체육 활동을 무가치한 것으로 여기는 것처럼, 이와 관련된 모든 것에 대해서 비난한 세네카를 이해하기 전에는 결코 올바르게 이해할 수 없을 것이다. 사실 날쌔게 움직이는 체육 활동은 체구가 매우 작은 그리스인들에게 알맞은 것이며, 차라리 로마인들에게는 갑옷과 무기를 드는 것이 적당하다. 그들이 검투사 경기를 매우 즐겼던 것을 상기할 필요가 있을 것이다.

그러나 진정한 로마인들은 그것을 찬양만 하였지 실제로 직접 참여하지는 않았다. 운동을 하려면 옷을 벗어야 하기 때문이다. 이러한 관점에서 본토박이 로마인들이 체육 활동을 싫어했다는 것을 이해해야 한다. 로마 민족의 이런 유치한 감성적 성격으로 인해 그들은 성적인 충동을 느낄 때 외에는 서로의 나체를 보는 일이 거의 불가능했다. 키케로는 동성 연애가 나체주의의 자연스러운 결과라고 믿었으며(Tusc., iv, 33), 프로페르티우스와 플라우투스는 그들의 작품을 통해 사랑하는 사람의 나체는 순전히 에로틱한 감성만

그윽한 매력과 에로티시즘을 풍기는 세 명의 처녀 (폼페이 벽화)

을 유발할 뿐 예술적 성격으로서 다가오지는 않는다는 것을 보여주었다(Plaut., Most., 289 ; Prop., i, 15, 13 ; Sen., Ep., 88).

라틴어로 '나체의'를 뜻하는 '누두스(nudus)'라는 단어가 '거친, 투박한'이라는 어원을 가지고 있다는 것은 매우 의미심장하다고 하겠다. 로마인들은 항상 나체라는 것을 외설적이고 점잖치 못한 것과 동의어로 사용하였다.

그럼에도 불구하고 로마인들은 누드 조각상에 대한 열정적인 수집가였다. 왜 그랬을까? 그들은 에로틱한 기분을 만끽하기 위해서건, 아니면 그 밖의 다른 이유에서건 자신들의 방을 그런 조각상으

안티누스 조각상

로 가득 채웠다. 이는 내 생각으로는 우리가 몇 안 되는 부정적인 인용문으로만 추론할 수 없는 보다 진실되고 고귀한 인간애가 그들의 잠재의식 속에 내재되어 있었던 것처럼 보인다.

플리니우스는 이것에 대하여 다음과 같은 주목할 만한 언급을 하고 있다 [N.H., xxxiv, 5(10)].

"그리스인들의 습관은 모든 것을 거침없이 드러내 보이는 것이지만, 로마인들 즉 병정들의 관습은 갑옷을 입은 조각을 선물하는 것이다."

플리니우스의 이 말이 사실이라면 로마의 조각은 모두 갑옷을 입고 있어야 한다. 그러나 실제로는 안티누스의 누드 조각상을 비롯해서 셀 수 없을 만큼의 많은 누드 조각상이 있다. 그러므로 이러한 표현은 로마인들이 나체보다는 아우구스투스나 그와 유사한 영웅들의 전투복을 입은 모습을 그리기 좋아했다는 것으로 이해해야 한다. 이에 대한 가장 설득력 있는 설명이 레싱의 《라오콘》에 나타나 있다.

"아름다움은 예술의 첫번째 목적이다. 사람들은 의상은 필요에 의해서 창조되었다고 말한다. 그러나 필요에 의해서 만들어지지 않은 예술이 어디 있으랴? 따라서 의상 속에는 어떠한 예술적 감성이 녹아 들어 있다고 확신하지만, 아마 그 어느 것보다도 인간의 신체가 가장 아름다운 예술이라는 데에는 아무도 이견을 내세우지 못할 것이다."

진정한 예술가는 자신을 숨기지 않는다. 이런 의미에서 로마인은 진정한 예술가라 할 수 없을 것이다. 최소한 그들은 그리스인들처럼 인간 신체의 본래적 아름다움에 대하여 공개적으로 표현하지는 않았다. 로마인의 누드상은 오직 안티누스의 조각상 하나뿐이다. 그러나 로마의 조각 작품들은 남성과 여성의 성격 묘사에 있어서 최고의 수준까지 올랐다고 할 수 있다(물론 나중 세대로 가면, 거대한 대중 목욕탕을 이용하는 문화가 발전하여 공공연한 장소에서 나체를 보는 경우가 많아지기는 했지만 말이다).

이성을 유혹하는 옷차림

로마의 의상을 좀더 살펴보기로 하자. 오늘날 의상이 필요에 의해 만들어진다는 사실을 부정하는 사람은 아무도 없을 것이다. 의상, 특히 여성의 의상은 성적인 표현에 보다 밀착되어 있다고 할 수 있다. 천성적으로 여성은 남성에게 성적인 유혹을 할 수밖에 없도록 되어 있다. 인류의 재생산을 위해 이러한 유혹은 필연적이며, 이는 충분히 수긍할 수 있을 뿐더러, 남성에게 성적인 흥분을 일으키는 모든 것을 할 수 있는 것은 여성의 권리이다. 여성 신체의 아름다움은 남성을 유혹하기에 충분하며, 바로 그렇기 때문에 여성은

침대에 걸터앉아 포도주를 마시고 있는 연인들. 토가로 하반신만 가린 남자와 거미줄같이 섬세하고 투명한 옷으로 몸을 가린 여인. 은근한 관능미가 담긴 그림

자신의 아름다운 부분을 숨기지 않고 자연스럽게 드러낸다. 여성들은 단지 기후적인 이유 때문에 옷을 입는 것이 아니라, 경험적인 문제이긴 하지만, 완전히 벗은 나체보다 부분적으로 숨겨지거나 가리워진 것이 보다 자극적이라는 사실 때문에 의상을 활용하는 것이다. 이러한 견해는 오늘날 일반적으로 받아들여지고 있다.

이와 같은 관점에서 모든 다양한 나라와 민족의 여성과 남성의 복장을 설명할 수 있으며, 심지어 성적인 것과 연관되어 있지 않은 복장은 없다고까지 이야기할 수 있다. 편견 없이 건강한 상식을 가지고 있는 사람이라면 옷을 완전히 다 벗거나, 신체를 빈틈 없이 모두 가리는 것보다는 자연스러운 아름다움을 더 좋아한다. 따라서 엉덩이만을 살짝 드러내고 있는 칼리피고스(Callipygos) 같은 여성 조각상은 매우 자극적이라고 할 수 있으며, 옷을 모두 다 벗은 나체의 여성상보다 훨씬 더 아름답다.

고대 사람들은 의상에 있어서 패션의 변화라는 것을 별로 모르고 살았다(이런 점에서는 그리스나 로마가 똑같았다). 결국 패션이라는 것은 신체의 다양한 부분을 숨기거나 보여주는 것에 불과하였다. 그리고 그것은 전적으로 성애적인 필요에 의해서 이루어졌다. 우리는 이와 같은 사실로부터 성애적인 욕망을 나타내고 싶지 않은 여성은 절대로 패션 감각이 있는 의상을 입지 않았다고 추론해 볼 수 있다. 그들의 옷은 항상 단순했으며, 신체의 특정 부분을 강조하거나 드러내보일 수가 없었다.

고대에는 우리가 알고 있는 것 같은 그러한 패션이 없었다고 말한 바 있다. 즉, 색깔만이 간혹 바뀔 뿐, 일반적인 양식에서 크게 변화하는 일은 거의 없었다. 아주 오랜 시절부터 로마 사람들은 '투니카' 라 불리는 속옷과 '토가' 라 불리는 겉옷을 입었으며, 여성들은 보다 길게 재단된 '투니카' 와 '스톨라' 라는 겉옷을 입었다. 이미 우리가 다 알고 있는 것처럼, '토가' 는 3세기 동안 그리스나 다른 외국에서 수입되어 온 다양한 외투들과 같이 보다 실용적이고 일상적인 옷으로 대체되었으며, 여성들의 '스톨라' 는 '달마티카(dalmatica, 소매가 긴 투니카)' 로 바뀌었다.

그러나 이러한 변화 자체는 매우 사소한 것이었으며 현대적인 패션의 변화와는 비교할 수 없다. 이는 패션 자체가 현대적인 발명품과 같기 때문이다. 이러한 패션 감각의 결여가 고대인의 성생활이 우리보다 순박했다거나 순수했다는 것을 의미하는 것은 아니다. 고대인의 생활이 그렇지 못했다는 것을 우리는 이미 살펴보았다. 거기에는 다른 방식이 존재하고 있었다. 고대인들 특히 로마인들은 그들의 의상을 자르는 것에 의해서 성적인 분위기를 연출했던 것이 아니라, 복장을 입는 특정한 규칙이 없었기 때문에 아주 다양한 방식으로 외투를 걸침으로써 그러한 효과를 유발시켰던 것이다. 로타르의 감동적인 여행책자 《세 가지 세상의 사이에서(Between Three Worlds)》의 260페이지에 이것들과 연관된 표현들이 나온다.

> "고대 의상의 예술적 기교는 그것을 걸치는 특별한 규정이 없다는 것에 기초해 있다. 남자든 여자든 자신이 원하는 표현 방식대로 옷을 걸쳤다."

따라서 같은 종류의 의상을 다양한 방식으로 정렬하는 것만으로도 매우 다른 인상을 주었다. 어떤 여성이든 자신에게 적당한 정도로 몸매를 보여주거나 감출 수 있다. 높은 지위에 있는 고상한 기혼 여성은 긴 스톨라 예복을 입음으로써 사려깊고 위엄 있는 분위기를 연출하곤 했다. 한편, 오비디우스에 의하면 젊은 여자는 단지 투니카 속옷 하나만 걸치고 연인의 방에 뛰어들어가 그를 흥분시켜 자신을 끌어안도록 하는 것처럼 아주 색다른 분위기를 연출하기도 했다고 전한다. 또한 아풀레이우스의 소설에는 우아하지만 천박한 포티스가 속살이 비치는 얇은 투니카를 입고 나타나자 주인공이 격정적인 탄성을 지르는 장면이 나오기도 한다. 스톨라를 입음으로써 이와 유사한 효과를 유발시키고자 하는 여성은 보통 얇고 부드러운 재질의 옷을 주로 입었다.

세네카는 이것에 대하여 심하게 비난하고 있다(De ben., vii, 9).

사제복, 튜닉, 베일, 토가와 불라 등.

"그것이 그녀의 신체를 보호하거나 정숙성을 지켜주지도 못하며, 완전히 벗었다고 이야기할 수 없음에도 옷이라고 부를 수 있는지는 잘 모르겠지만, 하여튼 비단으로 만든 옷을 본 적이 있다. 그것은 우리가 잘 알지도 못하는 나라에서 통상의 교역 통로를 통해서 대량으로 수입되어 온다. 왜 그럴까? 아마 우리의 여성들이 침실에서 연인에게 보여 주는 것보다 더 많은 부분을 세상에 보여 주기 위해서일 것이다."

이러한 옷들은 매우 가볍고 부드러우며 코스 섬에서 그리스와 로마로 수입되었기 때문에 코안 옷이라고 불렸다[Plin., N.H., xi, 22(26)].

타키투스는 티베리우스의 통치 시기에는 남자들이 얇은 비단 옷을 입는 것을 금지시켰다고 전한다(ANN., II, 33). 남성들 또한 부드럽고 우아한 재질의 옷을 입음으로써 에로틱한 분위기를 연출할 수 있었다. 남성미를 간직하고 있는 잘생긴 노예는 가능한 한 짧고 얇은 옷을 주로 입었다. 로마의 많은 멋쟁이들도 그러한 패션을 선호했다. 그렇기 때문에 타키투스의 금지령은 이해할 수가 없는 것이었다. 유베날리스는 이러한 옷을 입은 젊은 멋쟁이를 조롱하면서 미친 것이 추잡한 것보다 더 낫기 때문에 차라리 벗어버리라고 충고하고 있다.

다시 말하자면 비단과 훌륭한 직물로의 의상의 변화는 우리가 보기에 로마 매춘부의 절반 이상을 차지하고 있는 평민 출신의 여성들 — 이들은 주로 섹스를 위해서 산다 — 에 의해서 주로 애용되었다.

호라티우스는 다음과 같이 서술하고 있다(Sat., i, 2, 101).

"아무것도 숨기지 않는다! 거의 아무것도 걸치지 않은 것 같은 코안 드레스를 입은 그녀를 쳐다보라. 그녀의 부드러운 허벅지와 약간 못생긴 다리를 확실히 확인할 수 있을 것이다. 당신은 직접 당신의 눈으로 그녀의 속 모습을 평가할 수 있을 것이다."

호라티우스는 결혼한 여자들보다 훨씬 더 쉽게 가질 수 있고, 바로 그 때문에 자신의 추종자들에게 조심하라고 항상 경고했던 평민 출신의 여성들에 대해서 이야기하고 있다. '마트로나이 (matronae)'라 불리는 기품 있는 기혼 여자들은 보다 덜 자극적인 스톨라를 입었으며, 이는 나중에 투명하게 물결치지도 않고 단순히

후기 로마 의복의 색상과 광택을 잘 보여주는 모자이크(시칠리아의 피아자 아르메리나 궁전의 모자이크)

양털로 구성된 옷감으로 만들어진 달마티카를 입는 것으로 고착되었다. 이로부터 남자들이 부인에 대한 사랑 때문이 아니라, 자신의 자식을 낳아 기르고 식솔들을 관리하기 위해서 결혼한다는 것이 관습처럼 되어버렸다는 사실을 추측할 수 있다.

이제 로마 의상의 색깔에 대해서 살펴보도록 하자. 남자들의 토가는 항상 흰색이었으며, 집에 있을 때나 여행을 할 때는 보다 부드럽고 어두운 빛의 옷을 입었다. 제국주의 시대에 와서는 색깔이 이전보다 더욱 다양해졌다. 세네카는 이렇게 얘기한다(N.Q., vii, 31, 2).

"우리 남자들은 존경할 만한 기혼녀들이 즐겨 입는 색깔보다는 매춘부들이 입는 색깔을 더 좋아한다."

오래 전에 '오피아 법률'의 폐지에 관한 논쟁이 있었는데 위엄 있는 기혼 여성들은 이 소송에서 승리하여 자줏빛 옷을 입는 권리를 쟁취했다. 폼페이나 헤르쿨라네움에 있는 프레스코 벽화에는 이후 시대에 여성들이 다양한 밝은 색깔의 옷을 입었다는 것을 보여주는 것들이 많이 있다. 물론 평민 출신의 자유 여성들은 자신의 머리색과 비교되거나 대비되는 밝은 색깔을 선택할 수 있었다고 오비디우스는 밝히고 있다(A.A., iii, 162).

보석으로 드러내는 사치와 권력

로마인의 의상에 관한 설명에서 보석에 대한 언급을 빼놓을 수가 없을 것이다. 모든 남쪽의 종족이 다 그러하듯이 로마 여성들 또한 보석을 매우 좋아했다. 우리는 값비싼 금속으로 만들어지거나 보석으로 장식된 팔찌, 목걸이, 귀고리, 반지, 발찌, 머리핀, 허리띠고리, 그리고 지금의 브로치와 비슷한 '피불라이(fibulae)' 등에 대해 들은 바가 있을 것이다. 그러나 이러한 문제들을 충분히 다루려면 하나의 논문을 써도 모자랄 것이다.

여기서는 플리니우스[N.H., ix, 35(58)]가 칼리굴라 황제의 배우자가 진주와 에메랄드로 구성된 싯가 40만 프랑에 달하는 보석 세트를 가지고 있었다고 전하는 것 같은 예를 드는 것만으로도 아마 충분할 것이다. 페트로니우스에 따르면, 돈 많은 백만장자의 아내인 트리말키오는 6온스가 넘는 금팔찌를 차고 있었다고 한다. 플리니우스에 따르면 여자들은 특히 진주를 귀에 거는 것을 좋아했다고 한다. 세네카(De ben., vii,9)는 여자들이 귀마다 2개 내지 3개의 귀고리를 하고 있었다고 전한다. 그는 그것을 조소하면서 "마치 가축이 짐을 지고 가는 것 같다."라고 말하기도 했다.

주요하게 사용되었던 귀중한 보석은 다이아몬드, 오팔, 에메랄드, 녹주석 같은 것들이었다. 그 다음으로 널리 애용되었던 보석은 오닉스, 바위수정, 청옥, 칼케도니 같은 준보석들이었다. 이러한 장식들은 종종 황제의 치세를 표현하는 그림 속에서 나타나기도 한다. 한편, 세네카가 아래와 같이 이야기(De ben., iii, 26)하는 집정관 파울루스의 재미있는 일화처럼 오히려 악영향을 끼치기도 한다.

> "집정관 파울루스는 바로 그 보석이 양각으로 새겨진 티베리우스의 초상화가 그려져 있는 곳에서 저녁을 들고 있었다. 그가 요강을 드는 모습은 이루 말로 표현할 수 없이 우스웠으며, 그로 인해 초상화가 더럽혀졌다. 이는 당시 유명한 황제의 첩자인 마로에게 즉시 보고되었다. 동시에 파울루스의 노예는 죽음을 무릅쓰고 들어가 그의 술 취한 주인의 반지를 훔쳐갔다. 또한 바로 그 순간에, 마로는 다른 손님들을 불러 황제의 초상화가 더럽혀지게 된 경위를 조사하여, 그 보고서를 작성하였다. 결국 그 노예는 손에 그 반지를 쥐게 되었다."

여성들, 특히 평민 출신의 자유 여성이나 매춘부들은 가늘고 호리호리한 금줄을 자신의 목에서 가슴 부위까지 길게 늘어뜨려 거는 것을 매우 좋아했다[Plin., N.H., xxxiii, 3(12)].

유베날리스(vi, 122)는 어떤 여성들은 그들의 가슴에 금목걸이를 거는 것을 별로 좋아하지 않았으며, 단지 가슴을 가리기 위한 것으로 이용하기도 했다고 말한다. 남자들은 도장 반지 외에는 거의 보석 장식을 달지 않았으며, 여성적인 취향이 있는 남자들이나 네로, 칼리굴라 같은 황제들만이 팔찌를 하였다. 다양하고 많은 종류의 보석들이 폼페이의 지하 토굴이나 심지어 신전을 모시는 사당에서도 발견되기도 한다. 이는 얼마나 많은 여성들이 보석으로 자신을 꾸미려고 노력하였는가를 잘 보여준다. 그들은 극장이나 서커스, 화사한 온천 등에서 남자들로부터 특별한 관심을 받기를 원했다.

치장을 위한 여인들의 노력

마지막으로 로마의 여성들이 어떻게 자신들의 머리를 가꾸었는지를 얘기해 보자(여기서 우리는 로마 역사의 다양한 시기 동안 남성들이 수염을 어떻게 가꾸었는가는 언급할 필요가 없을 것이다).

아풀레이우스의 소설 속에는 한 남자가 자기 부인의 머리카락을 얼마나 자랑스러워하는지, 그것이 가느다랗고 아름답게 휘날릴 때 얼마나 황홀한지, 그리고 그것을 짧게 자르는 현대적인 패션을 얼마나 멸시하고 있는지에 대해서 아주 재미있게 묘사되어 있는 구절이 있다.

"우리가 사람을 응시할 때 가장 먼저 눈에 띄는 머리는 인간의 신체 중에서 가장 우아한 부분일 것이다. 화사한 빛의 값비싼 옷으로 우리의 온몸를 감쌀 때처럼, 머리카락의 자연스러운 광택은 매우 우아하다. 어떤 여성이 자신의 자연스러운 모습과 사랑을 보여 주고 싶다면, 그녀는 잘 정돈된 모든 것을 풀어헤치고, 옷을 다 벗은 다음에 나신의 아름다움을 보이기 위해, 옷에 거는 금장식보다 훨씬 더 매혹적인 장미의 향을 그녀의 피부에 흩뿌릴 것이다.

그러나 이러한 천진스러운 아름다움에서 머리의 미를 빼놓는다면 마치 그녀의 신체 중에서 얼굴의 아름다움을 제외시키는 것처럼 모욕적인 결과를 낳게 될 것이다. 이러한 일은 일어

여주인에게 보석을 바치는 하녀(카르타고의 율리우스 모자이크)

나서도 안 되고 매우 불경스러운 일이다. 비록 그녀가 하늘에서 잉태되고 바다에서 태어나 파도에 의해서 길러졌다 하더라도, 또 비너스처럼 찬양의 합창단을 데리고 그녀의 옷자락에 큐피드의 소녀들을 몰고 다닌다고 하더라도, 적갈색의 빛을 은은히 퍼뜨리고 몸에서 향기가 난다고 하더라도, 만일 그녀가 대머리라면 남편인 불칸조차도 흉칙해할 것이다. 그러나 태양빛에 반사되어 은은하게 빛나고, 빛의 각도에 따라서 그 아름다움이 천 가지로 변화하는 그녀의 머리카락은 얼마나 아름다운가! 그리고 황혼빛의 부드러운 낙조 속에서 새카만 머리카락이 평화롭게 하늘거리고 파란 꽃 속에서 넘실거리는 그 모습이나, 아라비아의 기름을 바르며 가느다란 빗으로 쓸어내리면서 사랑하는 사람과 눈을 맞추기 위해 거울처럼 응시하는 그 사랑스

하녀에게 둘러싸여 옷, 머리, 화장을 하고 있는 귀부인

런 모습은 또 무엇에 견줄 수가 있으랴! 또 그것을 말아서 왕관처럼
땋아올린 것이나, 자신의 등 뒤로 자유롭게 살랑거리는 것은 얼마나
매혹적인가! 이같이 비록 그녀가 아름다운 금과 훌륭한 옷, 보석과
모든 장식을 다 사용했다 하더라도, 머리를 손질하지 않았다면 그것
은 진정으로 치장하지 않은 것이 된다."

이처럼 자기 부인의 머리결을 찬양할 수 있는 사람이라면, 그녀
가 자신의 머리를 자유롭게 기르게 하도록 할 것이다. 그리고 그 변

형은 자신의 연인에게 맡기기를 바랄 것이다.

그러나 일반적으로 로마 사람들은 여성들의 긴 머리에 대한 아름다움에 그다지 큰 신경을 쓰지 않았으며, 가능한 한 여러 방법으로 가꾸는 것을 더 좋아했다. 오비디우스가 언급한 것처럼(A.A., iii,139), 여자들이 머리 모양을 가꾸는 그 수많은 방법들을 어떻게 일일이 열거할 수 있겠는가? 여성 문제 전문가인 오비디우스는 여성들에게 그들의 머리 모양에 맞추어서 머리를 손질할 것을 충고하고 있다. 이것을 여기서 특별히 언급할 필요는 없을 것이다.

그러나 머리 모양을 가꾸는 방법은 히브라의 꿀벌만큼이나, 알프스의 야생 동물만큼이나 다양하다고 오비디우스는 전하고 있다. 이와 유사한 측면에서 그는 머리를 염색하거나 안 좋은 머리를 가발로 덮어씌우는 일반적인 패션에 대해서도 언급한다. 또 게르만족의 여자가 적갈색의 머리칼을 갖고 있다고 알려지자, 로마의 여성들 사이에서 본래의 검은 머리칼 대신에 적갈색 머리칼을 갖는 것이 매우 유행하기도 하였다고 한다. 이래서 붉은색의 가발이나 게르만 여자의 머리로 만든 가발 무역이 번창하기도 했다(Ov., Am., i, 14, 45).

유베날리스에 따르면(vi, 120), 황후 메살리나는 금발 가발을 갖고 있었다고 한다.

미남형의 남성 노예의 아름답고 긴 머리는 매우 높이 평가되기도 했다(e. g. Sen., Ep., 119, 14 ; Petron., 27, 1.). 평민 출신의 소년들은 그들의 머리가 마치 토가처럼 길어 보일 때까지, 즉 사춘기가 시작될 때까지 길렀다. 로마 남성들의 머리 모양의 종류는 그들이 턱수염을 기르는 스타일과 거의 유사했다. 그것은 성생활과는 별 관계가 없었다.

여성들은 머리를 고리처럼 감아올렸을 뿐만 아니라, 모든 종류의 금과 보석으로 장식된 핀으로 그 머리를 고정시키기도 했다. 띠, 그물, 진주 모자, 머리 장식, 두건 등을 예로 들 수 있을 것이다. 이러한 스타일의 머리 장식들은 동전이나 로마 황후, 그 밖의 우아한 여성들의 조각상에서 쉽게 발견할 수 있다. 우리의 설명은 이 정도에서 마치는 것이 적당할 것 같다.

목욕 문화

향기의 철학

로마 문명의 발전에 관한 많은 현대적인 해석 중에서 고대 로마인
(도시적인 나약성으로 퇴보하여 약화되지 않은 진정한 로마인)은
정신적으로나 육체적으로 건강하고 간결하며 순수했다는 믿음을
우리는 발견하게 된다. 그들은 목욕을 하고 몸에 기름을 바르거나
장식을 하는 데 있어서 매우 간결하고 건강미 넘치도록 발전적이었
다고 한다. 그러나 군주정 혹은 그보다 훨씬 이전 시기부터 이 같은
고상한 성격은 호화스러운 욕조에서 따뜻한 물로 몇 시간 동안이나
목욕을 하거나, 또 피부나 머리에 바르는 향수를 몸에 바르는 여자
처럼 육감적인 성격으로 변하게 되었다.

이러한 생각은 세네카나 타키투스의 구절을 보고 판단한 것 같다. 이들 두 작가는 초기 로마인이나 게르만인의 검소한 생활 태도에 대해서 끊임없이 이야기했다.

학교에서 고대 로마나 게르만 문화에 대해서 배울 때부터 이러한 종류의 설명에 대하여 나는 의심을 갖지 않을 수가 없었다. 고대의 시민들이 그들의 몸을 거의 매일같이 씻고, 때때로 뜨거운 물로 피로를 푼다는 것이 왜 퇴보의 표시로 받아들여져야 하는지를 이해할 수가 없었다. 화장이나 그와 유사하게 자신들의 피부를 보다 하얗게 하거나 아름답게 하는 기름이나 유지방을 바르고 손과 손가락에 신경을 쓰기 시작했다는 것은 어떤 의미에서는 진보라고 이야기할 수 있지 않을까? 이러한 종류의 발전은 오늘날의 농부들에게도 일어나고 있으며, 이를 우리는 퇴보라고는 생각하지 않는다.

나는 나이가 들면서 '악취'가 사랑의 감정을 사라지게 하며, 심지어는 혐오스럽게까지 한다는 사실을 알게 되었다. 이러한 일반적인 이유로 지구상에 존재했던 많은 나라에서 사람의 신체에서 나는 악취를 제거하거나, 다른 향기를 사용해서 중화시키려고 노력했다는 것을 이해할 수 있다. 오히려 이것을 퇴보라고 받아들이는 생각 자체가 일종의 퇴보인 것이다. 이렇듯 향기의 철학에 관한 나의 생각을 명확히 할 만한 것을 발견해야겠다는 욕심 없이 이러한 주제의 문학을 연구하던 중 얼마 안 되어서 《이집트의 밤(Egyptian Nights)》이라는 주목할 만한 책을 발견했다. 그 책의 저자는 유명한 의사이자 지역사가이며, 또한 철학자인 한스 머치(Hans Much)

라는 사람이었다. 그의 저작은 모든 사물에 대해서 전통적인 기존의 관점을 거부하고 자신의 고유한 시각을 때로는 대담하고 근원적인 방식으로 전개하고 있다는 점에서 다른 이집트의 기행문과는 구별되는 걸작이라 할 수 있다. 나의 모든 관점은 사랑과 몸매의 관리에 대한 다음과 같은 인용으로부터 새롭게 조명되고 재충전될 수 있었다. 이제 이 장의 첫머리에서 그 표현들을 인용해 볼까 한다 (Much, p.176).

> "우리의 생활에 있어서 순수한 관능성은 사랑의 노예지 그 희생양은 아니다. 정신적인 도구로써 관능성을 활용할 수 있는 남자에게 에로스는 자신의 모든 것을, 비록 그것이 다른 용도로 사용된다면 매우 위험스럽겠지만, 바칠 준비가 되어 있다."

또 이러한 구절도 있다.

> "우리 중의 일부만이 진정한 에로스를 알고 있다. 이집트에서 그것은 수천년 동안 귀족 정치의 일정 부분을 담당해 왔다. 그것은 그의 추종자들에게 항상 호화스럽고 순결한 것으로 요구되었으며, 실제로도 그러했다.
> 이집트 귀족 정치가의 집안에서 목욕은 매우 중요한 의식이었다. 하루에 세번씩 목욕을 하는 것은 집안의 규칙적인 일상 생활이었다. 그들은 에로스가 생활에 있어서 얼마나 큰 기쁨을 안겨주는가를 매우 잘 알고 있었으며, 그를 위해 많은 수의 제단을 건립하기도 했다. 어떤 집에서는 20여 개의 목욕탕을 갖추고 있기도 하였다. 여타의 제단은 자체에 화장실을 가지고 있었으며, 사랑을 하고 잠을 잘 수 있

는 화려한 방이 준비되어 있었다."

"이집트 여성들은 에로스는 자신들의 가꾸지 않은 모습에는 존재하지 않으므로, 항상 자신을 아름답고 정성스럽게 다듬어야 한다는 것을 잘 알고 있었다. 사랑은 일종의 정신적인 것에 가깝기 때문이다. 사랑은 위대한 예술 가운데 하나라는 생각이 거의 정식화되어 있었다. 이집트에서는 남자들도 일종의 앞치마 같은 것 하나만을 입었다. 여성들은 자신들을 거의 드러내 보이지 않는 베일 같은 것으로 감싸는 옷을 주로 입었으나 그들의 가느다란 몸매의 곡선과 호리호리함은 감출 수가 없었다. 에로스는 화장과 색깔의 연출로부터 발견된다. 이러한 도구를 이용하여 자신을 표현하는 기법은 매우 세련되었으며, 수저나 항아리에까지도 예술적인 것으로 문양을 새겼다. 그러한 공예품들은 금으로 치장되거나 금이 합성된 법랑 같은 것으로 만들어졌다."

"식물을 제외한 오직 동물의 신체만이 불쾌한 냄새를 풍긴다. 하루에도 몇번씩 이러한 냄새를 제거하지 않는다면 어떻게 에로스를 지배할 수 있겠는가? 이것만이 전부는 아니다. 털은 이러한 악취의 집합소다. 털을 없앨 수 있다면 우리 몸에서 냄새를 전부 제거할 수 있을 것이다. 이집트의 여성들은 자신의 신체에 난 모든 털을 제거했다. 남자들 역시 머리와 턱수염을 제외한 모든 털을 없애버렸다. 만일 우리가 깨끗함을 목적으로 면도를 한다면, 깨끗함을 유지하기 위해서 온몸의 털을 다 제거해야 할 것이다. 이발을 하고 면도를 하는 것이 일종의 관례처럼 되었다.
만일 그것을 자라는 대로 방치한다면, 우리는 금방 집시처럼 변해 버릴 것이다. 퇴보가 6천년 동안 이루어질 수 없다는 점에서 이집트의 이러한 패션은 퇴보의 표현은 아닐 것이다. 에로스는 인간의 신체 중에서 추악한 것은 될 수 있으면 모두 제거하라고 명령했다. 바로 이것이 정확한 표현일 것이다!"

"또 덧붙여야 할 것이 있다. 몸이 모두 정결하게 되었다 하더라도, 그것은 향기로 사랑스럽게 치장되어야 한다. 신체의 자연스러운 향을 숨기는 방법이 아니라 그것을 제거하고(루이 14세의 불결한 궁정에서는 실제로 이렇게 하였다), 자연스럽게 예술적인 향으로 자신의 몸을 가꾸었다."

끝으로 그는 다음과 같은 결론을 내린다.

"이제 몸은 향기로 가득차게 되었다. 그러면 자신의 피부색과 어울리는 부드러운 빛과 아름다운 부분을 강조할 만한 모든 부위에 색조 화장을 하는 일만 남았다. 먼저, 식물의 즙을 이용해서 눈썹 화장을 한다. 자체의 향을 가지고 있는 우아한 겉옷이 가슴과 엉덩이 선을 감싼다. 온몸은 주인의 매혹적인 보석으로 치장된다. 금이나 값비싼 광석, 보석류 등.
나는 신체의 순수성이 바로 정신의 순수성을 말한다는 것을 항상 발견한다. 청결함에 대한 혐오 속에서는 에로스를 발견할 수가 없다. 청결하게 몸을 관리하는 것은 그들의 한결같은 소망이었다. 그리고 그 속에 에로스는 숨겨져 있다."

이 글을 읽으면서 나는 시야가 확 트이는 것 같았다. 간결한 생활로 유명한 고대 로마인의 생활을 힘센 농부나 군인들의 시각으로 평가해서는 안 될 것이다. 그들은 다른 문제들에 대해서와 마찬가지로, 자신들의 몸을 가꾸는 데 있어서도 간결하고 초보적이며 투박했다. 이러한 소박성이 바로 이후 세대로부터 그들 선조의 미덕과 비교된 결점이었던 것이다. 이러한 점을 고려하지 않는다면 키케로 같은 정치가나 스키피오 같은 장군들이, 세네카와 다른 사람들이 고대 로마인의 독특한 성격에 대해서 언급한 것처럼, 조잡한 그들의 선조들과 동일하게 거의 씻지 않았거나, 목욕을 해도 더러운 물로 했다는 사실을 이해할 수 없을 것이다.

로마인의 목욕 문화

이러한 문제에 대한 로마인의 태도 변화에 대하여 세네카는 다음과 같이 말하고 있다(Ep., 86).

"나는 이 편지를 스키피오 아프리카누스의 집에서 쓰고 있다. 이 집은 정방형의 돌로 지어졌으며 나무가 담장을 둘러싸고 있다. 보호를 위해서 양측 구석에 성벽을 쌓아올렸다. 집과 정원의 아래쪽에 일개의 군대가 사용해도 될 만큼 커다란 수조가 있으며, 고대인들에게는 잘 알려지지 않은 좁은 욕조가 있다. 우리의 아버지들은 그것을 잘 몰랐다기보다 따뜻한 목욕을 해야 할 필요성을 몰랐다.

스키피오의 생활 습관과 우리를 비교해 보는 것은 매우 재미있는 일일 것이다. 그는 카르타고가 침략해 왔을 때, 단 한번 포로로 잡힌 적이 있었는데, 이때에도 거친 들일에 피곤할 때에만 목욕을 했다고 한다. 그는 일을 했기 때문에 목욕을 한 것이었으며, 실제로 그 시기에는 누구든지 자신의 힘으로 땅을 개간해야 했다. 이런 의미에서 그는 목욕을 안 하는 면에서 아마 세계 최고일 것이다. 요즈음에는 그런 지저분한 곳에서 어느 누가 목욕을 하지 않고 견딜 수 있겠는가? 많은 사람들은 그가 값비싼 액자로 그의 벽을 장식하지 않았다면, 또 누미디아의 그림이 그려진 알렉산드리아의 대리석으로 돋보이게 하지 않고, 여러 그림으로 장식대를 치장하지 않으며, 둥근 아치를 유리 천장으로 꾸며 밝게 만들지 않았다면, 아마 굉장히 가난하고 비참한 생활을 하는 사람으로 여겼을 것이다. 더구나 그는 신전에서도 찾아보기 힘든 타지안의 돌을, 오랫동안 힘든 일을 하고 난 후 목욕을 하는 욕조에 깔았으며 은으로 된 수도꼭지를 사용했다. 나는 지금 보통 사람들의 생활 습관을 이야기하고 있다. 노예 출신 평민의 목욕탕에 가면 거대한 크기의 동상과 아무것에도 떠받히지 않으면서 단지 값비싼 장식품으로 존재하는 기둥에 놀라게 된다. 몇 피트 높이에서 요란한 소리를 내며 떨어지는 물도 장관이다. 너무 사치스러워 보석으로 치장되지 않은 곳을 밟기가 어려울 정도다."

"스키피오의 목욕탕에는 창문 대신 돌로 된 벽에 건물의 힘을 약화시키지 않으면서 빛을 들어오게 하는 얇게 자른 가는 것이 있다. 넓은 창문을 통해 하루 종일 햇빛이 들어오지도 않았으며, 물속에 있는 동안 일광욕을 할 수도 없었고, 풀에서 바다와 마을을 볼 수 없는 그런 것으로서, 요즘의 우리가 생각할 때 마치 바퀴벌레가 나오게 생긴 욕조를 가지고 있었다."

"초기에는 목욕탕이 거의 없었다. 있다 해도 요란스럽게 장식되지는 않았다. 굳이 돈을 들여가면서까지, 편리하게 하는 것도 아닌데 사치스럽게 만들 필요가 있었겠는가?
거기에는 물도 충분하지 않았다. 따뜻한 봄에 시냇물도 시원스럽게 흐르지 않았다. 그들은 수정처럼 맑은 물에서 먼지를 씻어내는 것이 중요하다고 생각하지 않았다. 그러나 알다시피 조영관 카토나 파비우스 막시무스, 또한 자신의 손으로 온도를 조절하기도 했던 코르넬리 등은 보통 사람의 조야한 목욕탕을 개량하는 것을 매우 즐겁게 생각했다. 보통 사람들이 허락하는 대로 그들은 그곳에 들어가 꼼꼼하게 청소를 하고 목욕하기에 적당한 온도를 맞춰주곤 했다. 이는 현대적인 발명품처럼 기계적 조작에 의한 것이 아니라, 목욕탕을 관리하는 형벌에 처해진 노예들의 노동에 의해서 온도를 맞추게 하였다. 나는 기계에 의해서 온도를 맞추든, 아니면 불에 의해서 맞추든 별 차이가 없다고 생각한다. 오늘날 단지 넓은 창문을 통해서 햇빛이 그의 한증막에 들어오도록 하지 않은 것이나, 그것를 통해 목욕탕 살균을 하지 않은 것 때문에 스키피오가 비난받을 수는 있을 것이다. 불쌍한 친구 같으니! 그는 어떻게 살아야 하는지를 몰랐다. 그 지역의 물은 비가 오면 흙탕물이 되거나 매우 탁해졌으므로 종종 그는 정화되지 않은 물로 목욕을 하기도 했다. 그는 물의 상태에 대해서는 별로 관심을 갖지 않았다. 자신은 몸의 기름기 때문이라기보다는 땀을 없애기 위해서 목욕을 했다. 보동 사람들이 이를 보면 대체 무슨 얘기를 할까? '나는 스키피오를 별로 좋아하지 않는다. 그는 마치 유랑자처럼 생활하고, 목욕도 거의 하지 않는다.'

그러나 알고 있는지 모르겠지만, 그는 단지 매일 목욕하지 않았다는 것뿐이다. 로마의 풍습을 연구하는 역사가들에 따르면 평상시에는 일을 하면서 더러워진 손과 발을 주로 씻으며, 완전한 목욕은 일주일에 한번꼴로 한다는 것이다. 이는 때때로 매우 더러워진 그들의 모습을 한번씩 보게 된다는 것이며, 그럴 때, 그들에게는 얼마나 심한 악취가 나는지를 보여주는 것으로 이해될 수 있다. 실제로 이때에는 군인이나 작업자의 냄새가 풍긴다.”

이러한 태도는 부유하고 호사스러운 세네카가 자신의 견해를 밝히기 위해 예로 든 일종의 조소주의적 견해다. 우리는 이러한 견해에 동의할 수 있는가? 그렇지 않다고 생각한다. 건강한 노동에 의해서 흘리는 땀과 먼지를 소중히 여기는, 진정한 목욕과 세척 문화에 대한 문명화된 관점이(이는 군주정의 시기에 어디에서도 쉽게 발견할 수 있다) 이런 초보적인 상태에서 발전되었다는 것을 고려한다면, 스토아 학파의 현학주의적인 판단보다는 이 같은 발전을 훨씬 더 환영해야 할 것이다. 그러나 이러한 발전의 관점을 제외한다면, 지나치게 뜨거운 물을 사용하거나 굉장히 큰 욕조와 호화롭게 치장된 허황된 건물을 쓰는 것이 오히려 기괴한 습관이라고 해야 할 것이다. 그리고 이러한 성격의 문제들은 로마인의 성격에 대한 관점에서 이해하려고 노력해야 한다.

조잡한 성격과 기질의 소유자가 어느 날 갑자기 큰 돈과 권력을 가지게 되면, 허세를 부리는 것은 오늘날에도 인지상정인 것 같다. 화려한 욕조의 목욕탕을 건설하는 사람은 단지 평민이나 노예에서 시민으로 격상된 계층만이라는 세네카의 인용 구절은 주목할 필요가 있다. 이러한 구절만 가지고는 보다 상류 계층에서는 다르게 행동하였는지는 알 수가 없다. 단지 돈이 많은 사람들은 이같이 화려한 종류의 욕조를 만들었을 것이라는 사실만을 추측할 뿐이다.

이러한 욕조는 섬세한 분위기를 연출하도록 장식되었다고 마르티알은 전하고 있다(vi, 42).

"오피아누스는 에트루스쿠스의 욕조가 없다면 아마 목욕을 못할 것이다."

궁궐같이 호화로운 욕조의 벽면은 희고 부드러운 석고를 섞은 푸른 대리석으로 상감되었으며, 한증막 외에는 마르키우스 티티우스가 건설한 통로를 통해 아펜니네 산으로부터 흘러내리는 물을 받는 수조가 설치되어 있었다. 이 시기의 로마에서는 이러한 공공 수로가 매우 발전되어 있었다. 물은 연결된 수도관을 통해서 효과적으로 도시에 공급되었으며, 수로청에서 이를 관리했다(이 기막힌 수로는 돌로 된 아치를 통해 저장되었으며, 이들의 다수는 지금까지 보존되어 있다).

이들 중 가장 유명한 것은 클라우디우스의 과두정치 때 완공된 거대한 '아쿠아 클라우디아(Aqua Claudia)'다. 이것은 로마로부터 45마일 떨어진 사비네 계곡에서 물을 공급하였다. 오늘날까지 그 장대한 아치는 캄파냐의 아름다움 중 하나로 되어 있나. 콘스탄티누스 시절에는 로마에 물을 공급하는 9개의 수도관이 있었다. 이를

칼리로라 때 공사를 시작해 클라우디우스 때 완공한 클라우디아수로

통해 11개의 커다란 공공 목욕탕과 850개의 욕조, 135개의 분수와 그밖에 무수히 많은 가정으로 물이 공급되었다. 이 같은 목욕탕 중에서 가장 유명한 것은 칼리굴라나 디오클레티아누스, 콘스탄티누스에 의해 건

설된 것이다. 그 욕조의 거대한 벽면은 나중에 미카엘 안젤로와 같은 예술가가 커다란 교회를 만드는 데 쓰이기도 하였다. 디오클레티아누스의 일부는 성 마리아 데글리 안켈리의 교회가 되었다. 그리고 다른 부분은 박물관의 훌륭한 고대 문화관으로 개조되었다.

이러한 설명만으로도 충분할 것이다. 우리가 로마의 목욕과 목욕 문화에 대한 역사를 서술할 수는 없는 노릇이니까. 이에 대한 정보는 고대 로마의 문명에 관한 다른 책을 찾아보는 것이 좋을 것이다. 우리가 관심을 가지고 궁금해 하는 것은 로마 생활 양식의 이러한 측면이 성적인 생활과 어떠한 연관을 가지고 있는가 하는 것이다.

오비디우스는 다음과 같이 쓰고 있다(Ars Am., iii, 633 sq.)

> "여성들의 호위는 아무런 쓸모도 없다. 그 소녀의 호위 여성들이 옷을 들고 욕조의 밖에서 안전하게 지키고 있음에도, 그 여자의 정부는 공공연하게 같이 목욕을 즐기고 있지 않은가?"

이것은 사랑하는 사람끼리 약속을 종종 목욕탕에서 잡기도 했다는 것을 보여주는 것이다. 그러나 이 같은 행동은 커다란 목욕탕에서보다도 소규모의 목욕탕이나, 이러한 목욕 시설을 관리하는 사람에게 약간의 요금을 주고 빌리는 방식으로 이루어졌다고 볼 수 있다. 마르티알에 따르면(iii, 93), 매춘부나 사생활이 정숙하지 못한 여성들이 자주 드나드는 특별한 목욕탕이 있었을 것이라고 한다. 또한 그곳에는 목욕보다는 그들의 정부를 만나는 편리한 기회라는 이유로 남성들도 자주 찾았다. 물론 남성과 여성들만을 위한 전용

송아지머리를 새겨넣은 커다란 청동화로로
물을 데움. 중앙대광장목욕탕의 증기목욕실

목욕 시설도 있었다.

플리니우스 시대에 남자와 여자가 함께 목욕을 하는 풍습이 소개되었다. 이런 장소에서 여자들은 짧은 앞치마 같은 목욕 의상만을 입었으며, 남자들도 거의 벗은 차림이었다. 이로 인해 불미스러운 사건이 자주 발생하자, 하드리아누스는 최초로 이러한 공동 목욕을 금지시켰다. 그러나 그의 이러한 금지령은 다음 황제에 의해서 금방 폐지되었으므로 효과가 거의 없었다. 지속적인 금지의 노력은 암미아누스 마르켈리누스의 서기 370년에 작성된 설명(xxviii, 4, 9)에서와 같이 아무런 효과를 거두지 못했다.

"귀족들은 50여 명에 달하는 하인들을 데리고 둥근 천장의 욕탕에 들어와, 일반 사람들에 대해서 위협적인 언사로 협박하기도 하였다. 그들은 신기한 매춘부가 나타났다거나, 지방에서 올라왔다거나, 아니면 매우 노련한 여자가 새로 왔다는 소문을 듣기만 하면, 파르티아의 세미라미스나, 이집트의 클레오파트라, 카리안의 아르테미시아, 팔미레네스의 제노비아와 같이 그녀들에게 경쟁을 하듯 갖은 아첨과 희롱을 걸어 구애를 한다. 그들의 선조인 어느 원로원 의원이 자신의 딸 앞에서 그의 부인에게 감히 외설적인 키스를 했다는 이유로 감찰

테오도르 샤세리오(증기목욕실. 목욕을 마친 뒤 휴식을 취하며 몸을 푸는 폼페이 여인들)

관에게 비난받아 낙인을 찍혔음에도 이러한 짓은 계속되고 있다."

이와 관련해서 로마의 유명한 목욕 유원지인 거대한 바이아이 (Baiae)에 대해서 언급해 보자. 바이아이는 나폴리와 미세눔 곶 사이에 위치한 화려한 도시로 제국 시기 당시에는 많은 수의 화려한 저택이 번창하였다. 지금은 그 중 몇 개만이 명맥을 유지하고 있지만 오늘날까지 전설적인 아름다움을 간직하고 있는 곳이다. 바이아이에 대하여 전해 내려오는 일반적인 이야기에 따르면 남편과 같이 이곳에 오지 않는 모든 부인들은 커다란 유혹에 직면하게 된다고 한다.

프로페르티우스는 다음과 같이 말하고 있다(i, II, 27).

가능한 한 빨리 사악한 바이아이를 떠나라.
그 해변에는 수많은 사랑을 즐기는 쌍들이 있고,
정숙한 여인들에게 혐오스러운 상처를 입히며
저주스럽고 죄악적인 사랑이 바이아이에서 일어난다!

 도덕주의자인 세네카는 자신의 편지(Ep., 51)에서, 바이아이의
사악성에 반대하면서 심각하게 경고하고 있다.

 "바이아이는 하늘의 형벌을 받게 될 것이다. 그 사치스러움과 방탕함
은 지구상의 어디와도 견줄 수가 없다. 그들이 이러한 곳에서 일종의
자유로움 같은 것을 느낀다면, 아마 그들 자신은 대담한 방탕가일 것
이다. 우리는 우리의 신체뿐만이 아니라 도덕성까지도 정화할 수 있
는 곳을 선택해야 한다. 술 취한 사람이 해변을 거닐고, 배에서는 연
회가 열리며, 호수에서는 가수의 노래가 울려퍼지는 가운데, 많은 사
람들은 모든 법률로부터 자유로워진 것처럼 방탕하고 음란한 행동을
즐긴다. 내가 왜 이러한 것을 지켜보고 있어야 하는가? 카토가 만일
이러한 저택 중 한 집에서 살았다면, 그의 앞을 지나가는 배 안에서
일어나는 간통이나, 장미꽃으로 온통 장식된 호수 위의 배를 바라보
거나 혹은 매일 밤마다 가수의 노랫소리를 듣고만 있었겠는가?"

 우리는 현대적인 비아리츠나 니스 등과 매우 유사하게 위의 온천
휴양지를 상상해 볼 수 있다. 물론 그들의 휴양지 역시 유황 온천으
로 치료의 효험이 있었다고 한다. 그러나 현대의 도덕주의자들이
현대적인 휴양지에 대해 설교하듯이 과거의 그들도 현대와 상응하
게 자신들의 도덕성을 설교하기도 했다. 고대 바이아이의 생활을

특징짓는 특유의 자유로움은 로마의 상류 생활에서도 부적당하다고 여기는 형태의 남녀 관계가 보다 쉽고 자유롭게 이루어질 수 있었다는 데 있다. 물론 현대적인 휴양지에 있는 국제적이고 거대한 호텔 생활과 바이아이의 생활이 닮았다고 생각할 수는 없을 것이다. 거기에는 호텔 같은 것은 없었다. 단지 부유한 로마인들은 여름을 지내기 위해 다양한 측면에서 화려하게 꾸며진 별장을 가지고 있었을 뿐이다.

세네카의 표현에 따르면 거기에서는 많은 파티가 열렸으며 사랑의 향연도 그 속에서 이루어졌다고 한다. 마르티알이 심하게 표현하듯이, 바이아이에 들어올 때는 페넬로프의 아내였던 로마 여자가, 나갈 때는 헬렌이라는 이름으로 바뀌는 사례가 아주 빈번히 발생했다. 나중에 치료의 효과가 알려지기 시작하면서 로마인들이 목욕 설비를 갖추어놓은 아익스-라-카펠레, 엠스, 테플리츠, 피르몬트 같은 온천 도시가 많이 생겨나게 되었다.

사랑을 얻기 위한 갖가지 노력

몸을 가꾼다는 것에는 비단 목욕만이 포함되는 것은 아니었다. 세네카가 지적하듯이, 자신의 몸을 관리하는 데 다양한 종류의 연고와 화장품을 응용하는 기법을 로마인들은 알고 있었다. 목욕 전후나 체육 활동 전후에 시행하는 마사지는 매우 오래 전부터 알려져 있었으며, 이러한 습관은 그리스로부터 들어왔다.

플라우투스에 의하면 '운크토르(unctor)' 라고 불리는 첩 노예 중의 한 명은 여주인이 목욕을 하고 나면 화장용 기름을 그녀의 몸에 바르는 특별한 임무를 가지고 있었다고 전한다. 로마인들은 본래부터 위생적인 목적에서 순수한 올리브 기름을 사용했다. 그러나 나중에는 몸에서 나는 냄새를 제거하고 보다 친근감을 주는 향기를 풍기게 하기 위하여 이 기름에 여러 가지 꽃향기를 섞어서 사용하게 되었다. 이러한 변화가 성애적인 측면의 발전을 목적으로 하고 있음에는 이론의 여지가 없을 것이다. 스토아 학파의 도덕주의자들이 이러한 퇴보에 즉각 반발하고 나섰음은 당연한 일이다. 이후에 이 같은 연고들이 건강을 위해 사용되어야지 환락을 위해서 사용되어서는 안 된다는 법령이 공포되기도 했다(Dig., xxxiv, 2, 21, I).

연고와 기름은 머리와 턱수염뿐만 아니라 온몸 전체에 사용되었고, 목욕 전후에는 물론 저녁 식사 파티에서도 사용되었다. 손님이 도착하면 주인은 마치 화환과 같이 그 연고를 분배한다(Petronius 60, 3). 향기는 사람의 몸에서 나는 냄새를 제거하는 데 사용된다고 말한 적이 있다. 또한 많은 문학 작품 속에서 자신의 정부의 향기를 몸에 묻혀오지 말 것을 경고하고 있다는 사실도 지적해 둘 필요가 있을 것이다(e. g. Catullus, 69, 71 ; Ovid, A. A iii, 193).

오비디우스가 야만인들에 대해서 얘기하는 것이 아니라 로마인들에 대해 언급하고 있기 때문에 이런 경고는 여성들에게 필요치 않다고 주장하고 있지만 결국 남녀 모두에게 적용된다 할 수 있을 것이다. 한편, 호흡을 통해서 향기가 발산될 수 있도록 먹을 수 있는 알약의 형태로 만들어지기도 했다(Hor., Sat., i, 2, 27). 이러한 종류의 증거는 셀 수 없이 많이 있으나, 여기서 상세하게 설명할 수는 없다.

로마 제국에서 연고나 기름, 포마드나 향수 등등이 광범위하게 사용되었고, 이것을 만들어내는 공업이 매우 번창하는 산업이었음은 확실하다. 그보다 작은 가내 수공업에서는 치아와 손톱을 관리하거나, 머리 염색약, 그리고 피부의 감촉과 색조를 관리하는 약품을 제조했다. 제국 시대의 여성들은 매일같이 목욕탕에서 한 벌 정도의 작은 단지와 병 등의 약품을 사용했다고 한다. 루키안은 이 시대에 대해서 아주 재미있는 설명 한 가지를 전하고 있다. 비록 이것이 조금은 과장되어 있고 여성에 대한 일종의 편견이 깔려 있다고 할 수 있으나, 어느 정도의 사실이 내포되어 있다(Lucian, Amores, 39). 그 내용은 다음과 같다.

"아침에 침대에서 일어나는 여성의 모습을 한번 보기만 한다면, 이른 아침에 기분이 상할까봐 이야기하기 어려울 정도로 동물적인 모습보다 더 심각하게 추한 모습이라고 생각할지도 모른다. 바로 이 때문에 그녀들은 어느 남자도 볼 수 없도록 집에서 은거하고 있다. 그녀들은 더 이상 숨길 것도 없고 가꿀 것도 없는 늙은 여자와 소녀들에 둘러싸여 있다. 밤 동안 더러워진 몸을 따뜻한 물로 깨끗이 씻고 곧장 유용한 일을 하러 나가지도 않는다. 대신에, 여러 가지의 화장품을 갖다 놓고 거칠어진 피부를 아름답게 손질한다. 마치 각각의 소녀들이 무언가를 들고 일렬로 정렬해 있는 것 같이 — 즉 은단지, 병, 유리, 화학품이 들어 있는 작은 단지, 그리고 유리병, 치아를 닦는 것과 눈썹을 검게 하고 위로 치켜세우는 것 등 — 말이다.

하지만 대부분의 시간과 정열을 머리결을 다듬는 데 소비한다. 그녀는 자신의 머리 색깔을 바꾸기 위해 헤너 물감 속에 자신의 머리칼을 담가서 붉게 물들인 다음에 마치 양털을 말리는 것처럼 한낮의 빛에 말린다. 또 어떤 여자는 검은 빛의 머리결이 자신에게 어울린다고 생각하며, 남편의 돈을 모두 거기에다 쏟아붓기도 한다. 그녀의 작은 머리를 가꾸기 위해 아라비아의 모든 향료들을 사들인다. 그러고 나서 약한 불로 달구어진 쇠집게로 자신의 머리를 구부림으로써 모양을 낸다. 머리카락을 이마 앞쪽으로 흘러내리게 한 다음에 약간의 여유만을 남겨놓고 머리카락 끝을 눈썹 조금 위로 치켜올려 잔물결치게 함으로써 보다 요염하게 보이게 한다."

많은 다른 작가들도 그들의 피부와 머리카락을 색조화하는 다양한 방법에 대하여 설명하고 있다. 키케로에 따르면(Or., 23, 79), 경우에 따라서 남성들도 그렇게 했다고 한다. 테르툴리아누스는 여성들의 목욕탕에 관한 전체적인 논문을 쓰고 있다(De cultu feminarum). 그와 다른 그리스도교적인 작가들은 단지 간통으로 그들을 이끌기만 하는 여성들의 볼연지에 대해 반대하는 주장을 펼치기도 했다. 저녁마다 얼굴에 연고를 바르고 다음날 아침 우유로 그것을 닦아내는 모습은 거의 일상화되어 있었다. 이는 아마도 피부를 촉촉히 유지하고 주름을 펴기 위한 것 같다. 이러한 습관은 멋을 부리는 남성들에 의해서도 사용되었다. 수에토니우스는 오토 황제가 이렇게 했다고 전하고 있다(Suet., Otho, 12). 특히 동성 연애자도 자신의 피부를 젊고 신선하게 보이도록 하기 위해 이러한 방법을 사용했다.

결국 사람의 신체에서 모든 털을 제거하는 관습은 매우 광범위하게 퍼져나갔다고 봐야 한다. 그것은 상당히 불결한 것으로 여겨졌다. 고전 시대의 여성 조각상 중에 음부의 털이나 겨드랑이의 털이 제거되지 않은 작품은 찾아보기가 힘들다. 세네카(Contr., i, praef., 8)는 매력적인 젊은 남성에 대해 "신체를 가꾸는 데 있어서 여성보다도 더 열심이다."라고 말하고 있다. 이러한 남성들의 치장은 특히 동성 연애를 나누기 위한 것이었다.

마르티알은 그러한 점을 매우 거칠게 표현한다(ii, 62).

> 당신의 팔과 다리, 그리고 가슴에서 털을 뽑아라.
> 면도를 하고 너의 음부까지 깎아버려라.
> 물론 이것은 너의 여주인을 위해서지, 맞지 않느냐?
> 그러나 다른 사람들은 결코 곱게 보아주지 않을 것이다.

이제 정리를 해 보도록 하자. 그리스의 영향으로부터 헬레니즘 문명을 발전시켜 나가면서 로마인들은 자신의 신체를 가꾸는 기술을 받아들이게 되었다. 어떤 것들은 비속화되었고, 어떤 것들은 상당히 자연스러운 것으로 발전되기도 했다. 마지막으로 우리가 기억해야 할 것은, 이런 모든 기교들이 로마의 성생활과 매우 밀접하게 연관되어 있다는 점이다.

춤과 연극

춤에 대한 로마인들의 이해

우리는 종종 춤이 성적인 욕망을 대신하여 표출하는 행동이라는 설명을 듣곤 한다. 이것을 일반화시킨다면 분명 오류일 것이다. 많은 나라에 있는 춤들 중에는 성적인 것과 관계가 없는 것들이 얼마든지 존재하기 때문이다. 따라서 "춤이란 남아도는 열정을 아무런 목적의식 없이 쏟아붓는 것이다."라는 쇼펜하우어의 표현이 보다 더 적절하다고 생각한다.

이 철학자는 비난하려는 것이 아니다. 단지 사실을 말했을 뿐이다. 만일 우리가 춤이란 성애적 감정의 표현에 불과한 것이 아니라는 이해를 받아들인다면, 거기에는 매우 다른 감정들이 표현되어 있다고 할 수 있을 것이다.

로마인들이 춤에 대해서 갖는 태도를 이해할 수 있기 위해서는 쇼펜하우어의 정의를 보다 더 발전시켜야 한다. 로마 사람들은 침착하고 실용적인 농부이자 군인이며 정치가였다. 그들이 세계의 지배자로 떠오르게 되었을 때, "남아도는 정열을 목적 없이 쏟아부을" 아무런 수단도 갖고 있지 않았다. 시간이 지나면 이러한 사정이 변화를 일으키지만, 우리가 보기에는 그것을 바라보는 관점이 바뀌게된 것 같다. 로마인들은 결코 아무런 목적 없이 자신들의 열정을 낭비하지 않는다. 그들은 항상 목적의식적이며, 그들의 정복 대상을 넓히는 데 정열을 소비한다. 그들은 어떤 사람이 에너지가 남아 있다거나 혹은 목적 없이 소비한다는 사실을 이해하지 못한다. 바로 이것이 로마인들이 본질적으로 기교가 없는 이유인 것이다. 그들은 아무런 목적이 없는 행동이어야 한다는 춤의 본질적인 요소에 대한 이해가 결여되어 있었다. 반면에 예술적 기질을 가지고 태어난 그리스인들은 예술적 완벽성을 갖춘 춤을 발전시켰다. 키케로의 유명한 표현을 인용하는 것을 시작으로 춤을 대하는 로마인의 태도에 대한 논의를 시작해 보도록 하자(Pro Mur., 13).

"침착한 사람일 경우, 스스로 어리석기 짝이 없는 사람이 되지 않는 이상 결코 춤을 출 수 없을 것이다."

우리는 로마인들이 한 사람도 춤을 추지 않았다고 생각하지는 않는다. 플루타크에 따르면(Numa, 13), '살리(Salii)' 춤은 전쟁이나 봄을 찬양하는 춤으로서 로마의 가장 오래된 명물 중 하나라고 한다. 그것은 일종의 종교적인 성격의 행렬이다.

바로는 이를 재미있게 표현했다(ap. Serv., Comm. in Verg. Ecl., v, 73).

> "우리의 선조들은 종교적인 의식에서의 춤의 의미에 대해 신체의 모든 부분을 종교적인 경험에 참여시키기 위한 것이라고 느끼고 있었다."

이를 귀족들의 장례 의식에서 추어지는 춤이나 네로에 의해서 만들어진 '루디 유베날레스(Ludi juvenales)'의 장례식과 비교해 본다면 쉽게 이해할 수 있을 것이다.

한니발 전쟁 이후에 로마에서는 춤과 관련된 특별한 지시가 내려졌는데 마크로비우스(iii, 14, 4)는 이에 대해 다음과 같이 쓰고 있다.

> "두 번에 걸친 옛 카르타고와의 전쟁 중에 가장 도덕적인 시대가 열리면서 자유로운 시민이나 원로원 의원의 자식들까지도 무도 학교에 나가 춤과 캐스터네츠를 배우기 시작했다. 결혼한 여자들도 춤을 우아한 것이라고 생각했는지는 정확히 알 수 없지만, 그들이 전문가가 되려고 하지는 않았다 하더라도 춤에 상당히 높은 관심을 가지고 있었다고는 말할 수 있을 것이다. 살루스트는 '우아한 여성이 표현할 수 있는 것보다 훨씬 더 고상하게 그녀는 춤추고 연기하였다.'고 말하기도 했다. 사실 그는 그녀가 춤을 추고 있다는 것에 대해서가 아니라 춤을 너무 잘 춘다는 사실을 책망하고 있었던 것이다. 귀족의

자식이나, 심지어는 결혼하지 않은 여자들까지 춤을 배우는 데 열중했다. 이는 스키피오 아프리카누스 아이밀리아누스가 다음과 같이 말한 것으로부터 확인될 수 있다.

'귀족 출신의 소년과 소녀들이 건달들과 서로 뒤섞여 무도 학교에 가곤 한다.'

계속해서 스키피오는 언젠가 50명 이상의 소년, 소녀들이 춤추고 있는 무도 학교에 가 본 적이 있다고 밝히고 있다. 그중에는 이제 겨우 12살밖에 안 된 장관 후보의 아들도 있었다. 그 소년은 '황색의 노예들도 정숙함의 이유 때문에 추지 않는 춤을 캐스터네츠를 가지고' 추고 있었다."

키케로의 비판적 관점에 대해서는 이미 언급한 바 있다. 한편 다른 측면에서 춤을 사랑하고 훌륭한 춤솜씨를 가지고 있는 카일리우스나 리키니우스 같은 키케로의 친구들도 이와 비슷한 표현을 한 적이 있다. 기원전 60년의 집정관은 그가 정치가이기보다는 춤꾼이라는 점에서 비난받았다. 그러므로 로마의 춤에 대한 의견들은 서로 모순적이었다. 이러한 견해의 상이성은 그들이 경험을 통해서 춤의 가치를 깨닫지 못했기 때문에 일어난 것이다. 그들은 종교적인 춤이나 전쟁 의식적인 춤을 제외하고는 모두 단지 성적인 본능을 자극하는 것일 뿐이라고 간주했다(이와 같은 면에서 로마인들이 누드를 싫어했다는 사실을 설명할 수 있다). 로마인들은 춤을 구경하는 것을 더욱 좋아했으나, 사회적인 지위가 있는 여성이 춤을 추거나, 아마추어가 전문적인 기술을 가지고 추는 것을 볼 때는 비판적인 태도를 보이기도 하였다.

그러나 제국 시대에 특히 자유주의적 서클에서는 이러한 견해는 변화할 수밖에 없었다. 호라티우스는 마이케나스의 부인이 우아하게 춤을 추는 것을 이야기하고 있다. 오비디우스는 모든 여성에게 — 특히 사랑에 빠진 모든 이에게 — 춤을 배우라고 충고하고 있다 (A. A., iii, 349). 시인 스타티우스(도미티아누스 시대에 살았던)는 그의 딸에게 춤을 춘다는 것이 정숙함을 해치는 것은 아니라는 사실을 아주 신중하게 설명하기도 했다(Silv., iii, 5). 아우구스투스의 군주정 시기에, 로마 시민들은 역사상 처음으로 춤 교육을 받았다.

루키안은 춤에 대한 한 수필에 다음과 같이 쓰고 있다.

> "어느 귀족의 집을 간다 하더라도 춤을 가르치는 가정교사는 항상 있었으며, 이는 하나의 관습처럼 되어 있었다. 스토아 학파의 세네카는 물론 이러한 현실을 개탄하였다. 이렇듯 몸을 부드럽게 하는 행동은 젊은 친구들이 진지한 학습에 열중하지 못하도록 방해한다고 주장하고 있다. 그의 경고는 어떤 면에서는 정당하다고 할 수 있다."

열광하는 남자들

그러나 우리가 보기에는 로마 사람들은 춤의 본질적 성격에 대해서 무지했으며, 따라서 춤 공연이 열리는 곳 어디에서나 모든 종류의 부도덕성이 붙어다녔다. 더구나 직업적 무희들은 관중들에게 매우 관능적인 춤을 보여주곤 하였다. 우리가 알 수 있는 자료를 종합해 볼 때, 확실히 그들의 춤추는 기술은 지극히 기교적이었다.

오비디우스(Am., ii, 4, 29)는 이렇게 말하고 있다.

그녀의 아름다운 팔이 이상한 마력을 내며 움직인다.
요염하게 자신의 허리를 뒤흔든다.
거기에는 그 어떤 우아함도 존재하지 않으며,
그녀는 히폴리투스의 괴성만을 지르고 있다(문학적으로 "히폴리투스
는 나중에 프리아푸스가 된다." 히폴리투스는 호색적인 파이드라의
순수한 의붓아들이며, 프리아푸스는 남성 생식력의 신이다).

그러한 춤이 성애적인 효과를 목적으로 추어졌다는 것은 쉽게 인
정된다. 춤을 추는 여성들의 우아한 모습은 폼페이의 프레스코 벽
화에서 흔히 찾아볼 수 있다. 거기에서 춤추는 무희들은 일반적으
로 카디스나 시리아에서 온 외국인들이었다. 특히 스페인에서 온
무희는 관능적이고 선정적인 춤으로 상당히 유명하였다.
냉정한 유베날리스는 아래와 같이 말한다(xi, 162).

만일 참을 수 없는 욕망을 느끼게 하는 춤을 기대한다면,
카디스의 춤을 보라,
극이 모두 끝난 뒤 소녀들이 무대 밑으로 들어가고
박수 갈채만이 울려퍼질 때
자극이 없어 나른해지고, 그로 인해 초조해진다면
부유한 사람들은 이를 통해서 다시 자극을 받을 수 있을 것이다.

마르티알도 그에 동의했는데 이는 그 역시 검소하게 살았기 때문
일 것이다(v, 78, 22).

내가 인정하듯이 나의 자리는 작고 보잘것없다.
하지만 어느 누구도 떠들거나 재잘거리지 않는다.
너는 신이 내리신 태연한 얼굴을 애써 가지고 있어야 한다.
읽어볼 만한 시인도 없지만, 유명하지 않은 무희도 없다.
끊임없는 욕망만이 꿈틀거리고 돌아다니며,
숙달된 자세로 흔들고 비비 꼬는 것만이 울려퍼진다.

또 다른 곳에서 마르티알은 이렇게 말하고 있다(xiv, 203).

그녀는 몸을 떨고, 흔들며, 자신의 음부를 요란하게 움직인다.
그녀는 히폴리투스를 뇌살시켜 버린다.

같은 구절에서는 '자위 행위자' 라는 용어가 사용되기도 한다.
호라티우스의 풍자 시에 시리아의 무희들이 등장하기도 한다(i,
2,1). 수에토니우스는 그들을 매춘부로 평가하였다(Nero, 27). 프
로페르티우스(iv, 8, 39) 역시 연회의 흥을 돋우기 위해 고용된 그
들에 대하여 언급했다. 그들은 플루트 소리에 따라 음란한 춤을 캐
스터네츠에 따라 구령을 맞추면서 추었다. 이런 주연은 하나 또는
그 이상의 고용된 무희가 출연할 때 최고조의 흥분을 일으키곤 하
였다. 이것은 위에서 언급하였듯이 무레나를 향한 키케로의 연설에
서 명확히 확인할 수 있다.
키케로는 같은 문맥에서 다음과 같이 언급한다.

"정식화된 저녁 식사를 완벽하게 마친 후 호화스러운 쾌락과 즐거움

에 휩싸여 사람들은 집단적으로 춤을 춘다."

프로페르티우스의 여주인인 킨티아는 이러한 방법으로 그녀의 연인을 즐겁게 해 주었음이 확실하다(Prop., ii, 3). 로마 사람이 춤에 대해서 어떠한 태도를 취했는가가 가장 잘 나타나 있는 것은 호라티우스의 글로부터 알 수 있다. 그는 발가벗은 미의 여신과 그의 요정들이 봄을 환영하는 춤을 추었던 것을 환기시키고 있다(Odes, i, 4; iv, 7). 그러나 그는 젊은 아가씨들이 이오니아의 춤을 배우는 데 흠뻑 젖어 있는 것에 대해 커다란 불만을 표출하고 있다.

이러한 모순의 기초에는 서로 반대되는 두 가지 사실이 있다. 정숙한 로마의 여성들이 춤추는 것에 지나치게 열중하는 것에는 반대하지만 고용된 댄서들의 현란한 춤을 바라보는 것은 자주 즐겼으며, 그런 이유 때문에 그들과 관련된 묘사들이 시와 조각품과 그림에 자주 등장하고 있는 것이다. 암미아누스 마르켈리누스(xiv, 6 : circa A.D. 350)가 소개하듯이 나중에 춤추는 것에 많은 진보가 이루어졌음을 쉽게 이해할 수 있을 것이다.

"이러한 상황에서 중요한 학습에 그들의 열정을 바치고 있는 몇 안 되는 유별난 집안에서조차 점점 노래와 커다란 음악에 자신들의 노력을 바치게 되었다. 자신의 집안에 철학가나 웅변가를 모시기보다는 가수나 음악가를 유치하기 시작했다. 도서관은 마치 영원히 문을 닫은 무덤같이 변해 버렸다. 대신 사람들은 커다란 마차를 마련하듯이 수중 오르간이나 원통 오르간, 플루트 등 여러 무대 장치를 설치했다. 모순되게도 바로 얼마 전까지만 해도 자신들이 먹을 음식이 부족하다는 이유만으로 연극을 하는 외래 방문자들을 황급히 쫓아냈지만, 이제 와서는 오히려 예술과 과학을 사랑하는 과학자들이 냉혹하게 쫓겨났으며 반대로 여배우의 수행자들이나, 그렇게 되기를 염원하는 사람들, 그리고 3천여 명의 음악가들과 댄서들, 3천 명의 음악 감독가들을 아무런 반대 없이 남겨두었던 것이다."

암미아누스는 같은 문맥에서 세 아이의 어머니가 되기에도 충분한 여자가 아직도 처녀로 남아 있다는 사실에 대해서 불평을 하면서, 그녀는 "다양한 성격의 연극에서 개성적인 연기를 보여주기 위해 무대 위에서 스텝을 돌리거나 비틀고 있다."고 전한다.

연극의 기원과 변천

이것은 유사한 주제 — 후기 로마에서 대중적으로 성장하여 급속하게 퍼진 마임과 팬터마임 — 로 우리를 이끌리게 한다. 그것은 로마의 춤에 대해서 어느 정도의 토론거리를 제공하고 있으므로 여기에서 약간의 설명을 해야 할 것 같다.

리비우스는 기원전 400년경에 갈리아인의 침략이 있기 바로 직전의 전설적인 시기에 고대 연극이 로마에 도입되었다고 한다. 그 전체적인 내용을 인용해 보도록 하자.

"흑사병이 인간의 노력이나 신의 도움에도 불구하고 수그러들지 않자, 하늘의 분노를 달래기 위한 여러 가지 수단으로써 미신에 기초하여 무대를 세우고 연극을 공연하게 되었다. 이것은 서커스 외에는 구경거리가 없었을 뿐더러 전쟁을 좋아하는 로마인들에게는 새로운 것으로 받아들여졌다. 시작할 때는 모든 것이 다 그런 것처럼, 이 연극 또한 처음에는 별로 중요하지 않았으며 매우 생소한 것이었다. 연극 배우들은 자신들의 전통적인 방식인 노래나 음악에 맞춰 내용을 표현하지 않고 플루트에 따라 춤을 추는 에트루리아의 아름다운 무희들로 충당되었다. 그 이후에 젊은 로마인들은 그들을 흉내내기 시작했으며, 조잡한 시 구절을 비슷한 행동으로 표현하는 농담을 반복하게 되었다. 이것은 계속된 반복을 통해서 대중화되고 생활에서 빠질 수 없이 중요한 것이 되었다.

이로 인해서 에트루리아에서 연극 배우를 뜻하는 '히스테르(hister)'가 로마로 건너와 '히스트리오네스(histriones)'라고 불렸다. 그들은 페스켄니네스에서와 같이 닥치는 대로 조잡한 시 구절들을 즉석에서 서로 주고받았으며, 매우 다른 종류의 잡동사니 같은 은유들과 풍자들을, 피리 부는 사람에 맞춰서 재미있는 행동으로 표현하는 것이 점점 일반화되었다. 몇 년 후에 리비우스는 연극에 여러 가지의 풍자들을 넣는 대신에 일정한 구성을 갖는 짜임새를 만드는 모험을 하였다. 그 당시에 모든 사람이 그랬던 것처럼, 그 역시 자신의 극단을 가지고 있는 연극 배우였다. 그는 여러 차례의 앵콜을 받아 목이 쉬자 양해를 구한 다음에, 피리 앞에서 노래를 부르는 소년을 앞에 세우고 자신은 노래에 맞춰 율동을 하였다고 한다. 그의 행동은 노래를 부르지 않고 순수하게 율동에 열중할 수 있었으므로 더욱더 생생하게 표현될 수 있었다.

그때 이후로 가수들은 자신들의 공연에서 대화를 하지 않고 오로지 행동으로 연기하는 배우들에 의해서 보완되었다고 한다. 이러한 상황에서 연극은 무절제한 농담과 웃음거리를 제공하지 않게 되었으며, 점차 예술로서 발전해 갔다.

무대 뒤에서 가면과 의상을 고르는 배우들(모자이크)

이러는 동안 젊은 사람들은 정기적인 공연을 수행하는 연극 배우로
성장하게 되었다. 그들은 고대의 방식대로 시 구절 속에 삽입된 농담
을 제거하기 시작했다. 그때 후에 엑소디아나 광대극이라 불린 아틀
라네 연극과 상당히 비슷한 것들이 성장하고 있었다. 이러한 연극들
은 오스칸으로부터 유입되었으며, 젊은 친구들은 더 이상 직업적 연
극 배우의 휘하에서 수련하지 않았다. 아틀라네 연극에서 활동하고
있는 사람들은 그 분야를 벗어나지 않았으며, 오늘날에도 그 풍습이
남아 있듯이 비록 무대가 없다 하더라도 군대에 가서도 공연을 하곤
하였다. 여기서 다른 것의 기원도 설명해야 하지만, 그들의 부유하고
강력한 왕국을 건설하게 된 냉정한 집착의 근거를 보여주기 위하여
로마 드라마의 최초의 시작을 다시 살펴보는 것도 필요할 것이다."

'파스키눔(fascinum)'이라는 단어는 오늘날의 '유혹(fascinate)'에서 유래하였으며, 이것은 남근에 관한 여러 이름 중 하나다. 페스켄니네의 노래는 농부나 포도 수확자가 포도 수확을 축하하거나 축제에 사용하기 위해 마차로 남근(자연의 힘을 상징)을 옮기는 과정에서 불려진다. 우리가 유혹이라는 단어를 사용할 때, 어느 누가 그것의 본래의 뜻이 남근의 모양을 보면서 느끼는 흥분이라고 생각하겠는가? 사악한 의도로 이러한 종류의 흥분을 주는 것이 공연되거나, 그러한 노래를 부르는 것은 법에 의해서 금지되었다(독일에서는 저속한 하층민들이 그런 노래를 불렀다. 이것은 고양이 음악회나 야단법석 음악회라고 불렀다).

리비우스로부터 우리가 인용한 것은 모두 에트루리아에서 유래한 무도 연극에 대한 설명이라는 것을 지적해 두는 것이 매우 중요하다. 그외의 다른 것들도 에트루리아의 영향을 상당히 받은 것이다.

이렇듯 유사한 내용을 갖는 공연은(춤이 유사하거나, 관능적인 면에서) 크게 세 가지로 나누어 볼 수 있을 것이다. 아텔라네스, 마임, 팬터마임 등의 구분이 그것이다.

아텔라네스는 캄파니아 타운의 아텔라에서 유래했으며 이탈리아 남부에서 시작된 조잡한 광대극이다. 이것은 한니발 전쟁 이후에 로마에 도입되었다. 그것의 언어는 오스칸 — 조잡한 단어와 저속한 표현으로 잘 알려진 — 에 그 기원을 두고 있으며, 이는 후에 라틴 로마에 사는 일반 시민의 언어가 되었다. 이 광대극의 대부분은 성문제에 대한 표현에서 특히 노골적이고 조잡했다. 이것의 등장

인물들은 자신들의 가족 생활과 사회 생활에서 그 모델을 가져왔음에 틀림없다. 늙은 얼간이 파푸스, 항상 껄떡거리는 파라시테, 색마인 애인, 남편이 없을 때마다 바람을 피우는 아내를 가진 농부, 매질을 하면서 즐거움을 느끼는 매정한 학교 선생, 농담을 잘하는 바보 등이 그것이다. 원래에는 입심 좋은 아마추어가 나와 즉흥적으로 떠드는 것 이상이 아니었으나, 아텔라네스는 점차 '문학적인 아텔라네스'로 변모했다(기원전 100년경).

이 새로운 형태의 광대극은 그들의 선조들과 같이 조잡한 것이 아니라 구성을 갖춘 전문적인 것이었으며, 폼포니우스나 노비우스 같은 작가들이 이에 관계하였다. 이것은 그리스에서 3부작의 비극 뒤에 호색적인 연극이 상연되었던 것처럼, 아텔라네스보다 훨씬 더 예술적이라고 하더라도 비극(당시는 엑소디움이라 불렸다) 다음에 공연되었다. 이들 중 대다수이 주제와 둥장 인물은 매춘부, 미혼모, 포주 등과 같은 성애적인 것이 대부분이었다. 이러한 광대극이 간통과 근친상간, 그리고 동성 연애적인 것을 언급하고 있다는 것은 매우 재미있고 중요한 것으로, 초기 로마 공화국이 '순수한 도덕성'을 주장했던 것을 역으로 조명하고 있다[특히 리베크의 《로마 시의 역사(History of Roman Poetry)》(i, 215)를 참조]. 불행히도 단 한 편의 아텔라네스만이 현존하고 있기 때문에 어느 누구에 의해서 구성이 이루어졌는지 알 수는 없다.

키케로 시대에 마임은 아텔라네스 광대극과 경쟁하기 시작했으며, 결국 광대극은 자리를 물려주었다. 특히 제국 시대에 마임은 팬터마임으로 바뀌었다. 그렇다면 마임이란 무엇인가? 이름에서 알 수 있듯이, 그것은 그리스로부터 유래한다. 마임은 모방이라는 뜻이며, 실제적인 삶을 모방한다는 것이다. 연극을 하는 배우는 '미미(mimi)'라고 불렸으며, 이것이 현대에 와서 마임으로 된 것이다.

마임 그 자체는 조잡하고 우스꽝스러운 상황과 인물에 의해서 그 내용이 구성되었다. 그것은 원래 '투박한 리얼리즘과 서투른 외설'에서 유래되어 발전했다(Ribbeck). 마임은 이탈리아 남부의 그리스에서 유래되었으며, 점차 로마를 통하여 서기 238년 이후에는 플로랄리아에서도 공연되기 시작했다. 어느 배우도 가면을 쓰지는 않았다. 극중 인물이 여성인 경우에는 연극의 마지막 부분에서 거의 모두 다 벗어버리는 그런 역할이 주어졌으며, 이것은 마임의 외설적인 성격을 잘 보여준다. 오비디우스는 이러한 광대극의 성격에 대해 꾸밈없이 말하고 있다(Trist., ii, 497). 광대극의 일반적인 주제는 '부인들의 사악한 음모'다. 간통하는 부인과 그녀의 상담자 겸 친구인 하녀, 자신의 정부와 기만적인 남편 등이 거의 고정적인 극중 인물이다.

아텔라네스와 마임 둘 다 춤에 대해서 매우 중요한 가치를 부여하고 있다. 이것은 현대의 사회적인 춤과 비교될 수 있는 것은 아니었다. 팔과 몸의 연속적인 움직임을 통해서 배우가 그의 대사를 전달했다. 초기에는 가면과 의상을 입은 연극 배우를 위해서 아름답고 매혹적인 구절을 독백으로 처리해 주는 것이 일반적인 관습이었으며, 무희는 음악적인 표현과 함께 행동으로써 그 의미를 전달했다.

그러나 이 시기가 되면서 무언의 행위가 말하는 독백을 밀어내고 우위에 서게 되었다. 팬터마임이 창조된 것이다.

청중들이 말을 하는 진정한 연극보다 팬터마임을 점점 더 좋아한다고 해서 문명의 발전이 이루어졌다고 할 수는 없다. 우리는 이와 유사한 변화를 볼 수 있다. 극장이 더 이상 연극을 위해서만 존재하지는 않게 되었다. 로마의 팬터마임은 지적인 문제에 대한 접근보다는 전적으로 상상과 감각적인 문제에 대해서만(마치 영화처럼) 접근하였다(물론, 고상하고 중요한 주제에 대한 팬터마임도 있었다. '비극적인 팬터마임'은 실리시아에서 온 필라데스라 불리는 연극 배우에 의해서 소개되었으며, '희극적인 팬터마임'은 알렉산드리아에서 온 바틸루스에 의해 소개되었다. 둘 다 아우구스투스 시대의 사람이다).

마지막으로 팬터마임은 비극을 대체하게 되었다. 이것은 잘 알려져 있으며, 로마를 연구하는 많은 역사가들에 의해 상세하게 설명되고 있다. 그러나 이것이 문화적인 진보로 간주되지는 않았다. 어느 현대적인 작가는 솔직하게 다음과 같은 사실을 얘기하고 있다.

"이러한 종류의 예술은 고전적 형태의 비극이나 희극보다 전세계적으로 이민오게 된 수천의 외국 사람들과 로마 시민들에게 제공되었다[Fr. Weege 《고대의 춤(The Dance in Antiquity)》 1925]."

그러나 이것이 사실이라 하더라도 전세계적으로 완전히 국제화된 나라의 자연스러운 결과에 불과하다. 특히 이것은 제국 시기에 진전된 것이다. 이러한 결과는 확실한 문화적인 진보라고 간주될 수는 없다. 로마에는 긍정적인 요소를 가진 이민과 함께 무가치한 인간적인 문제를 가진 백성이 서로 섞여 집단적으로 도입되었기 때문이다. 독자들은 이것을 고대 로마와 거대화된 현대적인 거대 도시를 비교함으로써 쉽게 이해할 수 있을 것이다.

타키투스는 팬터마임을 '도시의 사악함 중의 하나'라고 언급하고 있다. 유베날리스(vi, 63)는 많은 여성들이 '팬터마임에서 레다' 역을 하는 젊고 아름다운 무희 바틸루스를 보기만 하면 열광의 도가니에 빠진다고 말하고 있다. 이것 역시 팬터마임이 발생시키는 문제 중의 하나다. 이는 바쿠스나 아리아드네, 메디아, 세멜레 등과 같이 거의 전적으로 성애적인 색채를 가진 신화로부터 유래했기 때문이다. 이러한 팬터마임은 순수하게 성애적인 문제만을 다루지는 않았다. 이것은 손과 팔, 그리고 머리와 몸 전체를 통해서 상상 가능한 모든 인간의 감정을 모방하고 재생산해야 했으며, 많은 예술가들은 이 모든 것을 숙달되게 할 수 있도록 열심히 노력해야 했다. 그러나 팬터마임 공연의 성격은 결국—항상 그렇듯이—대중의 열망에 따를 수밖에 없었다. 위에서 살펴보았듯이 고관대작과 우아한 여성들은 최소한 굉장히 에로틱한 장면들이 포함된 마임극을 보는 것에 대해서는 반대하지는 않았다. 이는 로마의 교육받지 않은 대중들 사이에서 상당히 호감을 불러일으켰다는 것만 봐도 쉽게 이해할 수 있다. 프리틀란더의 유명한 《로마 도덕의 역사(History of Roman Morality)》에서 독자들은 이러한 사실을 보다 상세히 살펴볼 수 있는데, 거기에는 다음과 같이 비평이 들어 있다(ii, III).

"마임과 팬터마임의 중요한 구절은 음탕한 광경으로 구성되어 있다. 그것들은 종종 아무런 제약도 받지 않은 채 부끄러움도 없이 외도를 우아한 관능성으로 포장하여 나타내고 있다."

팬터마임을 변호하는 리바니우스 같은 작가는 중요한 사실을 숨기지 않고 우리에게 보여주고 있다. 문명의 정도가 낮은 나라들만이 이러한 종류의 춤이 비록 아름다운 것으로 표현되어 있다 하더라도 일반적인 즐거움으로 전환할 수 있다. 그리고 그리스도교적인 작가들도 언급하지 않았으나, 이교도인 요시무스(i, 6)는 아우구스투스 시대에 팬터마임의 도입을 퇴폐의 징후로 받아들이고 있기도 하다.

팬터마임은 남성 무희들에 의해서 공연되었으며, 그들은 닐씬한 몸매와 아름다운 모습을 유지하기 위하여 그들의 몸을 가꾸는 데 매우 세심한 노력을 기울였다. 그들은 의상과 가면을 바꾸는 것으로부터 상당히 다른 여러 종류의 인물의 성격을 연출할 수 있었다. 우리가 이미 언급한 것처럼, 에로티시즘 외에도 무희들은 무수히 많은 감정적인 연기들을 능숙히 수행할 수 있었다. 이로 인해 우아하고 아름다운 다양한 춤들이 공연될 수 있었다. 만일 외설적인 종류의 에로티시즘이 우아한 예술들을 대체했다면, 그것은 예술 그 자체의 잘못이라기보다는 탐욕에 가득 찬 대중의 시각에 문제가 있다고 해야 할 것이다.

무희들은 일반적으로 실제적으로 노예가 아니라면 노예 출신의 평민이거나 아주 낮은 하층 계급에 속했다. 그러나 그들의 일부는 커다란 명성과 부, 그리고 대중적 인기를 얻기도 하였다. 비극 배우인 아펠레스는 칼리굴라의 궁중 배우 중 한 명이었으며, 그가 공연한 팬터마임인 〈엠네르테르〉는 칼리굴라의 연애 사건을 묘사한 것이라는 소문이 돌기도 했다(Suet., Cal., 36).

배우 파리스는 네로 궁정의 연극에 커다란 부분을 차지했다. 원래 네로의 숙모 도미타의 시중이었으나 점차 황제의 신뢰를 얻게 되어 결국(타키투스에 따르면), 네로의 모든 종류의 음란한 연기를 도맡았다. 그는 아마도 네로의 춤교사였던 듯한데, 나중에는 마침내 완전한 자유 시민이 되었다(Tac., Ann., xiii, 20, 22, 27).

도미티아누스는 그의 부인이 파리스라 불리는 잘생긴 팬터마임 배우와 염문에 빠졌기 때문에 한때 그녀와 별거를 하기도 했다(Suet., Dom., 3). 마지막으로 우리는 트라야누스, 안토니우스 피우스, 카라칼라, 그리고 다른 여러 명의 황제들이 그들의 궁중에 팬터마임 배우들을 두고 있었다는 사실을 확인할 수 있다. 이러한 종류의 유명하고 능숙한 무희들은 오늘날의 스타와 같이 대중적인 인기를 얻고 있었다. 그들의 지지자들은 때때로 둘로 나뉘어져 자신의 배우를 옹호하기 위해 피를 흘리며 싸우기도 하였다. 로마의 통치자 역시 비슷한 성향을 가지고 있었다. 네로는 가장 자유롭게 팬터마임 공연을 허락하였으나, 도미티아누스 황제는 공연을 금지하여 일시적으로 이탈리아에서 추방되기도 하였다.

그리스에서 유래한 춤과 연극

이와 관련하여 그리스에서 로마로 소개된 다른 춤에 대해서도 언급해야 할 것이다. 이 중 칼춤은 오늘날의 발레와 상당히 유사하다 할 수 있겠다. 이 춤에도 역시 성애적인 묘사가 등장하고 있기 때문에 우리의 논의에 관련되는 것이다. 여기서는 아풀레이우스(Met., x, 29)로부터 이러한 발레에 대한 생생한 설명을 전달하는 것으로 상세한 설명을 대신하고자 한다.

"자신들의 젊음의 꽃이 활짝 핀 시기의 소년과 소녀들이 아름다움의 전형으로서, 화사한 옷을 입고 당당하게 걸으며, 그리스의 칼춤에 나와 춤을 추기 시작한다. 그들은 한 줄로 서서 아름다운 모양으로 물결치듯이 움직이며, 그들의 선을 회전하듯이 돌아 하나의 곡선을 그리고, 약간 기울어진 선을 타고 길게 펼치다가 다시 오목하게 정방형으로 보이다가 흩어지듯이 춤을 춘다. 그들은 복잡한 미로를 헤매듯이 흩어졌다 모이고 다시 흩어졌다 모이는 것을 반복하다가, 나팔 소리에 맞춰서 미로를 풀며 극을 마치게 된다. 커튼이 쳐지고 양쪽의 칸막이가 닫히면서 무대는 막을 내린다."

"거기에는 방랑 시인 호메로스가 올랐던 유명한 이다 같은 나무로 만들어진 매우 높은 언덕이 있으며 푸른 나무들과 살아 있는 나무들이 심어져 있고, 그것의 가장 높은 곳에 작가에 의해 만들어진 분수로부터 강물이 흐르고 있다. 몇 마리의 염소들이 초원에서 풀을 뜯고 있으며, 어린 프리지아의 양치기 소년 같은 훌륭한 옷을 입은 목동이 그려져 있다. 그의 머리에는 금으로 된 터번의 띠가 씌워져 있으며, 어깨에는 토속적인 느슨한 옷을 걸치고 있다. 왼쪽 어깨로부터 짧은 망토를 걸친 발가벗은 사랑스런 소년이 들어온다. 그의 머리는 금발 머리칼로 밝게 빛나고 있으며, 머리 양쪽에 마치 금빛 날개를 단 것처럼 두 개의 돌기가 솟아 있다. 그는 자신의 방식대로 춤을 추면서 나오고, 그가 파리스에게 주었던 금 잎사귀를 덮어쓴 채 오른손에는 사과 하나를 쥐고 주피터의 뜻이라는 의미로 머리를 끄덕이고 있다. 그리고 곧장 뒤로 돌아 재빠른 발걸음으로 퇴장한다.

그 이후에 왕권을 소유하고 있음을 나타내는 하얀 왕관을 이마에 덮어쓴 유노의 여신을 상징하는 아름다운 여인이 뒤따라 나온다. 그 다음에 어두운 투구를 머리에 쓰고, 그 투구에 올리브의 왕관을 덮은 미네르바라고 생각되는 여자가 두번째로 등장한다. 그녀는 방패를 들고 창을 휘두르면서 신들의 전쟁을 표현한다. 이들 이후에 세번째로 시각적인 아름다움에서 이들 둘을 능가하는 향기로운 피부를 가진 달콤함으로 인해 비너스로 보이는 사람이 등장한다. 그녀는 비너스가 처녀였을 때의 모습 그대로의 비너스였다. 자신의 매혹적인 음부를 비단으로 만들어진 훌륭한 슬립으로 가리는 것을 제외하고는 그녀의 전체적인 나신을 완전하게 보여준다. 그러나 호기심 강한 바람이 매혹적이게도 이 베일을 음탕하게 들어올려 그녀의 꽃을 드러내거나 혹은 요염하게 바람이 훅 불어 그 옷이 그녀의 몸에 찰싹 달라붙어 매력적인 몸매가 다 드러나기도 한다. 이 여신들은 단 두 가지의 색으로만 표현된다. 하얀 그녀의 몸은 그녀가 하늘에서 왔다는 표시고, 파란 그녀의 옷은 그녀가 바다로부터 성장했다는 표시다."

"여신들로 보이는 각각의 소녀들은 그녀 자신의 시중들을 데리고 나온다. 유노는 별 모양의 장식으로 치장된 둥근 투구를 쓴 카스토르와 폴룩스의 시중을 받는다. 물론 이들도 신들의 역할을 하는 소년들이다. 그녀는 이오니아의 피릿소리를 개조한 음악에 맞춰서 앞으로 나온다. 조용하고 차분한 행동으로 우아하게 머리를 숙여 인사를 하며,

양치기 소년에게 그녀의 완벽한 아름다움을 인정한다면 전체 아시아의 왕권을 주겠노라고 약속한다."

"파니크와 페아르 같은 두 동맹자를 데리고 일렬로 정렬한 미네르바의 무장한 소녀들은, 여신들의 전쟁 동료들과 같이 높게 뛰어오르면서 뽑아든 칼을 휘두른다. 그녀의 뒤에서 어떤 피리 부는 사람은 도리안의 가락과 같은 전쟁 음악을 연주하며, 트럼펫 소리처럼 날카로운 비명소리가 섞여서 울리면서 재빠른 발걸음으로 전투욕을 자극한다. 그녀는 머리를 흔들고 위협적인 눈을 돌리면서 빠른 동작으로 몸을 움직이며, 파리스가 아름다움에서 그녀의 승리를 인정한다면 그녀의 지원하에 전쟁에서 이기게 하여 그 전리품으로서 용맹과 명성을 주겠노라고 이야기한다."

"바로 이때, 극장의 모든 시선이 한 곳에 집중될 때, 비너스가 부드러운 미소를 지으면서 웃음을 띤 어린아이들과 자신의 부하와 함께 무대의 중앙으로 나오면서, 큐피드로 보이는 부드러운 갓난아기가 바로 그 순간 하늘이나 바다로부터 나타난다. 자그마한 날개와 귀여운 화살을 가지고 마치 소녀들이 결혼 축제에 가는 것처럼 밝게 빛나는 횃불을 들고 놀라운 모습으로 등장하는 것이다. 이들이 등장한 이후에 사랑스런 젊은 여자들의 일단—우아한 그레이스, 아름다운 후루스 같은—이 여신들에게 경의를 표하는 빠른 템포의 음악에 맞춰 꽃과 화환을 흩뿌리며 봄의 여신에 대한 찬양을 하면서 흩어든다. 그리고 피릿소리를 통하여 부드러운 리디안의 분위기에 휩싸인다. 이렇게 관중들의 마음을 부드럽게 달래고 있는 동안, 모든 음악보다도 더욱 아름다운 비너스 자신은 천천히 앞으로 나온다. 그녀의 움직임은 마치 망설이는 듯 여유가 있으며, 등이 부드럽게 흔들리면서 고개를 약간 숙여 인사를 한다. 우아한 행동으로 피릿소리의 뜻에 맞추어서 응답을 하며, 눈은 부드럽게 응시하면서 밑으로 내리깔고 있으면서 마치 이

때에는 단지 눈으로만 춤을 추는 것 같다.

그녀가 심판관을 쳐다보면서 그녀는 팔을 가볍게 움직이며 자신이 만일 다른 여신들을 제치고 선택된다면, 파리스에게 자신과 비슷하게 놀라운 아름다움을 소유한 신부를 주겠노라고 약속한다. 그러자 그 프리지아의 젊은 친구는 그녀의 승리를 받아들인다는 뜻으로 자신이 쥐고 있던 황금 사과를 건네준다. 파리스가 비너스의 승리로 판정을 내리자 유노와 미네르바는 패배에 대한 울분을 행동으로 표시하면서 우울하고 분노에 찬 빛으로 무대 뒤로 퇴장한다. 비너스의 합창단은 기쁨의 춤을 추며, 매우 즐거워한다. 바로 이때 그 산의 맨 꼭대기에서 숨겨진 관을 통해서 향료가 섞인 와인이 짧고 높게 터뜨려지며, 마치 향기로운 비가 염소가 뜯어먹는 경사진 언덕 위로 떨어지는 것처럼, 회색의 빛깔이 노란 향료의 색으로 변할 때까지 흘러내린다. 그리고 이제 극장 전체가 달콤한 향기로 가득 차고, 땅이 갈라지듯이 나무로 만든 산도 사라진다."

율리오-클라우디우스 가계도

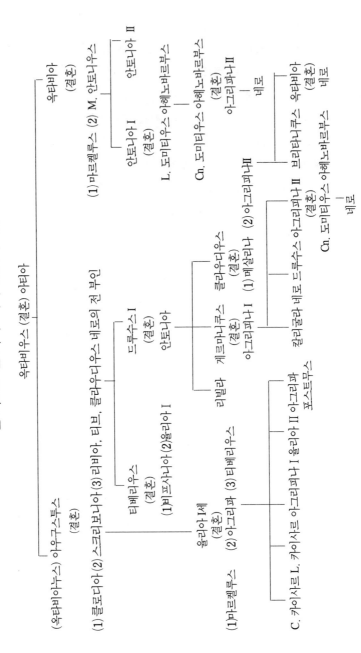

INDEX
찾 아 보 기